助力乡村振兴基层干部培训系列图书

乡村旅游的开发与运营

XIANGCUN LVYOU
DE KAIFA YU YUNYING

李锦顺　主编

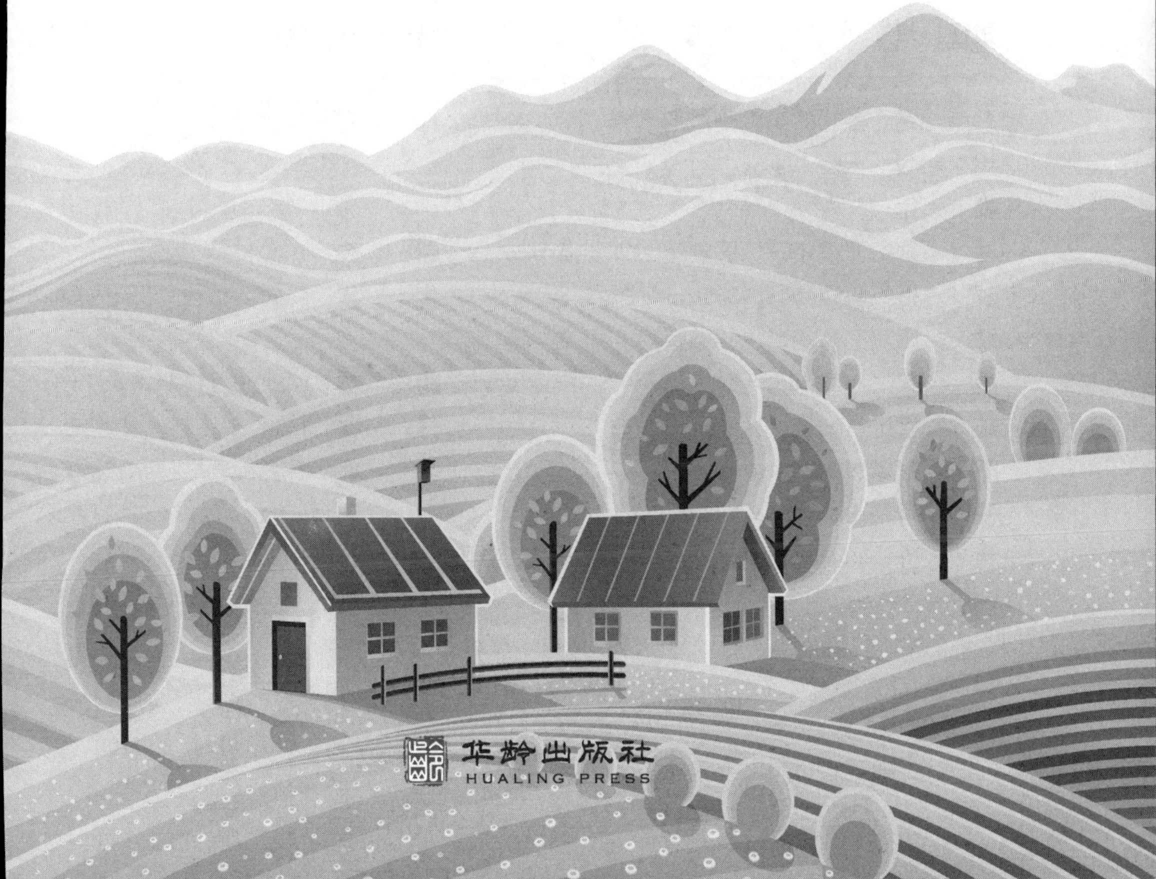

华龄出版社
HUALING PRESS

图书在版编目(CIP)数据

乡村旅游的开发与运营 / 李锦顺主编. --北京：华龄出版社，2021.9
ISBN 978-7-5169-2121-0

Ⅰ.①乡… Ⅱ.①李… Ⅲ.①乡村旅游－旅游资源开发－研究－中国 Ⅳ.①F592.3

中国版本图书馆 CIP 数据核字(2021)第 202022 号

策　　划	社区部　善爱社工	责任印制	李末圻
责任编辑	魏鸿鸣　李芳悦	装帧设计	唐韵设计

书　　名	乡村旅游的开发与运营	作　　者	李锦顺
出　　版	华龄出版社 HUALING PRESS		
发　　行			
社　　址	北京市东城区安定门外大街甲57号	邮　编	100011
发　　行	(010)58122255	传　真	(010)84049572
承　　印	三河市腾飞印务有限公司		
版　　次	2022年3月第1版	印　次	2022年3月第1次印刷
规　　格	710mm×1000mm	开　本	1/16
印　　张	19	字　数	210 千字
书　　号	ISBN 978-7-5169-2121-0		
定　　价	68.00 元		

版权所有　侵权必究
本书如有破损、缺页、装订错误，请与本社联系调换

本书编委会

顾　问：谢青梅

主　编：李锦顺

副主编：陈彩琼　郑俊茂

编　委：刘惠苑　王　傅　邓莉平　黄俊添

　　　　张运红　夏　珑　邵　岑　赖新成

　　　　李　松　张永乐　周　超　李晓莹

为社会基层治理服务,打造社区所需的精品图书
——华龄出版社"社区书系"倾情奉献

"社区书系"是为适应新时代基层社会治理需要,深入贯彻党的十九届四中全会、五中全会关于"构建基层社会治理新格局""社会治理特别是基层治理水平明显提高"的重要部署,落实习近平总书记关于"建立一支素质优良的专业化社区工作者队伍"的指示要求而策划编写的,旨在为社区工作人员提供系统的社区工作理论和方法指导,提高社区工作者的理论素养和工作能力,推进社区治理体系与治理能力现代化。

"社区书系"是一个融图书、视频、服务为一体的新型复合出版工程,内容体系包括三个方面:

纸质图书 通过纸质图书阅读,为社区工作者提供系统的理论和方法指导。

线上课程 通过视频课程、网络直播课程,深化重点知识,解读难点知识。

专家服务 通过线下培训、现场诊断等,解决社区工作中存在的问题症结。

华龄出版社是中国老龄协会主管主办的中央部委出版社,为出版"社区书系"专门成立了"社区部",全面统筹谋划出版。"社区书系"计划出版图书200种,覆盖社区工作各个方面,现面向全国诚邀熟悉社区工作的专家、学者加盟"社区书系"出版计划,一起为中国社区的发展繁荣出一份力!

社区视频培训讲座

乡村兴则国家兴，乡村衰则国家衰。全面建成小康社会和全面建设社会主义现代化强国，最艰巨最繁重的任务在农村，最广泛最深厚的基础在农村，最大的潜力和后劲也在农村。实施乡村振兴战略，是以习近平同志为核心的党中央着眼于党和国家事业全局，深刻把握现代化建设规律和城乡关系变化特征，顺应亿万农民对美好生活的期待做出的重大决策部署，是决胜全面建设小康社会、全面建设社会主义现代化国家的重大历史任务，是做好新时代"三农"工作的总抓手，也是解决新时代我国社会主要矛盾、实现"两个一百年"奋斗目标和中华民族伟大复兴的中国梦的必然要求，具有重大现实意义和深远历史意义。

近年来，中共中央、国务院连续发布中央一号文件，提出一系列乡村振兴战略的原则，对新发展阶段优先发展农业农村、全面推进乡村振兴作出总体部署，为做好当前和今后一个时期"三农"工作指明了方向。同时，我们也应当清醒地看到，乡村振兴是一项长期而艰巨的战略任务，不可能在短期内完成。近年来，我国的"三农"工作取得了明显的成效，但是也存在着很多困难和问题，距离实现农业农村现代化尚有一定的差距，如各地"三农"发展规划设计缺乏系统性、科学性、可操作性和可持续性，导致力量分散、步调不一、行动盲目、落实难、效果差。尤其是农村基层工作人员，对于如何实施乡村振兴战略并不是十分明晰，不知道从何着手，缺乏科学的工作思路和有效的工作方法，导致某些地方的"三农"工作缺乏成效，乡村治理成效并不显著。

为了响应党的乡村振兴战略,推动乡村振兴战略的实施,解决当前"三农"工作存在的难题,根据党的乡村振兴战略的路线、方针、政策,参照党和国家关于乡村振兴战略的原则,我们进行了深入的市场调研和周密的选题策划,由著名社会科学专家李锦顺博士担任主编,并组织了一批长期活跃在乡村振兴工作一线的专家、学者、优秀工作人员担任编委,编写了"助力乡村振兴基层干部培训系列图书"。"助力乡村振兴基层干部培训系列图书"一共有10册,分别是《乡村旅游的开发与运营》《发挥本地优势发展乡村特色产业》《美丽乡村建设100例》《乡村治理体系的健全与发展》《农村合作社运营与发展》《休闲农业的开发与运营》《电子商务助力乡村振兴》《乡村生态宜居环境建设》《提高农民收入的新思路新途径》《农业产业化经营与农业技术推广工作创新》。

"助力乡村振兴基层干部培训系列图书"在全面总结提炼全国"三农"发展实践和经验的基础上,深入探究乡村振兴规律,系统提出乡村振兴路径,认真推荐乡村振兴典型,提出了新时代乡村振兴的思路、举措、方法、案例,以全局视角解读乡村振兴战略,以实地案例审视乡村未来发展。在大量的调查研究基础之上,围绕着中国乡村振兴诸问题,分别从乡村旅游、农村电子商务、乡村特色产业、美丽乡村建设、农村合作社、农业产业化经营与农业技术推广、农民增收、休闲农业、乡村治理、乡村生态宜居环境等10个方面,对如何实施乡村振兴战略提出了一系列切实可行的工作指导方法和针对性意见,以期从事乡村治理的政务工作人员和广大基层工作者以这套书作为借鉴,从中得到工作启示和方法指导,更好地指导工作实践,为实施乡村振兴战略、实现农业农村现代化做出更大的贡献。

"助力乡村振兴基层干部培训系列图书"有以下几个特点:

1. 专家团队编写，内容权威专业

本书由著名社会科学专家李锦顺博士担任主编，由一批长期从事"三农"问题研究和"三农"工作的专家、学者、优秀"三农"工作者参与编写，从选题策划到内容编写，期间反复讨论、调研，并广泛听取了社科院教授、政府干部、农村基层工作人员的意见进行修改完善，因此，图书内容的专业性、权威性是毋庸置疑的。

2. 图书视角独特，观点清晰鲜明

本书始终遵循"以助力实施乡村振兴战略为抓手，提供切实可行的思路和方法，解决实际问题"的选题和编写思路，精准选择乡村旅游、农村电子商务、乡村特色产业、美丽乡村建设、农村合作社等十个方面作为破解当前"三农"工作瓶颈的突破口，一本书就是一部解决三农问题的专著，就是一种工作思路和方向，针对性强，观点鲜明。

3. 深入实证调研，极具参考价值

作者多年来一直坚持深入农村进行实地调研考察，编写时参考了诸多在乡村进行实地调研得来的案例及一手资料，从而能够从实际情况出发，针对"三农"工作中的诸多问题作出鞭辟入里的分析、论述，提出可行性很强的方法建议。可以说，本系列图书丰富了学界关于乡村振兴战略的理论成果，同时对政策制定部门来说也有着很高的参考价值。

4. 语言深入浅出，内容紧接地气

编写人员充分考虑到乡村振兴的这十个领域学科实践性强的特点，力求理论阐述准确、案例分析清楚，并充分考虑到各个行业快速发展变化的现状，将学界最新的研究成果、数据、资料、案例穿插于理论之中，以提高内容的时效性；在结构编排上，注重结构的层次性和逻辑性，尽力做到脉络清晰、条理分明；在文字表述上，坚持深入浅出和通俗易懂的原则,语言力求精练、准确,使其符合绝大多数读者的认知能力。

5. 既有理论指引,更有方法指导

本书将国家战略和地方实践、学术成果有机结合,高屋建瓴地提出了很多富有见地和独创性的理论,给广大农村基层工作者提供了思想理论指导,同时又针对相关问题,结合典型案例提出了一系列切实可行的操作方法,为实施乡村振兴战略提供了可借鉴、可参考、可推广的样本示范,值得广大读者细读、精读、深读。

总之,本系列图书视角独特,观点鲜明,切中肯綮,发人深省,不仅丰富了乡村振兴战略理论,同时对乡村振兴的政策制定和具体实施也有很高的参考价值。它是一套学习"三农"知识的优秀图书,也是一套有助于提高乡村干部工作能力的权威教材,更是一套新时代学习、贯彻、实施乡村振兴战略的优秀参考读物。

这套书在策划、编写过程中,得到了众多涉农专业的教授、专家、学者和政府干部、农村基层工作人员的宝贵指导,使本书内容更趋专业、科学、严谨,在此对他们表示衷心的感谢! 由于时间仓促,编者能力水平有限,书中难免存在不当之处,还请广大读者和行业人士不吝赐教,共同探究和提高。

编 者

目 录

第一章　乡村旅游基础知识 ··············· 1
 第一节　乡村旅游的定义、特征、作用和意义 ··········· 1
 第二节　我国乡村旅游的起源与发展 ··············· 4
 第三节　乡村旅游的政策法规 ··················· 10

第二章　乡村旅游开发与运营总述 ··············· 33
 第一节　乡村旅游开发总述 ···················· 33
 第二节　乡村旅游运营总述 ···················· 55
 第三节　乡村旅游可持续发展 ··················· 68

第三章　乡村旅游设施开发与运营 ··············· 79
 第一节　乡村旅游设施建设的要求与原则 ············· 79
 第二节　乡村旅游设施的建设 ··················· 83
 第三节　乡村旅游设施的升级 ··················· 121

第四章　乡村旅游产品开发与运营 ··············· 129
 第一节　乡村旅游产品分类 ···················· 129
 第二节　乡村旅游项目开发与运营 ················ 154
 第三节　乡村旅游商品开发与运营 ················ 161
 第四节　乡村旅游品牌化的创设 ················· 183

第五章　乡村旅游餐饮开发与运营 …………………………… 189
- 第一节　乡村旅游餐饮开发的关键 ……………………… 189
- 第二节　乡村旅游餐饮的服务技能 ……………………… 196
- 第三节　乡村旅游餐饮的服务规范 ……………………… 201
- 第四节　乡村旅游餐饮的经营与管理 …………………… 208
- 第五节　乡村旅游特色菜品的开发 ……………………… 219

第六章　乡村旅游市场开发与运营 …………………………… 222
- 第一节　乡村旅游市场开发 ……………………………… 222
- 第二节　乡村旅游顾客市场分析 ………………………… 225
- 第三节　乡村旅游销售及推广 …………………………… 234

第七章　乡村旅游从业人员培养与管理 ……………………… 241
- 第一节　乡村旅游从业人员的培养 ……………………… 241
- 第二节　乡村旅游人才的培养途径和方法 ……………… 257
- 第三节　乡村旅游从业人员的管理 ……………………… 259

第八章　案例学习与借鉴 ……………………………………… 271
- 第一节　乡村旅游民宿品牌化的打造 …………………… 271
- 第二节　党建引领和乡村旅游发展 ……………………… 275
- 第三节　脱贫致富与乡村旅游发展 ……………………… 279
- 第四节　绿色理念与乡村旅游发展 ……………………… 285
- 第五节　美丽乡村与乡村旅游发展 ……………………… 289

参考文献 ………………………………………………………… 293

第一章 乡村旅游基础知识

"绿水青山就是金山银山",习近平总书记的殷切嘱托明确了乡村旅游在中国的重要地位。乡村旅游的重要性可以从多个角度来理解:从政治角度而言,乡村旅游是中国整体战略深化落实的重要途径;从经济角度而言,乡村旅游是中国经济提质增效、中国农业转型升级的关键抓手;从社会角度而言,乡村旅游是中国社会和谐发展、人本发展的重要动力;从文化角度而言,乡村旅游是中国原真原乡文化传承创新的重要阵地;从生态角度而言,乡村旅游是中国生态环境改善与优化的新兴力量。因此,了解和认识乡村旅游的概念、特征、意义、发展历程以及相关的政策法规等基本知识是很有必要的。

第一节 乡村旅游的定义、特征、作用和意义

一、乡村旅游的定义

什么是乡村旅游?世界旅游组织在《地方旅游规划指南》中是这样定义乡村旅游的:乡村旅游是指"旅游者在乡村(通常是偏远地区的传统乡村)及其附近逗留、学习、体验乡村生活模式的活动。该村庄也可以作为旅游者探索附近地区的基地。"

二、乡村旅游的特征

乡村旅游的特征主要包括位置性、乡村性、客源市场的城镇性、类型的多样性等。

(一)位置性

乡村旅游的活动空间包括城市近郊、广大的农村乃至偏远的野外。

(二)乡村性

乡村性是乡村旅游生存的基础,是乡村旅游最重要的特点。"乡村性"集中表现在三个层面:第一,乡村自然生态景观,以乡村聚落环境为依托,明显区别于城市景观;第二,乡村产业,包括乡村农业、林业、牧业、渔业、商业等以及通过乡村产业体现乡村传统和现代生产方式等;第三,乡村文化,包括显性和隐性文化,通过乡村居民、生活传统、风俗节庆、民间传说、乡土建筑、历史文化等展现出来。

(三)客源市场的城镇性

乡村是与城镇相对立而存在的,乡村旅游独特的吸引力就在于它的乡村性,而乡村风景和风情能够激发的主要是城镇居民的旅游热情。从全国各地乡村旅游地接待的旅游者来看,大多是近距离的城镇旅游者。当然,客源市场的城镇性,并不意味着城镇居民是乡村旅游地接待旅游者的唯一来源,仅指其主体是城镇居民。

(四)类型的多样性

一方面,乡村旅游资源丰富多样,既有乡村自然风景,如乡村自然环境、田园风光、农事活动;又有具乡村特色的乡土文化,如民俗文化、农业文化、聚群文化、民居文化等。即使是同一类型的自然或人文景观,也由于自然、历史、民族的差异而使它们各具特色,正如"十里不同风,百里不同俗"。另一方面,由于旅游主体需求的差异,而使乡村旅游产品呈现多样性的特征。乡村旅游的开发应当满足城镇居民观光、休闲、娱乐、度假、求知、购物等各方面的因素。

三、乡村旅游的作用

乡村旅游业是关联带动性强、拉动内需明显的新兴产业,充分依托和利用"三农"资源发展乡村旅游,是旅游行业贯彻落实党和国家重大战略部署的重要举措。随着城乡居民收入水平的进一步提高,全社会对于乡村旅游的支持力度还会进一步上扬,乡村旅游将会成为一个可持续发展的产业。乡村旅游的发展不仅有利于增加农民收益,解决农村剩余劳动力就业问题,而且对调整农村产业结构,加快城乡一体化建设步伐,改善农村生态环境,提高农村整体文明水平,建设社会主义新农村都有很大的促进作用。具体而言,发展乡村旅游的作用主要有:

1. 解决农村剩余劳动力的就业,增加农民收益;
2. 优化农业产业结构的调整,加快城乡一体化建设步伐;
3. 改善村容村貌,促进乡村整体文明水平的提高;
4. 实现乡村自然环境向着乡土化、特色化的方向发展;
5. 乡村传统文化的挖掘和保护;
6. 促进社会主义新农村建设。

四、发展乡村旅游的意义

乡村旅游在中国发展至今,已经取得了不少成就,并在一定程度上推进了中国许多地区经济发展。概括来说,中国开发乡村旅游的意义表现在:

1. 推动国家和地区的经济发展,提高旅游地居民收入。通过充分有效地开发农业资源,为旅游地政府和居民提升收入,同时带动相关产业发展,扩大劳动就业。

2. 保护传统乡村的景观和文化完整性。通过乡村旅游带来的经济收益,令旅游地居民自觉承担起维护和留存当地景观和文化特征的责任,避免乡村在发展中与城市产生同质化。

3. 改善乡村生态环境。一方面,旅游经济是较为环保的经济形式,对环境和资源的负面影响小于其他产业。另一方面,乡村旅游的经济收益能激发居民维护和整治环境的积极性,因此在客观上能够改善乡村的生态环境。

4. 促进城乡文化交流。旅游者通过在乡村体验生活、亲近自然,能够认识到传统文化和生态环境的重要性;旅游地居民从旅游活动中获取收益,并且加强了对传统文化和生活环境的自豪感。

5. 满足都市人"回归自然"的心理需求,提升都市人生活品质。

第二节　我国乡村旅游的起源与发展

人类乡村旅游活动的起源与发展与时代的政治、经济和社会背景有着密切的关系。改革开放后,我国的国际、国内旅游业均获得了巨大的发展。尤其以国内旅游业的发展最为引人注目,乡村旅游作为国内旅游的一种重要形式,其发展也极为迅猛。然而,我国乡村旅游是在怎样的背景下产生的?现在发展如何?将来发展怎样?我们一起来了解一下。

一、我国乡村旅游的起源

我国是一个历史悠久的农业大国,乡村资源丰富,景观类型多样,农耕文化悠久,具有发展乡村旅游的优越条件。但是,我国的乡村旅游起步较晚,是从20世纪80年代后期开始的,1988年6月28日至7月8日,深圳首次举办荔枝节,主要目的是招商引资,随后又开办了采摘园,取得良好的效益。此后,在东部地区特别是比较发达的城郊纷纷效仿深圳荔枝节、采摘园的做法,举办各具特色、形式多样的乡村旅游项目。

二、我国乡村旅游的发展阶段

我国乡村旅游分为四个发展阶段,即自发发展阶段(20世纪80年代至1997年初)、政府推动快速发展阶段(1998年至2005年)、规范发展阶段(2005年底至2012年)和资本推动的高速发展阶段(2013年至今)。

第一阶段:20世纪80年代至1997年初的自发发展阶段。20世纪80年代至1997年,随着城市居民收入的提升,在发达地区的城市周边,开始出现了城市居民的自发近距离出游,城市周边的部分村民出于接待这部分乡村旅游者的食宿需求,开始提供简单的食宿和水果采摘等形式的乡村旅游产品,但这个阶段的乡村旅游基本上处于被动满足旅游者的自发发展阶段。这个时期的乡村旅游基本上是吃简单的农家饭、住农家屋、摘农家果的阶段。如在1990年后,乡村旅游总体上还处于起步阶段,乡村旅游产品以"看农家景,尝农家饭,干农家活,享农家乐"为主,已开发的乡村旅游地往往为景区依附型开发模式,且多分布在大城市的近郊和特色农业地区以及东部发达地区。

第二阶段:1998年至2005年的政府推动快速发展阶段。1997年随着我国开始推出的"黄金周"政策以及国家旅游局推出的"98华夏城乡游"和"99生态旅游年"等举措,极大地刺激了乡村旅游的发展,全国各地出现了乡村旅游的开发热潮。自此,我国乡村旅游进入了快速发展阶段。这个时期主要是政府为了应对亚洲金融危机扩大内需采取的应对策略。

第三阶段:2005年年底至2012年的规范发展阶段。以2005年10月第十六届五中全会全面建设社会主义新农村和2006年中央"一号"文件为标志,各地乡村旅游在继续快速发展的基础上,开始着手解决乡村旅游发展过程中出现的问题,各地先后出台了乡村旅游或农家乐的星级评定标准,部分乡村旅游景区也开始注重景区的规划,乡村旅游至此进入了规范发展阶段。截至2006年,我国已经建成乡村旅游景区(点)2万多个,其中"全国农业旅游示范点"359家,遍布31个省区市。

第四阶段:2013年至今的资本推动的高速发展阶段。2013年中央"一号"文件鼓励土地流转政策的正式出台,使金融资本开始进入土地的流转环节,圈地进军现代农业和投资其他形式的乡村旅游景区建设。由于金融资本的大量注入,乡村旅游以更高的速度发展,更多的乡村旅游景区得到开发,乡村基础设施和旅游服务设施得到完善,乡村旅游开始与其他产业高度融合,互联网、移动终端等高科技也开始渗透到乡村旅游,乡村旅游也出现了多样化的新业态。但这个时期乡村旅游的资本注入,相当一部分是出于圈地目的,并非真正意义上的发展乡村旅游业或现代农业,导致对乡村旅游产品供给的贡献有限。

三、我国乡村旅游的发展现状

1987年,《成都日报》报道了成都郫县友爱村的徐家大院徐纪元接待了首批来自成都市游客的乡村旅游,并把这种乡村旅游形式以"农家乐"来命名,标志着我国现代意义上乡村旅游的真正开端。中国的乡村旅游开发主要以农业观光和休闲农业为主,并正在向以观光、考察、学习、参与、康体、休闲、度假、娱乐等为一体的综合型方向发展。国内游客参与率和回游率比较高的乡村旅游项目,包括以收获各种农产品为主要内容的务农采摘旅游和以民间传统节庆活动为内容的乡村节庆旅游等几个方面。

目前,我国乡村旅游在内外因素的作用和推动下,无论在发展规模、理论研究,还是在产品种类、模式创新、成效及其对新农村建设的积极影响方面,都取得了可喜的成就。

(一)发展状况:总体规模大,遍及全国

自1998年国家旅游局推出"华夏城乡游"从而形成第一次乡村旅游热以来,在我国经济高速发展、各级政府大力开发和推广乡村旅游、城市居民渴望回归大自然等多种因素作用下,中国乡村旅游一直呈现出开发不断、高潮迭起的发展态势，并最终形成了发展总体规模大、遍及全国的特点。

（二）旅游产品：种类繁多，个性突出

当前，中国乡村旅游活动种类繁多。如果从旅游者赴乡村旅游的目的划分，中国的乡村旅游可划分为八种类型：即乡村观光旅游；乡村农家乐；乡村文化旅游；乡村休闲旅游；乡村度假旅游；乡村健身旅游；乡村体验旅游；乡村探险旅游。

旅游产品呈现出个性突出的特点。过去，以"农家乐"为主要旅游产品的中国乡村旅游，文化含量有限，其主体引力在于环境，因此，乡村旅游产品个性欠缺。现在则不然，不少地区的乡村旅游产品都注重个性开发，以满足不同旅游者的需求。如在成都乡郊出现了乡村旅游的"五朵金花"，即红砂村的"花乡农居"、幸福村的"幸福梅林"、驸马村的"东篱菊园"、万福村的"荷塘月色"、江家村的"江家菜地"，这些产品围绕"花文化"进行乡村旅游开发，并发展与花文化相关的乡村旅游产业，深深地烙上地方文化烙印，突出了不同地域的个性特色，取得了非常好的效果。

（三）旅游模式：丰富多样，推陈出新

我国乡村旅游经过近30年的发展，由初期比较单一的"农家乐"模式已发展并形成多种多样的乡村旅游发展模式。有学者把我国目前乡村旅游归纳为六种模式："农家乐模式"、"高科技农业观光园模式"、"农业新村模式"、"古村落的开发模式"、"农业的绝景和胜景模式"、"与景区兼容模式"。尤其令人欣慰的是，新的乡村旅游模式还在不断涌现，如在一些地区出现了以新鲜、收获、家庭化为特色的"观赏农业、采摘林业"模式，以差异、体验、竞赛化为特色的"休闲渔业、体验牧业"模式，以就地取材（才）、就地交易、就地增值为特色的"手工业、乡村艺术"模式。此外，在一些地区还出现了乡村酒店、乡村休闲、文化主题村、专业生产村等新的乡村旅游发展模式。

(四)成效大,影响深

乡村旅游作为一种城市反哺农村的新型旅游活动,作为党和政府采取的缩小城乡差别之重要举措,在我国已兴起40多年,成效显著,影响深远。在2012年全国旅游工作会议上,国家旅游局长在回顾2011年旅游工作时称,乡村旅游蓬勃发展,成为居民旅游消费的重要领域,全国已有3.5万个乡村旅游特色村,年接待游客超过6亿人次,旅游收入超过1500亿元。2016年,据国家旅游局的最新测算,目前中国乡村旅游的年接待游客人数已经达到3亿人次,旅游收入超过400亿元,占全国出游总量的近1/3。目前全国农业旅游示范点已经达到359家,遍布内地的31个省区市,覆盖了农业的各种业态。每年全国城市居民在小长假期间出游选择乡村旅游的比例约占70%。

四、我国乡村旅游的发展趋势

我国乡村旅游由于各地起步早晚的不同、资源特色不同、经济发展水平又有所不同,各地乡村旅游的发展并不均衡。由于我国今后几十年城镇化进程的加快,城市人口越来越多,乡村旅游的市场需求会越来越强劲,因此,我国乡村旅游在今后几十年中仍将保持全面快速发展的局面。综观全国,今后我国乡村旅游的发展将呈现如下趋势:

(一)多样化

乡村旅游的多样化体现在产业融合、多样化的乡村旅游市场需求、多样化的乡村旅游产品供给以及乡村旅游业态的多样化等几个方面。目前,第三产业的乡村旅游在发展过程中与第一产业和第二产业高度融合,并形成了多样化的乡村旅游新业态。另外,现在城市居民的旅游需求也在升级,逐步从观光休闲向康体度假和教育体验等方面转变,乡村旅游需求的多样化迫使乡村旅游也要与时俱进地实现同步的产品供给。多样化的需求会促进多样化的产品供给,超前的多样化产品供给也会引导多样化的市场需求。

（二）特色化

特色是旅游产品的生命力所在，乡村旅游产品也是如此，失去特色的乡村旅游将因失去对游客的吸引力而被挤出竞争激烈的乡村旅游市场。乡村旅游的特色化包含两个层面的含义：一方面是乡村旅游景区的特色化，另一方面是农家接待产品的特色化。乡村旅游景区的特色化指的是每个乡村旅游景区根据自身的文脉和地脉特点提炼自身的乡村旅游主题，设计差异化的乡村旅游产品，体现自身特色，做到与周边不同。农家接待产品的特色化指的是具体景区内部每个乡村旅游接待户的设计特色和提供的产品应有所不同，价格定位也有所不同，而不是同质化的千篇一律。

（三）乡村文化的深入挖掘

乡村地域是乡村旅游的载体，而乡村文化则是乡村旅游的核心，也是乡村旅游永具生命力的根源所在。特定地域的乡村文化是生活在这片土地上的先民适应自然环境的经验积累和智慧结晶，也体现出该地乡村旅游的文化特色。深入挖掘特定地域的生产文化、生活文化等民俗文化，开发独具特色的乡村旅游产品，会吸引更多的城市旅游者。

（四）技术化

随着现代科技对乡村生活的渗透，互联网和移动终端等已经成为乡村生活的重要组成部分。现代技术不仅会影响传统的乡村旅游经营管理，也会对乡村旅游的市场营销和旅游服务产生颠覆性变革。

（五）经营、管理和服务进一步规范

40年的乡村旅游发展，使我国的乡村旅游已经发展到很大的规模。初级原始的乡村旅游经营服务严重阻碍了我国乡村旅游的健康发展，各地政府已开始对乡村旅游的经营、管理和服务进行规范化管理。出台鼓励乡村旅游的规划、乡村旅游或农家乐的星级评定标准的政策，对乡村旅游经营者进行技能培训等，使我国乡村旅游向越来越规范的方向发展。

(六)统一品牌,统一营销

由于缺乏乡村旅游规划和现代经营观念、品牌意识以及家庭小规模经营,我国特定地域的乡村旅游基本上没有统一的品牌,统一的营销也很少。在旅游市场竞争日趋激烈的今天,由当地政府出面对各地乡村旅游进行整体规划,提炼统一的乡村旅游主题,进行联合营销,将会极大地推动特定地域的乡村旅游发展。

(七)注重可持续发展

乡村因地域开阔、环境洁净得以吸引城市旅游者的到来,因此,在开展乡村旅游的同时,切实保护好乡村环境,"美丽乡村"能够吸引更多的城市旅游者,实现乡村旅游的可持续发展。乡村旅游可持续发展的另外一个重要方面是社区参与,当地社区居民从开展乡村旅游中得到切实的利益和好处,社区居民的支持是乡村旅游得以持续发展的基础和关键。

第三节 乡村旅游的政策法规

乡村旅游是农村地区产业融合、产业结构调整的重要路径,各级政府应通过科学规划给予引导。我国乡村旅游至今已有30年的发展历史,通过对近30年来乡村旅游的政策演进和具体变化进行分析总结,有助于了解我国乡村旅游政策的历史走势,掌握市场变化轨迹,同时根据市场热点和农村发展需求对我国乡村旅游未来政策方向进行前瞻。

一、乡村旅游政策法规的发展脉络

(一)政策依附期

我国的乡村旅游起始于20世纪80年代末期,但一直到1998年我国关于乡村旅游的政策文件都处于真空期。作为旅游业的重要组成部分，乡村旅游的发展政策主要依据旅游业和各行业专项法规，1995年5天工作制的实行，客观上推动了我国乡村休闲旅游业发展。

(二)政策萌芽期

以1998年"华夏城乡游"旅游主题为标志，国家旅游局开始提倡"吃农家饭、住农家院、看农家景、享农家乐"等，接着又将1999年的旅游主题定为"中国生态游"。同时，"黄金周"制度的实施进一步激发了我国休闲旅游的热潮。2001—2002年，我国农业部相继制定了《农业旅游发展指导规范》和《全国农业旅游示范点检查标准》。这一阶段乡村旅游仍处于农家乐的初级阶段，乡村旅游政策处于行业引导摸索期，政策主要由国家旅游局和农业部制定，以引导和规范为主。

(三)大力发展期

2006年，国家旅游局将我国旅游主题定为"中国乡村游"，并发布《关于促进农村旅游发展的指导意见》，指出"农村旅游是新农村建设的积极实践，是推动旅游业成为国民经济重要产业的主要力量"，同年乡村旅游被国务院写入"十一五"规划。2007年，国家旅游局和农业部联合成立了"全国乡村旅游工作领导小组"，联合发布了《关于大力推进我国乡村旅游发展的通知》，这次联合改变了以往多头管理、责任不清的情况，为乡村旅游的发展提供了条件。2007年、2008年，中央"一号文件"连续两次提出乡村旅游是增加农民非农收入的重要途径，乡村旅游开始得到国家政策重视，并出现在更多的政策和文件中。2013年《国民休闲纲要》的颁布，更是将旅游业和乡村旅游上升到了一个新的高度。这段时期的政策更加注重具体的支持和推动措施，基础设施、公共服务和资金扶助等成为政策文件持续关注的重点。

(四)转型提速期

2014年，农业部公布了全国第一批美丽乡村名单，同年国务院发布了《关于创新机制扎实推进农村扶贫开发工作的意见》，提出到2015年和2020年分别达到扶持约2000个和6000个贫困村开展乡村旅游的目标,乡村旅游政策进入密集发布期。5年间,国务院和相关部委以乡村旅游或休闲农业名义发布文件9个、相关重要文件约30个。这一时期乡村旅游地位空前提高,2016年"一号文件"提出将乡村旅游建成繁荣农村、富裕农民的新兴支柱产业;2018年,国务院在乡村振兴战略意见中提出乡村旅游是农村产业结构调整、重塑乡村文化生态、实现乡村振兴的重要途径,乡村旅游政策由行业发展上升到国家战略。这一时期的政策主体更加注重联合协调。2014年为了更好推进农村扶贫工作,国务院确定了由国务院统筹、部门合作的联合协调机制,各部委联合制定了多个推进行业发展的重要文件(表1),极大地提高了政策的执行效力,推动了乡村旅游的快速发展。这一时期的政策文件更加注重转型提质,注重创新思维和创新方式,以更加丰富的形式提供支持和帮助,同时鼓励通过经营类型和经营主体的多元化实现行业的健康发展。

1998—2019年我国国家层面发布的乡村旅游政策文件

年份	政策或文件/事件	发布部门
1998	"华夏城乡游"中国旅游主题年	国家旅游局
1999	"生态旅游年"活动	国家旅游局
2000	《关于进一步发展假日旅游若干意见的通知》	国务院办公厅
2001	农业旅游发展指导规范	农业部
2002	"中国民间艺术"主题年 全国农业旅游示范点检查标准	国家旅游局 农业部
2004	中央一号文件	国务院
2005	首批全国旅游示范点(203个)	国家旅游局

续表

年份	政策或文件/事件	发布部门
2006	中央一号文件 "2006年中国乡村游"主题年 《关于促进农村旅游发展的指导意见》	国务院 国家旅游局 国家旅游局
2007	"2007中国和谐城乡游"主题年 《关于大力推进全国乡村旅游发展的通知》	国家旅游局 国家旅游局、农业部
2009	《全国乡村旅游发展纲要（2009—2015年）》	国家旅游局
2010	中央一号文件 全国休闲农业和乡村旅游示范县示范点创建	国务院 国家旅游局、农业部
2011	中国农村扶贫开发纲要	国务院
2013	《国民旅游休闲纲要（2013—2020)年》	国务院办公厅
2014	《关于促进旅游业改革发展的若干意见》 创新机制扎实推进农村扶贫开发工作的意见 关于实施乡村旅游富民工程的通知	国务院 国务院 国家发改委等7部门
2015	中央一号文件 关于加快转变农业发展方式的意见 进一步促进旅游投资和消费的若干意见 关于促进休闲农业发展的通知	国务院 国务院办公厅 国务院办公厅 农业部等11部门
2016	中央一号文件 "十三五"脱贫攻坚规则 关于金融助推脱贫攻坚的实施意见 乡村旅游扶贫工程行动方案 "十三五"旅游规划 关于实施旅游休闲重大工程的通知 120亿旅游基建基金申报启动 《全国旅游标准化发展规划（2016—2020)》 《贫困地区发展特色产业促进精准脱贫指导意见》	国务院 国务院 国家发改委等7部门 国家发改委等11部门 国家旅游局 国家发改委、旅游局 国家旅游局 国家旅游局 农业部等9部门

续表

年份	政策或文件/事件	发布部门
2017	中央一号文件	国务院
	促进乡村旅游发展提质升级行动方案	国家发改委等14部门
	推动落实休闲农业和乡村旅游发展政策的通知	农业部
	深入推进农业领域和社会资本合作的实施意见	财政部、农业部
	政策性金融支持农村一、二、三产业融合发展通知	农业部、中国农业银行
2018	中央一号文件	国务院
	支持深度贫困地区旅游扶贫行动方案	国家旅游局扶贫办
	农民专业合作社法	全国人大
	乡村振兴战略规划	中共中央、国务院
	促进乡村旅游发展提质升级行动方案	国家发改委等13部门
	关于促进乡村旅游可持续发展的指导意见	国家发改委等17部门
2019	中央一号文件	国务院
	《关于实施小微企业普惠性税收减免政策的通知》	财政部、税务局
	《国务院关于促进乡村产业振兴的指导意见》	国务院
	关于开展农村闲置宅基地和闲置住宅盘活利用工作的通知	农业部
	关于进一步加强农村宅基地管理的通知	中农小组、农业部
2020	中央一号文件	国务院
	《关于加快构建政策体系培育新型农业经营主体的意见》	中共中央、国务院
	《关于促进小农户和现代农业发展有机衔接的意见》	中共中央、国务院
	《新型农业经营主体和服务主体高质量发展规划(2020—2022年)》	农业部
	《2020年乡村产业工作要点》	农业部
	加快推进乡村旅游市场复苏	文化和旅游部资源开发司

续表

年份	政策或文件/事件	发布部门
2021	中央一号文件 《关于实施小微企业和个体工商户所得税优惠政策的公告》	国务院 财政部、税务局

二、乡村旅游主要政策法规

（一）用地政策

目前，国家的土地政策对支持乡村旅游发展越来越具有倾向性。乡村旅游开发者和运营户熟悉国家有关土地的政策规定，按规定规划和使用，有助于乡村旅游项目的顺利落地，推动乡村旅游的长期稳定发展。

1. 生产用地和农用地

发展乡村旅游，不得占用基本农田。基本农田俗称"吃饭田""保命田"，其重要程度不言而喻。2004年3月，国务院《关于坚决制止占用基本农田进行植树等行为的紧急通知》对于基本农田提出了"五不准"的明确规定：①不准占用基本农田进行植树造林、发展林果业和搞林粮间作以及超标准建设农田林网；②不准以农业结构调整为名，在基本农田内挖塘养鱼、建设用于畜禽养殖的建筑物等严重破坏耕作层的生产经营活动；③不准违法占用基本农田进行绿色通道和城市绿化隔离带建设；④不准以退耕还林为名违反土地利用总体规划，将基本农田纳入退耕范围；⑤不准非农建设项目占用基本农田（法律规定的国家重点建设项目除外）。因此，在进行乡村旅游开发的过程中，必须弄清楚其是否占用基本农田。

2015年国务院办公厅《关于推进农村一二三产业融合发展的指导意见》第十四条指出："对社会资本投资建设连片面积达到一定规模的高标准农田、生态公益林等，允许在符合土地管理法律法规和土地利用总体规划、依法办理建设用地审批手续、坚持节约集约用地的前提下，利用一定比例的土地开展观光和休闲度假旅游、加工流通等经营活动。"

2016年中央1号文件提出，要"大力发展休闲农业和乡村旅游"，并指出："依托农村绿水青山、田园风光、乡土文化等资源，大力发展休闲度假、旅游观光、养生养老、创意农业、农耕体验、乡村手工艺等，使之成为繁荣农村、富裕农民的新兴支柱产业。强化规划引导，采取以奖代补、先建后补、财政贴息、设立产业投资基金等方式扶持休闲农业和乡村旅游业发展，着力改善休闲旅游重点村进村道路、宽带、停车场、厕所、垃圾污水处理等基础服务设施。积极扶持农民发展休闲旅游业合作社。引导和支持社会资本开发农民参与度高、受益面广的休闲旅游项目。加强乡村生态环境和文化遗存保护，发展具有历史记忆、地域特点、民族风情的特色小镇，建设一村一品、一村一景、一村一韵的魅力村庄和宜游宜养的森林景区。依据各地具体条件，有规划地开发休闲农庄、乡村酒店、特色民宿、自驾露营、户外运动等乡村休闲度假产品。实施休闲农业和乡村旅游提升工程、振兴中国传统手工艺计划。开展农业文化遗产普查与保护。支持有条件的地方通过盘活农村闲置房屋、集体建设用地、'四荒地'、可用林场和水面等资产资源发展休闲农业和乡村旅游。将休闲农业和乡村旅游项目建设用地纳入土地利用总体规划和年度计划合理安排。"

2017年农业部办公厅发布《关于推动落实休闲农业和乡村旅游发展政策的通知》，强调"要支持有条件的地方通过盘活农村闲置房屋、集体建设用地、'四荒地'、可用林场和水面等资产资源发展休闲农业和乡村旅游"。

2. 建设用地

中共十九大做出实施乡村振兴战略的决策部署，是新时期做好"三农"工作的重要遵循。为全面贯彻落实十九大精神和中央有关要求，深入推进农业供给侧结构性改革，做好农村一二三产业融合发展的用地保障，政府相关部门出台了相关文件，对休闲农业建设用地进一步做了明确规定。

2017年农业部办公厅《关于推动落实休闲农业和乡村旅游发展政策

的通知》第二条,"在用地政策上,要落实城乡建设用地增减挂钩试点,农村集体经济建设用地自办、入股等方式经营休闲农业的政策。要积极向当地政府汇报,争取将休闲农业和乡村旅游项目建设用地纳入土地利用总体规划和年度计划合理安排。要支持有条件的地方通过盘活农村闲置房屋、集体建设用地、'四荒地'、可用林场和水面等资产资源发展休闲农业和乡村旅游"。

2017年国家发展和改革委员会等《关于印发〈促进乡村旅游发展提质升级行动方案(2017年)〉的通知》指出:"落实以长期租赁、先租后让、租让结合方式提供乡村旅游项目建设用地等政策;在符合相关规划的前提下,鼓励农村集体经济组织依法使用农村集体建设用地以土地使用权入股、联营等方式,与其他单位和个人共同举办住宿、餐饮、停车场等乡村旅游接待服务企业。"

2017年12月,国土资源部、国家发展和改革委员会联合下发的《关于深入推进农业供给侧结构性改革,做好农村产业融合发展用地保障的通知》,涉及乡村旅游建设用地的内容主要包括:

一是发挥土地利用总体规划的引领作用。各地区在编制和实施土地利用总体规划中,要适应现代农业和农村产业融合发展需要,优先安排农村基础设施和公共服务用地,乡(镇)土地利用总体规划可以预留少量(不超过5%)规划建设用地指标,用于零星分散的单独选址农业设施、乡村旅游设施等建设。

二是加强建设用地计划指标支持。安排一定比例年度土地利用计划,专项支持农村新产业新业态和产业融合发展。对利用存量建设用地进行农产品加工、农产品冷链、物流仓储、产地批发市场等项目建设或用于小微创业园、休闲农业、乡村旅游、农村电商等农村二三产业的市、县,可给予新增建设用地计划指标奖励。

三是鼓励土地复合利用。围绕农业增效和农民增收,因地制宜保护耕地,允许在不破坏耕作层的前提下,对农业生产结构进行优化调整,仍按耕地管理。鼓励农业生产和村庄建设等用地复合利用,发展休闲农业、乡村旅游、农业教育、农业科普、农事体验等产业,拓展土地使用功能,提高土地节约集约利用水平。

3. 宅基地

当前,在许多欠发达地区的乡村,因为进城务工人员增多,大量宅基地长期闲置。所谓宅基地,指的是村集体给本集体内部村民使用的、用来建房的土地,是目前农村集体建设用地中的"大头"。有统计显示,我国约有19万平方千米的农村集体建设用地,其中宅基地约占13万平方千米。利用农民自己的住宅和宅基地兴办"农家乐"和民宿,民房变客房,让农村闲置的土地利用起来,让农民闲暇的时间充实起来,让富余的劳动力流动起来,提高了农民的资产性收入和工资性收入。

2015年8月,农业部等11部门印发的《关于积极开发农业多种功能大力促进休闲农业发展的通知》明确规定支持农民发展农家乐,闲置宅基地整理结余的建设用地可用于休闲农业。因此,在进行休闲农业、乡村旅游开发中要充分利用农民自有住宅、闲置宅基地。

2017年农业部办公厅《关于推动落实休闲农业和乡村旅游发展政策的通知》第二条说明在用地政策上,"要支持有条件的地方通过盘活农村闲置房屋、集体建设用地、"四荒地"、可用林场和水面等资产资源发展休闲农业和乡村旅游。"

2017年国家发展和改革委员会等《关于印发〈促进乡村旅游发展提质升级行动方案(2017年)〉的通知》指出"推动各省(区、市)制定管理办法,允许本地居民利用自有住宅或者其他条件依法从事乡村旅游经营。"

2017年12月,国土资源部、国家发展和改革委员会印发的《关于深入推进农业供给侧结构性改革,做好农村产业融合发展用地保障的通知》规定,在充分保障农民宅基地用益物权、防止外部资本侵占控制的前提下,探索农村集体经济组织以出租、合作等方式盘活利用空闲农房及宅基地,按照规划要求和用地标准,改造建设民宿民俗、创意办公、休闲农业、乡村旅游等农业农村体验活动场所。

2019年《农业农村部关于积极稳妥开展农村闲置宅基地和闲置住宅盘活利用工作的通知》指出："鼓励利用闲置住宅发展符合乡村特点的休闲农业、乡村旅游、餐饮民宿、文化体验、创意办公、电子商务等新产业新业态，以及农产品冷链、初加工、仓储等一二三产业融合发展项目。""支持返乡人员依托自有和闲置住宅发展适合的乡村产业项目。"中央农村工作领导小组办公室、农业农村部《关于进一步加强农村宅基地管理的通知》指出："鼓励村集体和农民盘活利用闲置宅基地和闲置住宅，通过自主经营、合作经营、委托经营等方式，依法依规发展农家乐、民宿、乡村旅游等。"

综上所述，农村土地不仅仅是耕地，还有农民的宅基地、农村集体建设用地、四荒地等。我们在发展休闲农业和乡村旅游的过程中，要充分利用好这些土地，盘活农民宅基地、村集体建设用地资产，创造更高的土地经济价值。同时，这些土地的开发和利用，对增加农民的资产性收入也可以发挥很大的作用。

(二)基础设施政策

目前，我国对于乡村旅游发展的基础设施建设的扶持政策比较少。

2008年，中共中央、国务院颁布的《关于切实加强农业基础建设进一步促进农业发展农民增收的若干意见》中，明确表示要突出抓好农业基础设施建设，加大投入力度，加快建设步伐。

2009《国务院关于加快发展旅游业的意见》指出，地方各级政府要加大对旅游基础设施建设的投入。中央政府投资重点支持中西部地区重点景区、红色旅游、乡村旅游等的基础设施建设。

各地政府部门具体的扶持政策有：北京市对于观光休闲农业园区进行的生产、基础设施、科技推广等项目，符合相关部门扶持要求的择优扶持；天津市由市农委、市旅游局从农村发展资金、旅游发展资金中各自拿出一定资金，建立休闲农业与乡村旅游专项扶持资金用于乡村旅游配套设施、服务设施、卫生设施等项目建设；湖北、云南把农村的环境、道路、饮水等基础设施建设和垃圾处理、污水处理、厕所改造、农村沼气等支农工程向发展乡村旅游的村镇倾斜。

（三）设施农业发展政策

设施农业是乡村旅游发展的重要项目之一，国家从2008年起，颁布了一系列政策文件支持、规范设施农业的发展，有关设施农业发展的政策也在不断完善。乡村旅游运营户熟悉有关设施农业发展的政策，有利于特色服务开发的建设。

2008年，农业部出台了《关于促进设施农业发展的意见》，提出从落实扶持政策、积极推动科技创新、制定完善标准体系和努力做好技术培训四个方面落实完善促进设施农业发展的政策措施。同时指出，在我国发展设施农业，要按照加强农业基础地位，走中国特色农业现代化道路，建立以工促农、以城带乡长效机制，形成城乡经济社会发展一体化新格局的要求，认真落实中央一系列强农惠农政策措施，促进设施农业又好又快发展。

2014年，国土资源部和农业部联合出台了《关于进一步支持设施农业健康发展的通知》等相关政策，规范和支持设施农业的发展，严禁随意扩大设施农业用地范围，各类农业园区中涉及建设永久性餐饮、住宿、会议、大型停车场、工厂化农产品加工、展销等用地，必须依法依规按建设用地进行管理，合理界定设施农业发展用地范围、积极支持设施农业发展用地、规范设施农业发展用地、加强设施农业发展的服务与监管。

（四）财政税收优惠政策

为了促进休闲农业和乡村旅游的发展，国家税务总局和各地税务机关制定各类财政补贴和税收优惠政策，支持乡村旅游业的发展。

2011年发布的《中华人民共和国国民经济和社会发展第十二个五年规划纲要》提出"要因地制宜发展特色高效农业，利用农业景观资源发展观光、休闲、旅游等农村服务业，使农民在农业功能拓展中获得更多的收益"；8月份印发的《全国休闲农业发展"十二五"规划》，对"十二五"期间我国休闲农业和乡村旅游的发展做出了具体部署。各级地方政府遵循这些文件出台了一系列政策大力扶持休闲农业和乡村旅游发展。政府部门通过编制规划推动休闲农业和乡村旅游发展呈现良好的发展态势。

1. 财政政策

2016年7月,农业部等14部门印发的《关于大力发展休闲农业的指导意见》在"保障措施"中提到,强化政策落实创设鼓励各地采取以奖代补、先建后补、财政贴息、设立产业投资基金等方式加大财政扶持力度。各地要加大投资力度,组织实施休闲农业和乡村旅游提升工程,推动休闲农业和乡村旅游的提档升级。

2017年5月,农业部办公厅印发的《关于推动落实休闲农业和乡村旅游发展政策的通知》要求:"在财政政策上探索采取以奖代补、先建后补、财政贴息、设立产业投资基金等方式加大财政扶持力度。要创新融资模式,鼓励利用PPP模式、众筹模式、互联网＋模式、发行私募债券等方式,引导社会各类资本投资休闲农业和乡村旅游。"

2018年中央1号文件《中共中央国务院关于实施乡村振兴战略的意见》要求建立健全实施乡村振兴战略财政投入保障制度,公共财政更大力度向"三农"倾斜,确保财政投入与乡村振兴目标任务相适应。休闲农业和乡村旅游作为农村一二三产业融合发展的新业态,是实施乡村振兴战略的重要途径之一,财政政策支持必不可少。

2. 税收优惠政策

2006年财政部、国家税务总局《关于房产税、城镇土地使用税有关政策的通知》规定:"在城镇土地使用税征收范围内经营采摘、观光农业的单位和个人,其直接用于采摘、观光的种植、养殖、饲养的土地,根据《中华人民共和国城镇土地使用税暂行条例》第六条中'直接用于农、林、牧、渔业的生产用地'的规定,免征城镇土地使用税。"以及"在城镇土地使用税征收范围内,利用林场土地兴建度假村等休闲娱乐场所的,其经营、办公和生活用地,应按规定征收城镇土地使用税。"

2015年4月,《国务院关于进一步做好新形势下就业创业工作的意见》提出,要鼓励农村劳动力创业,发展农民合作社、家庭农场等新型农业经营主体,发展农产品加工、休闲农业、乡村旅游、农村服务业等劳动密集型产业项目,落实定向减税和普遍性降费政策。

2017年6月,财政部、国家税务总局印发的《关于扩大小型微利企业所得税优惠政策范围的通知》规定:"为进一步支持小型微利企业发展,现就小型微利企业所得税政策通知如下:自2017年1月1日至2019年12月31日,将小型微利企业的年应纳税所得额上限由30万元提高至50万元,对年应纳税所得额低于50万元(含50万元)的小型微利企业,其所得减按50%计入应纳税所得额,按20%的税率缴纳企业所得税。前款所称小型微利企业,是指从事国家非限制和禁止行业,并符合下列条件的企业:工业企业,年度应纳税所得额不超过50万元,从业人数不超过100人,资产总额不超过3000万元;其他企业,年度应纳税所得额不超过50万元,从业人数不超过80人,资产总额不超过1000万元。"

2019年第13号文件《财政部税务总局关于实施小微企业普惠性税收减免政策的通知》第二条规定:对小型微利企业年应纳税所得额不超过100万元的部分,减按25%计入应纳税所得额,按20%的税率缴纳企业所得税;对年应纳税所得额超过100万元但不超过300万元的部分,减按50%计入应纳税所得额,按20%的税率缴纳企业所得税。

2021年第12号文件《财政部税务总局关于实施小微企业和个体工商户所得税优惠政策的公告》第一、二条的规定,对小型微利企业年应纳税所得额不超过100万元的部分,在《财政部税务总局关于实施小微企业普惠性税收减免政策的通知》(财税〔2019〕13号)第二条规定的优惠政策基础上,再减半征收企业所得税。

(五)金融支持政策

乡村旅游的发展需要资金的支持。政府相关部门除了发布各种相关财政补贴之外,还出台了各种金融支持和融资政策,致力于解决休闲农业和乡村旅游资金短缺问题。

2015年国务院办公厅转发财政部、国家发展和改革委员会、中国人民银行《关于在公共服务领域推广政府和社会资本合作模式指导意见的通知》中指出："在公共服务领域推广政府和社会资本合作模式，是转变政府职能、激发市场活力、打造经济新增长点的重要改革举措。围绕增加公共产品和公共服务供给，在能源、交通运输、水利、环境保护、农业、林业、科技、保障性安居工程、医疗、卫生、养老、教育、文化等公共服务领域，广泛采用政府和社会资本合作模式，对统筹做好稳增长、促改革、调结构、惠民生、防风险工作具有战略意义。"以及"在财税、价格、土地、金融等方面加大支持力度，保证社会资本和公众共同受益，通过资本市场和开发性、政策性金融等多元融资渠道，吸引社会资本参与公共产品和公共服务项目的投资、运营管理，提高公共产品和公共服务供给能力与效率。"

2015年财政部发布《关于进一步做好政府和社会资本合作项目示范工作的通知》，加快推进政府和社会资本合作（PPP）项目示范工作，尽早形成一批可复制、可推广的实施范例，助推更多项目落地实施。PPP是指政府部门（Public）通过与社会资本（Private）建立伙伴关系（Partnership）提供公共产品或服务的一种方式。发达国家普遍将PPP模式作为缓解财政压力、提高公共服务效率的一次变革。

2016年国家发展改革委、农业部印发《关于推进农业领域政府和社会资本合作的指导意见》明确要求："按照党中央、国务院决策部署，以创新、协调、绿色、开放、共享发展理念为指导，充分发挥市场在资源配置中的决定性作用和更好地发挥政府作用，健全配套政策体系，创新农业基础设施建设投入体制机制，大力推进农业领域政府和社会资本合作（简称PPP），提升农业投资整体效率与效益，为加快农业现代化提供有力支撑。"

2017年农业部发布《关于推动落实休闲农业和乡村旅游发展政策的通知》，第二条规定："在金融政策上，要创新担保方式，搭建银企对接平台,鼓励担保机构加大对休闲农业和乡村旅游的支持力度,帮助经营主体解决融资难题。要推动银行业金融机构拓宽抵押担保物范围,扩大信贷额度,加大对休闲农业的信贷支持,带动更多的社会资本投资休闲农业和乡村旅游。"

2019年文化和旅游部、中国农业银行联合印发《关于金融支持全国乡村旅游重点村建设的通知》,明确了八项支持措施:一是加大信贷投放,未来5年农业银行将提供1000亿元意向性信用额度,用于支持乡村旅游重点村旅游开发。二是推进产品创新,加大"景区开发贷""景区收益权贷""美丽乡村贷""惠农e贷""农家乐贷"和"个人生产经营贷"等乡村旅游特色产品的推广力度,研究出台支持乡村旅游重点村建设的专属信贷产品或区域性金融服务方案。三是强化政策保障,对乡村旅游重点村文化和旅游项目实施差异化授权,执行优惠信贷政策。四是夯实发展基础,中国农业银行各分行将会同各级文化和旅游部门,共同建立乡村旅游重点项目库,对入库项目优先支持,共同建设乡村旅游产业数据库,着力推进"数字文旅""智慧旅游"等新型服务模式。五是推动产业升级,探索通过公建民营、政府增信、产业基金和PPP等方式促进乡村文旅产业发展,以投贷联动为切入点,通过农业银行专业化子公司开展股权投资、资产收购、并购重组、上市发债等业务,培育一批具有竞争力的乡村文化和旅游企业。六是延伸服务渠道,农业银行县域地区服务渠道向乡村旅游重点村倾斜,推动相关服务互联网化升级。七是开展综合服务,农业银行发挥综合经营优势为重点村的文化和旅游项目、文化和旅游企业及产业链相关企业提供金融和信息咨询服务,综合运用票据、理财融资、景区资产证券化等方式,拓宽乡村文化和旅游产业的融资渠道。八是促进乡村消费,利用农业银行扶贫商城、"益农融商"公益商城等线上平台,优先对接、销售乡村旅游重点村文化和旅游特色产品。

(六)品牌培育政策

乡村旅游的品牌打造,实际上就是对于目的地施行一系列有效举措,使之成为具有知名度和影响力的品牌,凸显当地休闲农业和乡村旅游的竞争优势,从而更有效地推出乡村旅游产品的一种发展战略。为此,我国政府及其有关部门推出了一系列政策措施,引导乡村旅游企业和区域着力培育自己的品牌,从而扩大其影响力和促进消费。

2010年7月,农业部和国家旅游局签订《关于推进休闲农业和乡村旅游发展合作框架协议》,决定共同组建中国旅游协会休闲农业和乡村旅游分会,作为两部局开展工作的一个平台,并明确星级创建工作由休闲农业和乡村旅游分会承担。

2015年8月,农业部等11部门联合印发《关于积极开发农业多种功能大力促进休闲农业发展的通知》,要求开展全国休闲农业星级评定等品牌培育工程,打造一批有影响的休闲农业知名品牌。农业部有关单位会同休闲农业和乡村旅游分会坚持"农旅结合",形成《全国休闲农业和乡村旅游星级示范企业(园区)创建标准》。按照得分情况,分为三星、四星、五星三个等级,由全国休闲农业和乡村旅游星级评定委员会颁发牌匾。从2012年起,在五星级企业(园区)的基础上,每年评选全国十佳休闲农庄,对参加全国十佳休闲农庄的企业(园区)除了基础条件好、规模大的标准外,更侧重于示范带动力强、园区实现零排放等方面考核。2016年,在五星级企业(园区)的基础上,评选出年度最美休闲农庄。到2017年底,已连续5年开展全国十佳休闲农庄推荐活动,遴选出50家具有代表性的农庄授予全国十佳休闲农庄称号;2016年以来,有20家农庄被授予中国最美休闲农庄称号,在社会上形成了一定影响,树立了休闲农庄品牌,有效地发挥了品牌对行业发展的引领和示范作用。

2016年11月,农业部印发的《全国农产品加工业与农村一二三产业融合发展规划(2016—2020年)》中作为重大工程之一的"休闲农业和乡村旅游提升工程"提出,要加大休闲农业和乡村旅游品牌培育,重点打造"3+1+X"的休闲农业和乡村旅游。

2017年农业部发布《关于推动落实休闲农业和乡村旅游发展政策的

通知》规定:"在品牌创建上,要按照'3+1+X'的品牌培育体系,在面上继续创建全国休闲农业和乡村旅游示范县(市、区),在点上继续推介中国美丽休闲乡村,在线上重点开展休闲农业和乡村旅游精品景点线路推介,吸引城乡居民到乡村休闲消费。要继续加大中国重要农业文化遗产的发掘保护传承工作,推动遗产地经济社会可持续发展。要指导各地积极探索农业嘉年华、休闲农业特色村镇、星级户等地方品牌创建。"

2018年3月,国务院办公厅印发的《关于促进全域旅游发展的指导意见》提出,要实施品牌战略。即着力塑造特色鲜明的旅游目的地形象,打造主题突出、传播广泛、社会认可度高的旅游目的地品牌,建立多层次、全产业链的品牌体系,提升区域内各类旅游品牌影响力。

2018年4月,农业农村部印发的《关于开展休闲农业和乡村旅游升级行动的通知》提出:"培育精品品牌促升级。"同时指出:"创新推动休闲农业和乡村旅游品牌体系建设,以行政村镇为核心,建设一批天蓝、地绿、水净、安居、乐业的美丽休闲乡村(镇);以集聚区为核心,建设一批功能齐全、布局合理的现代休闲农业园区;以经营主体为核心,建设一批增收机制完善、示范带动力强的现代休闲农庄。全国上下联动、精心组织休闲农业和乡村旅游大会、美丽乡村休闲旅游行等主题活动,分时分类向社会发布推介精品景点线路。鼓励各地因地制宜培育农业嘉年华、休闲农业特色村镇、农事节庆、星级农(林、牧、渔)家乐等形式多样、富有特色的品牌。"

(七)公共服务政策

加快发展乡村旅游的过程中,公共服务政策也必须跟上。

2011年8月,农业部印发的《全国休闲农业发展"十二五"规划》在"健全服务体系,增强发展后劲"一节中就提出,加快完善行政管理体系、信息统计体系和社会服务体系。强化对各类休闲农业和乡村旅游合作经济组织及行业协会管理与支持力度,增强行业自律性。组织开展对休闲农业产业和乡村旅游发展战略、发展规律、发展政策、发展模式、管理机制等研究,增强管理的协调性和针对性。在"公共服务体系建设"方面,按照深化改革的方向,对于公益性较强的基础性公共服务,应主要由政府提供。各级政府部门应在国家发展休闲农业和乡村旅游总原则的指导下,通过对各地区休闲农业和乡村旅游资源的普查,编制合理的休闲农业和乡村旅游总体发展规划,进而形成省、市、县、乡各级休闲农业和乡村旅游发展规划,并将其融入当地整个农业与旅游产业规划当中。对于公益性较强的非基础性公共服务,除了那些必须由政府提供的项目,可以由社会组织或其他社会力量来提供,政府应通过财政补贴、特许经营、贷款贴息、优惠政策等方式给予支持。对于公益性较弱、具有经营性特征的非基础性公共服务,可以在政府的统筹规划和宏观调控下,由企业、个人或其他社会力量来提供,并通过市场调节供需关系,以满足休闲农业和乡村旅游发展的多样化需求。

2016年7月,农业部等14部门联合印发的《关于大力发展休闲农业的指导意见》提出,要强化行业运行监测分析,构建完善的休闲农业和乡村旅游监测统计制度。

2017年,农业部发布《关于推动落实休闲农业和乡村旅游发展政策的通知》规定:"在公共服务上,要从规划引导入手,积极推进'多规合一',将休闲农业和乡村旅游开发纳入城乡发展大系统中,打造产业带和产业群。要加大行业标准的制定和宣贯力度,建立健全食品安全、消防安全、环境保护等监管规范。要积极构建完善的休闲农业和乡村旅游监测统计制度。"

2018年3月,国务院办公厅印发的《关于促进全域旅游发展的指导意见》提出,要加强旅游人才保障。即实施"人才强旅、科教兴旅"战略,将旅游人才队伍建设纳入重点人才支持计划。大力发展旅游职业教育,深化校企合作,加快培养适应全域旅游发展要求的技术技能人才,有条件的县市应积极推进涉旅行业全员培训。鼓励规划、建筑、设计、艺术等各类专业人才通过到基层挂职等方式帮扶指导旅游发展。

2018年4月,农业农村部印发的《关于开展休闲农业和乡村旅游升级行动的通知》提出:"要加大监测统计力度,建立健全监测统计制度,开展动态监测分析,为产业发展提供数据支撑。加强对已认定全国休闲农业和乡村旅游示范县等品牌的动态管理考核,研究设立考核标准和退出机制。"以及"鼓励引导社会资本参与信息服务平台建设,完善休闲农业和乡村旅游网有关功能,提升信息化服务水平。"

(八)土地流转政策

2008年中共中央通过《关于推进农村改革发展若干重大问题的决定》,明确提出:土地承包经营权流转,不得改变土地集体所有性质,不得改变土地用途,不得损害农民土地承包权益。实行最严格的节约用地制度,从严控制城乡建设用地总规模。允许农民以转包、出租、互换、转让、股份合作等形式流转土地承包经营权,发展多种形式的适度规模经营。

2016年10月,中共中央办公厅、国务院办公厅印发的《关于完善农村土地所有权承包权经营权分置办法的意见》提出要:"完善'三权分置'办法,不断探索农村土地集体所有制的有效实现形式,落实集体所有权,稳定农户承包权,放活土地经营权,充分发挥'三权'的各自功能和整体效用,形成层次分明、结构合理、平等保护的格局。""在完善'三权分置'办法过程中,要充分维护承包农户使用、流转、抵押、退出承包地等各项权能。承包农户有权占有、使用承包地,依法依规建设必要的农业生产、附属、配套设施,自主组织生产经营和处置产品并获得收益;有权通过转让、互换、出租(转包)、入股或其他方式流转承包地并获得收益,任何组织和个人不得强迫或限制其流转土地;有权依法依规就承包土地经营权设定抵押、自愿有偿退出承包地,具备条件的可以因保护承包地获得相关补贴。承包土地被征收的,承包农户有权依法获得相应补偿,符合条件的有权获得社会保障费用等。不得违法调整农户承包地,不得以退出土地承包权作为农民进城落户的条件。""赋予经营主体更有保障的土地经营权,是完善农村基本经营制度的关键。土地承包经营权人对流转土地依法享有在一定期限内占有、耕作并取得相应收益的权利。在依法保护集体所有权和农户承包权的前提下，平等保护经营主体依据流转合同取得的土地经营权，保障其有稳定的经营预期。在完善'三权分置'办法过程中，要依法维护经营主体从事农业生产所需的各项权利，使土地资源得到更有效合理的利用。经营主体有权使用流转土地自主从事农业生产经营并获得相应收益，经承包农户同意，可依法依规改良土壤、提升地力，建设农业生产、附属、配套设施，并依照流转合同约定获得合理补偿；有权在流转合同到期后按照同等条件优先续租承包土地。经营主体再流转土地经营权或依法依规设定抵押，须经承包农户或其委托代理人书面同意，并向农民集体书面备案。流转土地被征收的，地上附着物及青苗补偿费应按照流转合同约定确定其归属。承包农户流转出土地经营权的，不应妨碍经营主体行使合法权利。加强对土地经营权的保护，引导土地经营权流向种田能手和新型经营主体。支持新型经营主体提升地力、改善农业生产条件、依法依规开展土地经营权抵押融资。鼓励采用土地股份合作、土地托管、代耕代种等多种经营方式，探索更多放活土地经营权的有效途径。"

（九）其他相关法律法规

1. 农业法律、法规

我国政府已颁布的与农业产业相关的法律法规有《中华人民共和国农业法》《中华人民共和国动物防疫法》《中华人民共和国森林法》《中华人民共和国水法》《中华人民共和国防洪法》《中华人民共和国农村土地承包法》《中华人民共和国劳动法》《中华人民共和国土地管理法》等。

2. 旅游产业法规

目前，我国已颁布的旅游产业法规有《旅行社条例》《导游人员管理条例》《中国公民出国旅游管理办法》和《中华人民共和国旅游法》等。

3. 其他

乡村旅游涉及住宿业、餐饮业、娱乐业等内容，其相关的法律有《中华人民共和国食品法》《娱乐场所管理条例》《住宿业卫生规范》《餐饮业食品卫生管理办法》《公共场所卫生管理条例实施细则》等。

三、关注乡村旅游政策法规变化

(一)经营模式变化

"农家乐"模式是乡村旅游的最初发展模式,也是我国乡村旅游的主要模式。"农家乐"模式产品结构单一、消费体验不深,属于低层次旅游消费形式。从世界各国经验来看,经营模式的不断升级创新是乡村旅游得以蓬勃发展的根本原因,我国的政策重点也由最初的鼓励"农家乐"模式逐渐过渡到鼓励多种形式的经营模式创新升级。2005年之前,我国的相关政策文件都是以鼓励"农家乐"为主,2006年的旅游口号开始改为"新农村、新旅游、新体验、新风尚";2009年《关于加快发展旅游业的意见》要求开展各具特色的农业观光和体验性旅游活动;2014年以后,为了促进乡村旅游经营的转型升级,《乡村旅游富民工程方案》提出鼓励建设有历史记忆、地域特色、民族特点的特色村镇,大力发展休闲度假、养生养老和研学旅行;2015年、2016年相关文件提出建立特色民宿、自驾露营、户外运动、森林休闲、创客基地的要求;2017年,我国"一号文件"又提出集循环农业、创意农业、农事体验于一体的田园综合体概念。近30年来,我国的乡村旅游政策一直紧跟市场变化,为乡村旅游的转型升级提供了方向和支持。

(二)经营主体变化

乡村旅游的经营形式最初以个体经营为主,个体经营能够调动农民积极性,有利于搞活农村市场。但个体经营融资能力弱、风险承担能力差,不利于农村经济的产业化和规模化发展。为了鼓励经营主体多元化,2007年《大力推进全国乡村旅游发展的通知》首次提到农民合作经营、完善乡村旅游合作社章程,探索建立公司制运作机制;2009年《关于加快发展旅游业的意见》鼓励社会资本公平参与旅游业发展,鼓励各种所有制企业依法投资旅游产业。为了响应"十八大"关于新型农业经营主体培育的意见,旅游业"十三五"规划提出了创新组织方式,推广乡村旅游合作社模式的建议。2017年的《促进乡村旅游发展提质升级行动方案》提出强化村集体的组织和带头作用,探索实行股份公司、专业合作社等新型经营管理模式,鼓励乡村旅游经营模式多元化,形成了"合作社＋农户、公司＋合作社＋农户、村集体＋合作社＋农户"等多种形式并存的格局。

(三)土地扶持政策变化

乡村旅游发展涉及到农业用地、农村集体土地和农村房屋宅基地,在原有的土地政策之下,我国乡村旅游发展受到较大的制约,发展缓慢。为了促进农村经济的发展,2006年国家开始实施土地流转工程,为乡村旅游发展提供了良好的机遇;2013年在农村全面开展土地确权登记颁证工作,这些措施为农民参与乡村旅游经营提供了条件。2015年,《大力促进休闲农业发展的通知》提出各地要将休闲农业用地列入土地总体规划和年度计划优先安排,支持利用闲置宅基地、村集体建设用地和"四荒地"发展休闲农业,乡村旅游的土地政策支持力度加大;2018年《关于促进乡村旅游可持续发展的指导意见》鼓励通过流转等方式取得属于文物建筑的农民房屋及宅基地使用权,探索村集体以出租、入股、合作等方式,利用相关资源开发乡村旅游。

(四)资金扶持政策变化

资金问题是困扰我国乡村旅游发展的迫切问题,尤其是在中西部贫困地区。从2007年开始,我国的相关政策一直致力于以多种方式支持乡村旅游发展。《大力推进全国乡村旅游发展的通知》提出利用支农小额贷款帮扶乡村旅游经营者,这是行业主管部门首次提出资金支持的文件。2009年,国务院在《关于加快发展旅游业的意见》中提出中央政府投资要重点支持中西部地区乡村旅游等基础设施建设,鼓励乡村旅游经营者通过互助联保方式实现小额融资。我国的土地、森林等集体所有性质限制了农民的融资渠道,为了解决这一问题,2015年《大力促进休闲农业发展的通知》提出鼓励担保机构开展土地经营权、集体林权等抵押贷款业务,鼓励符合条件的休闲农业企业通过上市、PPP模式、众筹模式等方式进行融资。2018年国务院提出积极探索建立乡村旅游产业投资基金的方式支持乡村旅游发展。《关于促进乡村旅游可持续发展的指导意见》又在原有的基础上提出支持农民住房财产权抵押贷款业务,鼓励保险企业探索实施支持乡村旅游的保险产品。

(五)智力扶持政策变化

地方经济的发展离不开中央与地方政府的引领和推动,乡村旅游的发展也需要更多的公共服务倾斜,从2006年开始,《关于促进农村旅游发展的指导意见》提出要特别重视对乡镇一级党委领导发展农村旅游的培训,2014年又要求各地要加大对贫困地区市县分管领导和旅游部门主要领导的培训力度。在我国的城市化进程中,农村人口老龄化、乡村空心化问题严重,现存人口受教育程度低、对新兴经济形态认识不足影响着乡村旅游的产业化形成。2015年,《大力促进休闲农业发展的通知》提出加大休闲农业从业人员的培训;2018年,国家发改委等14个部门联合通知中提出探索通过政府购买服务等方式对本地从业人员开展培训。2018年,《促进乡村旅游发展提质升级行动方案》提出吸引大学生村官、乡村旅游管理和专业人才等群体回乡创业,在《关于促进乡村旅游可持续发展的指导意见》提出组织引导大学生、青年创业团队等各类"创客"投身乡村旅游发展。

通过对我国近30年来乡村旅游政策的分析,总结了我国乡村旅游政策的演进阶段和特征。结果表明:政策地位逐渐提高;政策主体更加注重协调;政策重点更加关注转型提质。结合国家乡村振兴战略有关政策分析了我国乡村旅游政策在经营模式、经营主体和土地、资金等方面的变化,提出了我国乡村旅游政策未来的发展方向和优化路径。

第二章 乡村旅游开发与运营总述

近年来,越来越多的旅游者前往乡村体验不一样的生活,感受不同的自然风光。作为乡村地区创收增收的重要产业,全国各地也都在积极开发和发展乡村旅游业。但在乡村旅游发展过程中,无论是开发者、运营者还是政策主导者,都需要注重可持续性发展,注重代际发展,朝着内容丰富化、形式多元化的方向发展,为后代负责。

第一节 乡村旅游开发总述

近些年,我国很多地方发展乡村旅游的积极性已经被调动起来,无论是在建设社会主义新农村的进程中,还是在农业结构与产品结构的布局调整中,都不断提出发展乡村旅游、形成高附加值经济产业的思路。

乡村旅游开发逐步发展成为人们缓解都市生活压力、放松身心、回归大自然的一种体验式旅游方式。乡村旅游的发展带动了当地的经济、文化、生态发展,提高了当地居民的经济收入,成为新时代乡村振兴的一个重要突破口。

一、乡村旅游开发分析

随着我国经济的发展,人民的生活水平大幅提高,来自国家旅游局的数据显示,早在2014年,乡村旅游人数已占到全国游客总量的1/3。

乡村旅游一年比一年火热,如何进一步拓展其发展空间就成了要面对的问题。2015年,在全国乡村旅游提升与旅游扶贫推进会议上,国家旅游局传递出新信号:乡村旅游发展要以农为本、以乡为魂,不断创新乡村旅游产品和业态,着力促进乡村旅游提质增效,积极鼓励乡村旅游创业就业,全面提升乡村旅游的发展质量和服务水平,着力打造农家乐升级版。

有专家表示,我国乡村旅游起步虽晚,但特色鲜明,几乎涉及农林牧副渔各个方面,乡村旅游已经逐步成为我国主要旅游形态之一。旅游业的发展助推着我国GDP的增长,国家旅游局数据中心发布的报告载明:2017年旅游总收入5.40万亿元,增长15.1%。全年全国旅游业对GDP的综合贡献为9.13万亿元,占GDP总量的11.04%。

这些利好消息昭示着,我国乡村旅游将迎来新一轮投资与消费的热潮。

二、乡村旅游开发模式

20世纪80年代初,国内乡村旅游开始普遍发展,主要推动力由政府转向市场,在城市周边和景区周围形成依托型乡村旅游,以农户独立经营为主要模式。从20世纪90年代开始,由于受到政府和市场的双重推动作用,国内乡村旅游进入快速发展阶段,依托于景区、城市、高科技农业、度假、休闲科普等,形成了多种经营模式并存的发展局面。

关于乡村旅游开发模式,国外有许多成功案例,如欧美的"度假农庄"模式、新加坡的"复合农业园区"模式、日本的"绿色旅游"模式等,都有一定的借鉴意义,但是国内明显不同的旅游消费特色,形成了适合中国乡村旅游发展的本土模式。

(一)城市依托型:环城市乡村旅游发展模式

1.模式概述

这种开发模式的社区地一般是靠近大城市,拥有客源优势和交通优势,因此以发展周末度假客源为主,也称城郊型。适宜开发集疗养、娱乐、运动健身等产品为一体的层次较高档的乡村度假村,并且对基础设施等辅助服务质量要求较高。

环城市乡村旅游发展模式脱胎于北京大学吴必虎教授提出的"环城游憩带"理论。环城游憩带,指一种特殊的城市郊区游憩活动空间:这种活动空间主要产生于城市郊区,与中心城市交通联系便捷,主要为城市居民提供服务,局部情况下也为一定数量的外来旅游者服务;既包括各种形态的游憩性土地利用,也包括这些土地上建设的各种游憩设施和所组织的多种游憩活动,具有观光、休闲、度假、娱乐、康体、运动、教育等功能;空间上呈现出处于乡镇景观之中,环城市外围较密集分布的结构。环城市乡村独特的区位为其创造了一般乡村不具备的发展旅游业的良好条件,加之原本单一的农业经济已经无法抵御快速的城市扩张,而且很多乡村并不具备发展工业的区位、资源、资本与人才优势,因此造就了环城市乡村旅游"1+3"产业模式的诞生。

在环城市乡村发展"1+3"模式中,乡村观光度假、现代农业和乡村商业三大产业集群中多数都是围绕旅游活动展开的元素,四个主要的产业部门相互融合与依赖,构成该模式的框架,而同时不得不强调的是保护乡村景观是这个框架存在的必要前提。

2. 经典案例——北京蟹岛

北京蟹岛属于城市依托型的度假村,总占地3300亩,集种植、养殖、旅游、度假、休闲、生态农业观光为一体。以产销"绿色食品"为最大特色,以餐饮、娱乐、健身为载体,让客人享受清新自然、远离污染的高品质生活为经营宗旨。蟹岛以高品位的第一产业——有机农产品生产为基础,以第三产业——观光采摘休闲度假为龙头,使其得以在很短时间内快速成长,形成了一条"自种—自养—自卖"的有机食品产业化链条。蟹岛采用"前店后园"式经营格局,将农业、农业旅游和农产品加工业衔接起来,以循环经济为理念,发展都市型现代农业,取得了良好的成效。后园以一产养三产的方式,前店以三产促一产的方式发展。

3. 经验探索

作为都市郊区农业旅游的先行者,蟹岛以市场为导向不断推陈出新,努力完善生态农业和农业旅游产业链,为国内环城市乡村旅游发展摸索出了一条可借鉴的成熟发展模式。

首先,根据环城游憩带理论,旅游渐渐成为环城市乡村的主要功能之一,依托于城市的区位优势、市场优势,在环城市区域便于形成一批规模较大,发展较好的环城市乡村旅游圈。因此,环城市乡村旅游首先要依据城市定位,以满足城市游客为主开发相关旅游活动。其次,旅游产业是一个多业态相融合的产业,在各种产业布局中,环城市乡村旅游应与乡村旅游紧密结合的现代农业、休闲度假和特色购物,形成基于乡村特色风貌的农业、旅游业、商业"三业合一"发展模式,成为代表未来环城市乡村社会经济发展的一种重要模式。

(二)景区依托型:景区周边乡村旅游发展模式

1. 模式概述

成熟景区巨大的地核吸引力为区域旅游在资源和市场方面带来发展契机,周边的乡村地区借助这一优势,往往成为乡村旅游优先发展区。鉴于景区周边乡村发展旅游业时受景区影响较大,将此类旅游发展归类为景区依托型。

景区周边乡村与景区本身存在着千丝万缕的联系,在文脉、地脉以及社会经济等方面具有地域一致性,为乡村旅游发展提供了文化土壤。而乡村目睹了景区开发、发展历程,易形成较强的旅游服务意识,为旅游发展提供了相对较好的民众基础。同时,发展景区依托型乡村旅游,既有乡村自身经济发展的主观需要,也有景区开放化、休闲化的客观需要。多年来,我国"黄金周"的景区拥堵现象,充分暴露出封闭型景区的弊端,景区与周边区域配套发展成为必然趋势。

景区依托型乡村旅游开发,要在深度契合依托景区品牌理念的基础上进行,依据客源市场及本身特点开发深度乡村体验产品,充分调动吃、住、行、游、购、娱六大旅游要素，充分阐释乡村风俗风情。让开放式的乡村体验与封闭的景区观光形成鲜明的对比，借依托景区之势，走自己的特色乡村旅游发展道路。以景区客源市场需求为导向，充分考虑核心对边缘的带动作用，再依据乡村的游览特征和初期功能特征，界定旅游发展的主要消费群体；将沉淀于乡村内的，能够代表乡村文化性格的元素和资源活化展示，转变成为具有吸引力的旅游产品。

2.经典案例——北京十渡

北京十渡镇隶属北京市房山区，地处北京西南，太行山东北端、华北平原西北山区，距市区80千米。十渡镇因地制宜，将十渡国家地质公园的风景区资源作为依托优势，大力发展乡村旅游业，被北京市政府批准为市级旅游专业镇、市级风景名胜区，被国家计委批准为小城镇经济综合开发区。据房山统计信息网统计显示，早在2013年第三季度，十渡镇民俗旅游农户885家，经营户781户，从业人员劳动报酬548万元，接待人数66.9万人次，总收入4544.4万元，民俗旅游业已成为十渡镇的支柱产业，民俗旅游经济初具规模。

十渡镇乡村旅游由早期农民的自发行为走向规范化和规模化发展，是我国乡村旅游的典型发展轨迹。十渡国家地质公园的景区吸引力为其提供了发展契机，与景区关系准确的互补性定位为其提供了发展空间。十渡镇的乡村旅游内容上选择了民俗村为主，功能上选择了景区配套服务功能为主，与景区之间形成了景区山水观光、户外运动体验，民俗村品味田园、体验民俗的发展格局。政府和景区合理管理为其规模化发展提供了保障，区域的大旅游营销战略为其品牌化提供了前景。发展了以"山上舍羊植树栽果，山下养鱼垂钓餐饮，田中精种观光采摘，户中民俗住宿旅游"为特色的多业态乡村参与体验，完成了对依托景区吃、住、行、游、购、娱六方面的旅游配套功能补充，致力于建设特色民族游的吃、住、行、游、购、娱六方面业态为一体的多功能娱乐小镇。

3.经验探索

景区依托型的乡村旅游开发模式能否成功开发关键是能否成功借助依托景区客源,而能否健康发展则主要依赖于能否对游客形成持久吸引力,能否可持续发展则在于能否处理好各方关系和制定科学的发展战略。景区依托型乡村旅游的最终目的依然是成为一个独具吸引力的景区,"与其在别处仰望,不如在这里并肩"这是依托大景区发展起来的包括乡村旅游在内的各类景区的共同使命。因此,景区依托型乡村旅游在发展时,要打好景区牌,打好特色牌,走出自己的精品化、品牌化路径。

(三)历史文化依托型

1.模式概述

古村古镇旅游是当前国内旅游开发的一个热点问题,也是乡村旅游体系中一个比较独特的存在,以其深厚的文化底蕴、淳朴的民风和古香古色的建筑遗迹等特点受到游客的喜爱。但是旅游开发中保护与开发之间的矛盾,传承与商业化的博弈等,也给景区发展带来了诸多限制。因此,古村古镇旅游要实现高效、可持续发展,需要探索出一条既最大限度保持历史文化面貌,又能弘扬传统文化,充分发挥旅游经济效益的开发模式。

目前,我国的古村古镇群主要分为太湖流域的水乡古镇群、皖南古村落群、川黔渝交界古村镇群、晋中南古村镇群、粤中古村镇群等,类型涵盖了乡土民俗型、传统文化型、革命历史型、民族特色型、商贸交通型等,基本上反映了不同地域历史文化村镇的传统风貌。随着人民生活水平的提高,"寻找失去的家园"成为一种旅游时尚,我国现存古村古镇的巨大价值得以通过市场继续体现,成为了拉动经济发展的重要旅游资源。

2.经典案例——浙江乌镇

浙江乌镇对历史文化依托型的古村旅游开发模式做了有效的探索,被联合国教科文组织专家誉为"乌镇模式"。乌镇地处浙江省桐乡市北端,距桐乡市区13公里,距嘉兴、湖州、吴江三市分别为27公里、45公里和60公里，距杭州、苏州均为80公里，距上海140公里。乌镇是有着1300多年历史的古镇，拥有保存完好的古建筑和历史文化名人故居，也有"以水为街，以岸为市"的迷人水乡风光。古镇的整体风貌较强，整个古镇街道被河网分割成东南西北四个栅（四条街），景点分布连成一片便于旅游开发景区。1999年乌镇开始古镇保护和旅游开发工程，现今已经成为国家5A级景区，全国20个黄金周预报景点及江南六大古镇之一。

在古建筑保护方面，通过"迁、拆、修、补、饰"修旧如旧保持旧貌，很好地恢复和保持了古镇的原真风貌，是乌镇的创意之举；在氛围营造方面，在旅游线路设计上的策略是采取以线带面、逐步修复的手段，保留水乡风情，充分满足游客探古寻幽的旅游诉求；在古工艺传承方面，通过"展示＋参与＋商品"的形式让游客置身于延续百年传统的老作坊，亲自参与古老的工艺品制作流程，仿佛自己已回到那遥远而古老的年代；在古艺术传扬方面，水上社戏、高杆船、花鼓戏、评书楼、皮影戏、露天老电影等各种传统艺术展演，游客可以驻足观看，也可以参与体验，使游客了解了传统艺术，也体验了当地老居民茶余饭后娱乐放松的方式；在民风体验方面，通过演艺、体验、互动等多种形式展示民间传统生活方式，让游客体验茅盾笔下的"老通宝家乡风情"；在旅游纪念品方面，通过主题商业街区开发设立了女红街，引入创意性的以女红工艺为主的商业，吸引游客驻足；在民宿客栈方面，乌镇采取分区开发的模式，在东栅依然保留着原住民，进行传统的观光旅游，而在西栅则买断了原住民的民居产权，打造理想中的水乡，供游客体验度假和观光休闲。既实现了传统文化保留，也发挥了原主居民的积极性。

3. 经验探索

传统文化依附于久远的历史文化空间，是古村古镇最宝贵的财富，而挖掘、恢复、传承和发扬历史文化遗产是古村古镇开发的灵魂。乌镇通过古建筑保护、氛围营造、节事活化、古工艺传承、古艺术传扬、民风体验、旅游纪念品和民宿客栈开发等多种形式对古镇文化进行了实体活化,增强了传统文化景区的可体验性。乌镇的商业开发模式,具有很多可借鉴的地方,尤其是2003年启动的西栅开发,休闲区与传统观光区相互独立,成功实现了观光与度假并重,门票结合复合经营的商业模式。西栅整体产权买断使其产权完整清晰,前期规划使其实现了消费腹地半径的合理化,与东栅互补发展,共同完成了文化旅游目的地营造。在商业化运作下,东栅开发时,被文保学者誉为"修旧如旧"的乌镇模式,也被赋予了经营的新内容。

历史文化的传承不是简单的保留复制,随着科技的进步,生活的日新月异,传统文化要传承下去,必须与现代生活现代产业相融合发展。古村古镇文化旅游区一方面要传承经典,另一方面还要融合现代元素,对文化资源进行提升。文化旅游要从"吃、住、行、游、购、娱"六个方面对文化进行深度诠释,也要结合"会、展、演"以及文化创意产业等新兴表现方式,实现历史文化的立体延伸。"会、展、演"是指通过举办会议、展览、演艺等方式,多方位体现景区文化内涵,增加旅游景区的知名度。如乌镇进行第七届茅盾文学奖颁奖典礼的承办,通过将茅盾文学奖请回茅盾故居提升了景区的形象。又如张艺谋导演的印象系列,以真山真水为演出舞台,以当地文化、民俗为主要内容,融合演艺界、商业界大师为创作团队的文化实景演出,创造了一个全新的演出形式,取得了可观的经济效益,也为中国旅游业向人文旅游、文化旅游转型创造了一种特殊的文化模式。

(四)产业依托型:特色庄园旅游发展模式

1.模式概述

产业融合衍生出来的旅游新业态为乡村旅游的产业经济依托型发展模式提供了契机。特色庄园模式以产业化程度极高的优势农业产业为依托,通过拓展农业观光、休闲、度假和体验等功能,开发"农业+旅游"产品组合,带动农副产品加工、餐饮服务等相关产业发展,促使农业向二、三产业延伸,实现农业与旅游业的协同发展。特色庄园模式适用于农业产业规模效益显著的地区,以特色农业的大地景观、加工工艺和产品体验作为旅游吸引物,开发观光、休闲、体验等旅游产品,带动餐饮、住宿、购物、娱乐等产业延伸,产生强大的产业经济协同效益。这里的"庄园"是指具有较高土地经济价值的,集生产、生态、生活等多种功能为一体的观光农业庄园,即利用农业资源环境、农田景观、农业生产活动和农业文化,为人们提供观光、旅游、休闲、度假以及体验的一种农业旅游活动。其不仅具有生产、经济功能,而且还具有生活、生态功能,是新型的现代多功能农庄,包括农场文化、生态环保文化、康体健身文化、家庭休闲文化等多元文化要素。

2.经典案例——台湾台一生态休闲农场

台一生态休闲农场位于台湾南投县埔里镇,由台湾农民张国桢创于1991年,前身为"台一种苗场"。农场的园区占地13公顷并拥有得天独厚的山峦,视野面积达数千公顷,被评为"全国十大旅游行程及特色小镇风情游"。2001年起开始发展农业观光,2002年兴建了雅致且温馨舒适的花卉驿栈,整体建筑设计采用环保的绿色建材,精心营造"春露"、"夏荷"、"秋枫"、"冬恋"等季节楼层。2003年设计了充满浪漫与新奇感的水上花屋。2010年3月兴建南芳花园宴会厅,并推出花餐养生料理,花卉餐与水上花园餐厅以可食用的花卉素材,做出香草餐、花卉餐等独具特色的美味菜肴。生态教育休闲农场宗旨以自然生态教育为主,近年来农区内也增加了有着庞大的蝴蝶群的蝴蝶园、昆虫生态馆、花屋、光合广场、仙人掌生态区、押花生活馆等休闲、生态区。

台湾休闲农场布局合理,大多数都分布在旅游线路上,每个景区景点都能与旅游结合起来,这就有了客源的保证。板块化、区域化整合,已经有了相当的成效。例如苗栗县南庄乡休闲民宿区,拥有近80家乡村民宿,依托这些民宿,乡里将具有百年历史的桂花小巷开发成特色旅游街,带动了客家特色餐饮、特色风味小吃、特色手工艺品等相关行业的发展,使游客来到这里之后,在体验不同的农家风貌的同时,能够全方位地感受当地特色的客家文化。宜兰县也形成了梗坊休闲农业区、北关休闲农业区等区域化的乡村旅游目的地,达到一定的产业规模,具有区域特色;区域内部各个休闲农业经营单位,在资源、客源市场形成了相互带动、相互补充的良好局面。

3.经验探索

台湾自推出精致农业策略后,其乡村发展一直以"农+旅"的形式为主,各种农庄旅游采取差异化的战略,纷纷取得一定的市场,可为我国乡村旅游发展借鉴。以产业为依托的乡村旅游开发要建立多层次立体式的发展结构,开发不同等级和性质的产品,满足不同消费者的需求。

台湾的生态农庄,以特色产业主导,精加工,深挖掘。他们不刻意追求农庄的面积、规模,不一定非要种植多少作物,获得多高产量,产品有多大的批量,但非常注重精细管理,精深加工,融入创意,提升品质。有的产品甚至限量供应,量少质精,坚持以质取胜,以特色取胜。例如种植茶叶的农庄,有的只采一道春茶,然后将其精心加工、制作、包装,使其成为茶叶中的"极品"。将特产和观光相结合,推动休闲农业与休闲渔业发展,台东特产的旗鱼,能加工成多种食品,将产业、观光、餐饮、民宿等业者结合起来,举办旗鱼节,推动发展休闲渔业。

台湾休闲农庄有鲜明的的主题和创意。从一开始就非常注意生态环境的保护,在建设与经营过程中,不断融入创意与主人的情感,故而台湾的农庄可以让游客强烈感受到设计者的情感与追求。在主题选择上,水果采摘、竹、香草、茶叶、名花异草观赏、昆虫收藏、奶羊、奶牛、螃蟹、鳄鱼、鸵鸟等体验,创新不断,使游客始终充满新奇感。

台湾休闲农场注重口碑和网络营销。为保证产品安全营养,他们严格控制化肥、农药、除草剂的使用,宁可增加投入、牺牲产量,也要保证产品质量;为了让游客品尝到口感最佳的产品,台湾很多生态农庄免费对游客开放,目前是吸引游客自己到农庄购买最新鲜、成熟度最适宜的农产品。除了宣传手册、广告路牌、电视报纸等传统宣传手段以外,休闲农业要加强网络营销,运用科技整合资讯,通过网页、搜索引擎以及运用手机服务等对休闲农业区域的地图、路线等进行迅捷的引导。

休闲农场寓教于乐,打造深度体验旅游区。台湾休闲农庄都设有可供多人同乐的设施,例如烤肉区、采果区、游戏区,农耕体验区等。休闲农庄不仅是休闲娱乐、游玩的好去处,而且是实践、学习的好场所,农庄平时主要接待学校师生,用作毕业旅行或户外教学,周末则以吸引全家度假的客人为主,天天都有生意做。如台一生态休闲农场,精心设计了插花生活馆、才艺教室、亲子戏水区、花卉迷宫、浪漫小屋、蝴蝶甲虫生态馆等不同区域,游客可依序参观。

理念从体验到分享的转变。台湾休闲农业在主推"体验经济"之后,还出现了"分享经济"的理念,即休闲农业经营者与游客分享乡村生活,变"顾客是上帝"为"与客人首先成为志同道合的朋友",倡导"拥有不如享有"的消费理念。

(五)民俗依托型:乡村文化与社区发展模式

1.模式概述

民俗依托型乡村旅游具有文化的原生性、参与性、质朴性及浓郁的民俗风情的特点,独具一格的民族民俗、建筑风格、饮食习惯、服饰特色、农业景观和农事活动等,都为民俗旅游提供了很大的发展空间。我国民俗旅游开发资源基础丰富,特点鲜明,区域性和民族个性较强,发展优势明显。

民俗旅游是一种高层次的文化旅游,主要包括物质风俗、社会组织风俗、节庆风俗、人生仪礼和精神文化民俗五部分,由于它满足了游客"求新、求异、求知"的心理需求,已经成为旅游行为和旅游开发的重要内容之一。乡村民俗文化旅游是以乡村民俗、乡村民族风情以及传统民族文化为主题,将乡村旅游与文化旅游紧密结合的旅游类型。它有助于深度挖掘乡村旅游产品的文化内涵,满足游客文化旅游需求,提升产品档次。如匈牙利乡村文化旅游产品使游人在田园风光中感受乡村野店、山歌牧笛、乡间野味所带来的民俗风情,欣赏充满情趣的文化艺术以及体味几千年历史淀积下来的民族文化。

目前,无论是发达国家还是发展中国家,民俗旅游均已蓬勃发展:科特迪瓦利用其独特精巧的人造面具表现其传统文化,举办全国舞蹈节发展民俗旅游;突尼斯凭借本国土著居民的村落古迹、山洞住宅、民族服饰和车马游玩等民俗文化成为非洲和阿拉伯国家中的旅游大国。近几年我国的民俗文化旅游事业也取得了很大进步,以民俗文化作为旅游项目逐步树立了自己的品牌形象,各地旅游部门都在大力挖掘本地区的民俗文化资源,使之成为新的经济增长点,民俗风情游、古民居游等具有民族民间文化特色的旅游项目发展迅速,如山西黄河民俗游、云南昆明民族村、内蒙草原风情游、新疆民俗游。

2. 经典案例——云南丽江

云南特有的社会发展史造就了异彩纷呈的多元民族文化和风格迥异的民俗风情,不仅数量多、类型全,而且品位较高,感应气氛较好,互补性较强,为发展民俗风情旅游奠定了基础条件。丽江作为一个具有优质的旅游资源、厚重的民族文化并且人与自然和谐共处的地方,成为了国际精品旅游目的地。

在人文环境营造方面,为了保护原生态的文化氛围和商业生态,尽量规范商业行为,淡化现代商业气息,把现代特征较浓和没有特色的经营项目,如音像店、现代服装店、美容美发、卡拉OK厅、网吧等迁出。鼓励经商者经营具有一定地方民族特色的商品,还对外来经商人员进行培训,让他们了解当地的民族文化,以此打造了浓郁的人文气息的丽江古城。

在演艺产品开发方面,丽江最具代表性的文化演艺首推张艺谋导演的《印象·丽江》。《印象·丽江》以雪山为背景,以民俗文化为载体,来自纳西族、彝族、普米族、藏族、苗族等10个少数民族的500名普通的农民充当主角,通过他们的生活、舞蹈等全实景式集中演绎了丽江的多元民俗文化。除了《印象·丽江》之外,丽江还充分开发本地的民俗风情,在古城东大街每天都有独特的纳西民间音乐《纳西古乐》和云南大型歌舞晚会《丽水金沙》等民俗节目演出。

在节庆产品开发方面,民俗节庆活动遍地开花。丽江是一个多民族聚居的地方,各种民族有各种不同特色的民间节日,如纳西棒棒节、骡马节、三朵节、摩梭女儿国的转山节、彝族的火把节、普米族的朝山节。这些传统的节日一方面传承着丽江文化,另一方面在这些节庆中通常都有赛马、摔跤、民族舞蹈等大型活动也使游客可以积极地参与到当地的文化中,更好地了解丽江文化。因此民俗节庆也是丽江旅游开发的一个重点,如彝族的火把节,由当地民众组成的演员与游客一起载歌载舞,极大地丰富了游客的夜间活动,吸引游客驻足观赏。

在美食产品开发方面,建立了民俗小吃商业街。丽江小吃品种多,有鸡豆凉粉、米灌肠、粑粑、纳西烤肉等,四方街成为游客品尝特色小吃的一个重要场所,也是丽江夜景的一部分。

在住宿产品开发方面,特色客栈展现民俗风情。丽江到处都是比较有特色的民居客栈,至少有上千家,小资的、慵懒的、地中海的、藏式的、明快的、温性的……不同特色的客栈多为四合院,由纳西人的住屋装修而成,具有浓郁的纳西风味,成为游客体验丽江慢生活和地域文化的最佳场所,著名的如香格韵客栈、凤凰旅馆、格桑梅朵客栈、望古楼青年客栈。

在旅游纪念品开发方面,开发特色工艺品传承文化。丽江旅游特产主要是螺旋藻、普洱茶、山货等地方特色产品,银器、玉石、木雕、蜡染、皮毛、皮包、披肩、围巾、民族服饰等手工制品,游客不仅可以在这里选购合意的商品,有时还可以看到工艺品的整个制作过程。

在娱乐产品开发方面,丽江被称为"艳遇之都"。丽江为游客营造了一个很好的身心放松的氛围,在这里游客可以完全释放自己,没有城市的束缚和隔阂,让游客的心态都奇妙地趋于一致,这是导致丽江被誉为"艳遇之都"的一个重要原因。丽江的酒吧街是夜晚丽江古城内最有特色的一道风景线,也是丽江古城一张重要名片。新华街的酒吧一条街、五一街的静吧、还有游离于餐厅和酒吧之间的"餐吧",可以满足不同风格游客的需求。

3. 经验探索

丽江的经验就是建立了一个统一、有权威的组织保障机构,制定了比较完善的法规体系,较好地处理了保护与利用的关系,通过合理开发民俗文化资源发展旅游业,开辟了一条稳定、充裕的资金来源渠道,确保了各项保护项目的实施。丽江在这方面设有丽江文化保护管理局,其中专设文化保护管理科,主要负责民俗文化的保护教育培训工作。在旅游发展中,丽江坚持以人为本,加强对旅游从业人员的教育培训力度,增强其主人翁意识和民俗文化保护意识。在这方面,丽江创办旅游文化学院的做法得到了联合国官员的肯定。保护和利用民俗文化,不论是土著居民,还是经营者、管理者,都要在保护和开发中得到实际利益,实现利益均沾,风险共担。虽然这种模式还有很多不足,但这种尝试也为很多民俗文化旅游提供了一个很好的运营榜样。

在丽江民俗旅游资源的开发过程中,受传统政治文化观念的影响,以及管理理念与技术、认识与知识水平方面的制约,无论是政府还是社区居民,普遍缺乏社区参与意识,长官意志行事的痕迹较为明显。在一些经济发展水平相对落后的地区,即使当地居民认识到参与旅游活动的必要性和重要性,但还是由于受一些客观因素的限制,如资金、技术、能力和劳力等,使得他们参与的范围不广,层次有限,效果不明显。而国外政府都制定了一系列鼓励社区参与的管理政策,如欧美国家鼓励尽可能多的乡村社区参与到旅游的规划、补充和监管中推动经济发展、文化发展。这是值得国内以民俗文化为依托的乡村旅游地区思考和学习的地方。

(六)创意主导型:传统民间艺术助推乡村旅游发展模式

1. 模式概述

民间艺术具有非常独特的区域性,正逐渐成为乡村文化创意旅游的一个重要方面,通过传统艺术创新,不仅丰富了乡村旅游体验,更加强化了旅游目的地的品牌形象。

传统民间艺术的设计与开发代表着很多特殊的信息,特定的功能和意义,是一个区域的文化艺术。传统民间艺术与旅游相结合,通常会发展成为旅游工艺品和工艺旅游。旅游工艺品是指具有纪念性、艺术性、地方性的旅游商品或旅游纪念品,这有利于本地文化艺术的复兴与弘扬,同时也将社会经济与文化有机地结合起来,提高旅游业的地位。工艺旅游是指工艺流程展示,如酿酒、木版年画制作、织布、磨豆腐、摊煎饼,可供游客参观,甚至参与的工艺生产、制作过程,并将这一产业融入旅游产业。工艺旅游有利于民间艺术的传承和保护,并产业化发展,创造较好的经济效益。

现在全国各地都在根据本地特色挖掘传统民间艺术,提升乡村旅游竞争力。四川绵竹年画村依托当地"民间年画"艺术,已形成包括陶版年画、三彩画坊、锦艺唐等30余家"前店后院"式年画作坊,吸纳了近千人专业从事年画制作、销售,开发出了刺绣年画、陶版年画、手绘年画折扇、手绘年画门票等100余个年画品种。年画产品还远销到美、法、英、日等50多个国家和地区。因此,在乡村旅游过程中,民间艺术已经成为乡村旅游的一个重要内容,如河南的泥泥狗、泥咕咕,苗族的苗绣,无锡的惠山泥人已经成为当地旅游的乡村文化代表。

2. 经典案例——无锡泥人文化创意博览园

无锡中国泥人文化创意博览园占地面积约为3.03公顷,位于无锡市惠山古镇,地理位置优越,交通发达,处于上海"两小时都市圈"。惠山泥人与天津"泥人张"是我国著名的"一南一北"民间彩塑流派,也是重要的非物质文化遗产。2010年上海世博会的举办促使无锡旅游业加速发展,无锡的现代旅游业面临转型为无锡惠山泥人带来了黄金发展契机。无锡惠山泥人利用这一难得契机,向国内外展示中国泥人文化的厚重历史与精髓。另外,无锡旅游快速发展,随着"建设旅游城"等重大战略的部署,无锡旅游已经进入一个全新的发展阶段,文化创意产业顺势而发,进入全面提升阶段,为发展惠山泥人旅游产品提供了良好的发展机遇。

泥人文化创意博览园紧紧围绕泥人艺术创意开发相关产业链结构,实现"产业+市场"带动策略,深入挖掘泥人文化,开发"泥彩时光"类泥艺术创意工坊、"泥之梦想"中国泥艺交流教育中心、泥人博物馆、原生态作坊、泥筑江南景观带、中国泥塑艺术露天秀场、甜蜜工坊泥人主题餐厅等项目,紧扣市场需求,以鲜活的表现手法激活无锡的泥人产业,提升无锡泥人在国内外的知名度。无锡泥人具有一定的知名度,突破规划思路。通过规划以"高互动、强艺术、隐科技、泥建筑、艺市场、闲生活"为发展理念,提出"艺术休闲街"的概念,采取"博物馆+休闲博览园"的模式,打造独具创意和想象力的艺术乐园。在项目定位上,提出打造"无锡中国泥人文化创意博览园"的总体定位,以惠山泥人文化为品牌核心,集聚中国泥人研究员、中国泥人博物馆、世界类泥艺术休闲博览园区,打造我国首个泥人文化创意产业链,形成以泥人文化博览、泥艺及泥艺术展示体验为主体,集艺术欣赏、制作、休闲、教育、娱乐、购物、餐饮等于一体的中国泥人文化创意博览园,逐步吸引各种类泥艺术集聚发展,成为无锡泥人文化展示和传承基地。

惠山泥人文化创意博览园不仅开展各种形式的趣味活动、亲子活动,还开发各种节事表演,如无锡中国泥人文化博览会。通过每年一届的节庆活动,确立无锡泥人文化节,举办中国泥人文化博览会。同时还策划了一系列的泥人文化传播:泥人艺术品传播、泥人艺术品传承论坛、泥人艺术交流会等,通过节庆品牌化,扩大泥人知名度和影响力,推动泥人文化国际化、品牌化。以"博物馆+泥彩时光类泥艺术创意工坊"为发展模式,采取灵活的运营方式,旅游区内的各景点、游乐和服务设施,采取自营、出租、招商、转让等多种方式结合,广泛吸引社会投资,扩大建设资金来源,通过商业地产的注入最终实现赢收端点的多元化。

3. 经验探索

民间艺术是乡村文化的源泉,但本身如果受到外界的强烈冲击又具有一定的脆弱性,很可能在新的形势下遭到淘汰,因此,在民间艺术乡村旅游过程中要特别注重创新与传承,探索出适合民间艺术发展的模式,取得经济与文化双赢。

可开发专项旅游模式。专项旅游多以一种旅游项目为主体完成旅游活动。因其与旅游者个人兴趣结合紧密,受到特定旅游市场的欢迎。如茶道旅游、草原马术民俗旅游系列、草原民居美食民俗旅游系列、婚庆民俗旅游系列、宗教旅游等。乡村旅游在开发民间艺术的过程中,可以借鉴这一模式,形成不同特色的专项民间艺术游,如山东省结合风筝文化开展"风筝游"系列专题,塑造乡村旅游品牌。

可建立生态艺术博物馆。博物馆是以某一专门内容为征集、收藏、展示对象的民间艺术博物馆,这种形式不仅是对民间艺术的保护,更是对民间艺术的传承和发扬。但传统博物馆主要以展示为主,很难吸引游客的注意,因此在艺术博物馆的开发中,要结合艺术的特色不断突破创新,增添更多的互动性和参与性,提高游客的兴趣。如惠山泥人艺术博览园增添了大量游客参与的项目,获得游客认同,塑造自身品牌形象。

创建主题创意产业园。文化创意产业园区作为文化创意产业的物质载体,指"以创意生产为主要活动,主导产业明确、公共服务平台和设施完备、产业链相对完整、示范作用明显的集聚区。"通过主题创意产业园集聚民间艺人、能工巧匠的特长和优势,增加社区及其居民收益、树立良好旅游地形象、吸引游客的好形式,为游客创建游览、休闲、体验于一体的综合艺术园区。

打造艺术休闲街区。根据"产业+市场"的原则,在市场的指引下创建艺术休闲街区,以乡村风情、区域文化为特质,以民间艺术为引导,以产业发展为载体发展艺术休闲街区。集观光、休闲、体验为一体,真正将艺术融于民间,并通过政府引导,形成艺术集聚区,在充分发挥当地居民参与性的基础上,形成社区参与性的民间艺术乡村旅游。

开创"乡土艺术家园"。传统民间艺术本身来源于民间,乡村是艺术存在的根源,因此,具有天然的亲和性,如戏剧、皮影、泥塑、年画、秧歌等民间艺术就与乡村生活有着天然联系。培养乡土艺术家,可以保护大量的民间文化,还可以激发农村自身的文化活力,建立一支乡土化、农民化和本土化的农村文化精英队伍,是保持传统民间艺术原汁原味的根本。通过设立"乡土艺术家园"来培养"乡土艺术家"是发展民间艺术乡村旅游的保障。

(七)科技依托型:科技引导现代乡村旅游发展模式

1. 模式概述

当代科技在生活生产中体现着越来越重要的作用,荷兰、新加坡、日本等地科技引导的现代农业建设和乡村旅游发展为我国的乡村旅游指出了新的方向。我国启动的国家科技园区建设,促进了我国一批科技园区发展,加速了我国现代农业发展。展现农业风貌,形成集教育、体验、观光、展示为一体的现代乡村旅游业,成为我国乡村旅游未来发展的重要方向。

科技作为第一生产力,对我国传统的农业进行了颠覆性的改革,现代的科学技术、现代的经营理念、现代的管理方式等等这一系列的"现代"标签,推动着现代农业的诞生。各个地区在进行农业综合开发的同时,根据自己区域的特点来发展乡村旅游,这不但可以使各地的资源优势得以更加充分的挖掘和利用,而且能使现代农业锦上添花,创造出更好的经济效益和社会效益。科技、现代农业与乡村旅游之间存在着相互依存、相互促进的必然联系。同时,科技对乡村旅游的有力支撑还表现在农业种养殖高新技术的研发和推广上,如现代生物技术、现代仿生仿真技术在观光农业中的应用,不仅可以创造千姿百态的农业观光产品,营造各式各样的农业自然景观,丰富乡村旅游的观赏内容,也对农业科技的普及起到了推动作用。

2. 经典案例——海南兴隆热带植物园

兴隆热带植物园位于海南省兴隆镇,创建于1957年,隶属于农业部中国热带农业科学院热带香料饮料作物研究所,是海南最早对外开放参观的热带植物园。植物园在"科学研究、产品开发、科普示范三位一体"的改革模式引导下,现今已发展成为一座集科研、科普、生产、加工、观光和资源保护为一体的综合性热带植物园。

兴隆热带植物园开发思路明确。遵照"统筹规划,注重示范,发挥优势,生态分区,滚动发展"的原则,强化热带香料饮料作物的技术创新,重视产品开发、观赏旅游、生态安全和科普教育功能,以此来促进园区科技含量、运营管理和生态环境等外观形象和内在质量的提高,同时为农业和农民提供科技示范和科技服务,从整体上推进区域农业和旅游业经济发展。

建立五大功能区。依据强大的科研优势及资源优势,将园区划分为五大功能区:植物观赏区、试验示范区、科技研发区、立体种养区和生态休闲区,进行立体展示开发。游客既可以在青山绿水营造的极致生态氛围中,进行热带各种香辛料植物、饮料植物、观赏植物、药用植物、水生植物等热带植物的观赏,探索大自然的无限惊奇,又可在科技展销厅中感受热带农业科技的前沿动态。

立足市场优势,进行明确定位。兴隆是万宁重点打造的东南亚风情小镇,兴隆热带植物园在发展中,立足热带作物种质资源、生态环境以及旅游市场区位优势,将园区打造成为了热带野生植物的百科全书。植物园占地600亩,植物品种1200多个,划分为六大展区:热带香料饮料作物、热带名优果树、热带经济林木、热带园艺植物、热带药用植物、热带珍稀植物,汇集有咖啡、胡椒、香草兰、可可等热带经济作物,以及榴莲、山竹等特产果树,保存有见血封喉等野生植物的珍稀物种,优美的景观,特色的热带植物为园区带来了大批游客。

多角度构建旅游产品体系,包括开展热带植物观赏、湖中垂钓等活动,为旅游者提供热带植物观光休闲场所;开展农业科研考察活动,为专业团体考察、交流、合作研究提供试验示范基地;开展农业科普教育活动,为青少年提供热带农业科普知识和环境保护意识教育;开展农业耕作、收获活动,为旅游者提供参与农业活动的实践和乐趣;园区的休息处免费提供植物园自产的各种饮品,有香浓的兴隆咖啡、可可椰奶和甘香清冽的香兰茶等;园区内设有科技产品展销厅,专门出售各种独具特色的热带作物旅游产品和纪念品,可以在游览之中购买,也提供邮购服务。

(3)经验探索

科技依托型乡村旅游是以农业科技研发作为旅游资源的一种乡村旅游类型。依靠技术进行现代农业技术景点化展示,或是发挥科技推广优势,带动产业发展和生态建设,以促进乡村旅游发展。兴隆热带植物园发展模式,利用科学助力旅游,带来的科研效益、生态效益、社会效益和经济效益,为科技与乡村旅游的互助发展带来了极大的启示。中国热带农业科学院香料饮料研究所以得天独厚的科研优势为支撑兴办旅游产业,既加速了新技术、新成果的研究推广,又从经济上反哺科研,使科研和旅游形成良性循环,为科研事业的发展和科技成果的推广开创了一种新的模式。

第一,是科研成果向旅游资源的转化,依托保存的大量珍稀物种,使其植物园具有独特性。第二,是明确的主题定位,结合区域东南亚风情小镇的整体旅游主题,在热带植物百科方面立意。第三,是旅游产品的合理构建,成功实现了科技示范、主题观光和休闲娱乐的完整旅游体系打造。第四,景区的整体发展中走的依然是科学研发直接介入乡村旅游观光的模式,对农业产业化和旅游产业化打造方面略显不足。在今后科技与乡村旅游的融合中,可以更多的关注科技研发在农业产业中的应用与体现,让科技、新农村建设和乡村旅游互相推动发展。

三、乡村旅游开发措施

关于乡村旅游,国外有许多成功的案例,对国内乡村旅游的发展有一定的借鉴意义,但是国内明显不同的旅游消费特色,督促我们必须探索适合中国乡村旅游发展的本土措施。

(一)与本土特点相结合

在乡村旅游开发中,以乡土文化为核心,提高乡村旅游产品的品味和档次。加强乡村旅游的文化内涵,挖掘有利于改变中国乡村旅游产品结构雷同、档次低的办法。在乡村旅游产品项目的开发和设计中,要在乡村民俗、民族风情和乡土文化上做好文章,使乡村旅游产品具有较高的文化品味和较高的艺术格调。

对乡村旅游的开发,要注意保持乡土本色,突出田园特色,避免城市化倾向。乡村旅游的投资商在开发中要注重对原汁原味的乡村本色进行保护。因而对乡村旅游开发要加强科学引导和专业指导,强化经营的特色和差异性,突出农村天然、纯朴、绿色、清新的环境氛围,强调天然、闲情和野趣,努力展现乡村旅游的魅力。

全国各地城市近郊都在花大力气发展乡村旅游,争夺客源的竞争非常激烈。

乡村旅游要在当地政府的引导下实现联合经营,以群体的力量形成规模效应,创立品牌,增加市场竞争力,走规模化和产业化的道路,实现乡村旅游可持续发展。

(二)与其他旅游开发相结合

乡村旅游不能理解为是一种纯粹的农业资源开发,而要与区域内其它旅游资源和旅游景点的开发结合起来,借助已有旅游景点的吸引力,争取客源,以形成资源共享,优势互补,共同发展的格局。

(三)与农村扶贫相结合

据估算农村大约有1.5亿剩余劳动力。从中短期看,中国的就业压力有增无减,解决农村剩余劳动力就业是一个非常严峻的问题。开发乡村旅游可增加旅游就业机会,可以从一定程度上解决农村剩余劳动力的问题,缓解农村剩余劳动力对城市的压力。

(四)乡村旅游开发要与小城镇建设相结合

2010年中国的小城镇已突破2万个,城镇化率达37.66%,中国平均每年新增小城镇约800个,10年中有1亿农村人口落户小城镇。乡村旅游开发可能牵涉到移民问题,小城镇是比较理想的接纳场所。

乡村旅游开发要与小城镇建设相结合,小城镇的建设要按旅游城镇的风貌进行控制,使小城镇本身就成为旅游吸引物之一,也可以依托小城镇发展乡镇企业、旅游商业,如农副产品的深加工、旅游纪念品的生产等。

(五)与资源保护和打造生态个性相结合

在乡村旅游开发中要注意资源开发与环境保护协调的问题,防止旅游开发造成环境污染和资源破坏,加强与生态资源的有机结合,坚持在旅游资源开发中"保护第一、开发第二"的原则,走可持续发展的道路。

(六)与农业、农民和乡村发展高度结合

乡村旅游开发要将农业、农民和乡村发展高度结合起来,使旅游业成为乡村社区重要的产业。在乡村旅游开发中农民具有不可忽视的作用,努力开拓乡村旅游的本土特色,增加旅游收益,使广大农民真正受益。

除上述结合事项外,国家对乡村旅游业长期的政策、经济和技术支持是非常必要的。许多研究表明一般乡村旅游很难带来高收益,因此国家除给乡村旅游开发长期的经济和技术上的支持外,还要制定对乡村旅游开发倾向性的政策,并将乡村旅游的开发纳入到各级旅游总体开发规划中。

总之,发展乡村旅游要以增加农民收入为核心,以保护乡村的自然生态环境为重点,维护乡村性和地方特色,走特色化、规范化、规模化和品牌化相结合的道路,实现乡村旅游产业化的基本目标,最终实现乡村旅游业可持续发展。

第二节 乡村旅游运营总述

当前,我国乡村旅游市场发展迅速,2020年初新冠疫情爆发以来,人们对于远途、出境游的需求更是转向了近郊短途旅游。面对需求巨大的市场,乡村旅游的运营者需要通过运营实现最大化的经济收益。同时分析乡村旅游运营环境,对比分析现有的乡村旅游运营模式,选择一个适应本身的模式运营,招徕游客。

一、乡村旅游运营环境

乡村旅游的运营,既要保持乡村的自然性,也要认清政治、经济、文化和社会环境。任何的运营工作都需要在一定的环境中进行,并对乡村旅游的运营环境进行必要的、科学的分析,这有利于乡村旅游的可持续性发展。

运营环境是影响企业生产经营活动的外部条件,制约企业生存和发展的重要因素。而乡村旅游运营环境是指一切能制约和影响乡村旅游企业经营活动的外在因素的综合体,乡村旅游运营环境具有复杂性、动态性和不可控性等特征。乡村旅游运营环境主要包括:市场因素和非市场因素。

(一)市场因素

乡村旅游运营环境的市场因素主要是居民的购买行为与消费特点。

我国统计局公报显示,2017年全国居民人均消费支出18322元,比上年增长7.1%,扣除价格因素,实际增长5.4%,恩格尔系数为29.3%,比上年下降0.8个百分点;2018年全国居民人均消费支出19853元,比上年增长8.4%,扣除价格因素,实际增长6.2%,恩格尔系数为28.4%,比上年下降0.9个百分点;2019年全国居民人均消费支出21559元,比上年增长8.6%,扣除价格因素,实际增长5.5%,恩格尔系数为28.2%,比上年下降0.2个百分点;2020年全国居民人均消费支出21210元,比上年下降1.6%,扣除价格因素,实际下降4.0%,恩格尔系数为30.2%,较上一年增长2个百分点。

这些数据显示,2017年至2020年,整体上我国人均可支配收入在增加,恩格尔系数在下降,居民的消费结构在发生变化,享受生活消费占据了人们更多的支出比例。2020年因为年初新冠疫情的爆发,政策上呼吁全国居家阻断病毒的传播,导致出现全国人均消费的支出减少,恩格尔系数相比上一年增长的情况。

近几年,全国城市居民周末休闲和节假日出游,70%以上选择周边的乡村旅游点,全国主要城市周边的乡村旅游接待人数年均增长高于20%。这种情况充分说明,旅游消费逐渐成为热点,"乡村游"的日渐兴起成为了旅游业发展的一种新趋向,成为农村经济的新拐点。乡村旅游运营户需要实时了解市场上人们的购买行为以及消费特点,认真分析和预测调整运营策略。

(二)非市场因素

乡村旅游运营环境的非市场因素主要包括外部环境和内部环境。外部环境又包括政治环境、经济环境、竞争环境、社会文化环境等;内部环境包括自然旅游资源和人文旅游资源等。

1. 外部环境

(1)政治环境

政治环境是指一个国家或地区的政治局势、法律、外交政策及经济政策等,具体包含政治局势、政策和法律等三方面的因素。旅游产业易受国家和地区政治局势的影响,稳定的政局有利于旅游业发展。自1998年以来,我国制定了一系列促进乡村旅游发展的政策或措施,乡村旅游面临良好的发展机遇。乡村旅游运营户在抓住机遇大力发展的同时,要了解并遵守相关的法律法规,自觉接受有关部门监督,保证合法经营,避免蒙受经济损失。

(2)经济环境

经济环境主要是指一个国家或地区的人口、居民收入、产业结构、年景的丰歉、资源的开发等方面的情况。经济环境对旅游企业的运营会产生极大影响:一是会影响客源的多寡,二是会影响游客的消费水平。一个国家或地区经济状况良好,居民收入水平呈上升趋势,商务、文体活动就会增加,就会刺激旅游需求,乡村旅游需求量就会增加,需求档次也会相应提高。因此,乡村旅游运营户要认真分析和预测各种经济因素的变化趋势,并根据经济形势的发展变化,调整经营策略。

(3)竞争环境

乡村旅游企业如同其他企业一样,是在市场的竞争中求生存、谋发展的。企业无论大小,都面临着竞争。与其他不可控因素比较起来,竞争环境对乡村旅游企业的影响更为直接,同一市场竞争者的活动常常会影响企业做出相应的运营决策和策略。

第一是与其他行业之间的竞争。在乡村旅游市场,与其他行业间的竞争不可避免。这些行业涉及饭店业、康体娱乐业等,与景区(点)也存在竞争关系。这种竞争表现在如何使自己的企业比其他行业更能吸引游客。随着政府对乡村发展政策的倾斜以及对乡村旅游的倡导,人们对乡村旅游越来越向往。乡村旅游企业应不断调整自己的运营措施,吸引到更多的游客来乡村旅游。

第二是同行业之间的竞争。同行业的竞争,是指不同的乡村旅游企业之间为游客提供不同的服务项目,满足相同的需求而展开的竞争。同行业的竞争往往局限在社区内部,通常也更激烈。同行业竞争分为良性竞争和恶性竞争。良性竞争会引导企业朝健康方向发展,形成区域优势,从而带动社区经济发展;恶性竞争会导致企业采用低价策略、降低服务质量等手段来抢夺客源,从而降低游客旅游体验,影响社区旅游声誉,打破乡村和谐之美。

乡村旅游企业要想在竞争中取胜,就必须充分了解竞争对手的位置、产品、产品价格及销售策略等。了解对手、分析对手,知己知彼、扬长避短,发挥自己的优势,创造产品特色,在同行业竞争中取胜。

(4)社会文化环境

社会文化环境是指由社会地位和文化素养的长期熏陶而形成的生活方式、价值观念和行为准则。对乡村旅游影响较大的社会文化环境包括:生活习惯、教育水平和语言文字、宗教信仰和价值观念。不同国家或地区、不同社会阶层的消费者在食、住、行、游、购、娱方面存在不同的习惯,乡村旅游运营户要多了解不同客源地的生活习惯,教育水平和语言文字、宗教信仰和价值观念,提供适应的消费产品。

2. 内部环境

乡村资源是吸引城市游客到乡村旅游的重要因素,乡村旅游资源环境对乡村旅游客源量有直接影响。当城市人"有钱""有闲"的时候,决定他是否去或去哪里进行乡村旅游的因素,很大程度上取决于当地是否具备有吸引力的乡村旅游资源。如果一个地方的乡村旅游资源十分丰富并且保持原生态,势必会吸引大量的城市游客。乡村旅游资源分为自然旅游资源和人文旅游资源。

(1)自然旅游资源

自然旅游资源指凡能使人们产生美感或兴趣的、由各种地理环境或生物构成的自然景观。它们通常是在某种主导因素的作用和其他因素的参与下,经长期的发育演变而形成。根据《中国旅游资源普查规范》,自然旅游资源分为四大类,即地貌景观类(如山地景观、喀斯特景观、丹霞景观、砂岩峰林景观、风成地貌景观、火山景观、冰川景观、海岸景观等)、水域风光类(如海洋、河流、湖泊、瀑布和各类泉水)、天气气象类(如极光、云海等)和生物景观类(如森林、草原和各种野生动植物、海洋生物等)。乡村自然旅游资源具体包括具有乡村特点的农业景观,如农田、菜地、花圃、果林、堤坝等。乡村自然旅游资源的可贵性,就在于它的原生态、自然性、乡村味。

(2)人文旅游资源

人文旅游资源是人类创造的反映各时代、各民族政治、经济、文化和社会风俗民情状况,具有旅游功能的事物和因素。与自然旅游资源不同,人文旅游资源是历史现实与文化的结晶,可被人们有意识地创造出来,可通过建造博物馆、美术馆、游乐园、文化宫、体育运动中心,以及组织文化节、戏剧节、电影节、音乐节和各种民间喜庆活动等别具特色的文化活动来丰富旅游内容,提升文化内涵,招徕远方游客,形成充满现代气息的人文旅游资源。

从另一个角度来说,人文旅游资源由当地人民开发创造并流传继承下来的文化活动痕迹,包括历史遗迹旅游资源(如古人类遗址、古代历史文化遗产、近代革命活动遗址等)、古建筑旅游资源(如宫殿建筑、祭祀建筑、民居建筑、伟大工程等)、古陵墓旅游资源、宗教旅游资源、园林建筑旅游资源、民族民俗旅游资源(如服饰、饮食、节日节庆、风物特产等)。乡村旅游人文资源具体包括古宅、宗祠、水井、庙宇、学堂、土掌房、竹楼、草屋、水车等,以及当地的民宿、节庆、农事等活动,如赶集、庙会、对歌、祈年、祭神。乡村人文旅游资源具有鲜明的历史性、民族性、文化性和活跃性,具有鲜明的传统文化属性。

总之,乡村旅游运营企业需要认请乡村旅游的资源环境。并对乡村旅游资源环境进行分析与评价,不断调整运营策略才能提供适销对路的产品,开拓更大的旅游市场。

二、乡村旅游运营环境分析

在乡村旅游运营过程中,通过分析、评价运营环境,使企业更好地认清面临的运营机遇或困难,提出改进措施。乡村旅游运营环境分析是企业科学制定经营决策和经营计划的基础。

乡村旅游运营环境分析是指运用科学的方法和手段,分析、评价一切能制约和影响乡村旅游企业运营活动的因素,并为乡村旅游运营决策和策略做出判定和建议。分析、研究乡村旅游运营环境,有利于运营户选择和适应环境,有利于运营户寻找机会和避免风险。

(一)分析方法

根据乡村旅游运营的外部环境和内部环境因素,采用资料收集法、比较法、归类法、综合法等方法对乡村旅游运营环境进行分析与评价。其中SWOT分析法使用较多,能够对乡村旅游的运营环境做出科学的分析。

SWOT分析法,是企业经常用于分析其竞争条件,评价其运营环境的一种方法。确定企业自身的竞争优势、竞争劣势、发展机会和面临的威胁,从而使公司的战略与公司内部资源、外部环境有机地结合起来的一种科学的分析方法。从整体上看,SWOT可以分为两部分:第一部分为SW,主要用来分析内部条件;第二部分为OT,主要用来分析外部条件。S是优势、W是劣势、O是机会、T是风险。

将SWOT分析法运用到乡村旅游运营中,可以对乡村旅游运营户所处的情景进行全面、系统、准确的研究,从而根据研究结果制定相应的发展战略、计划以及对策等,有利于运营户全面了解自身的运营优劣势以及面临的机遇和挑战。

(二)案例分享

长岛县是山东省唯一的海岛县,具有中国旅游强县、中国十大最美海岛、中国最佳避暑胜地、最具文化创意旅游海岛、中国年度美丽休闲小城等20个荣誉称号。长岛由32个岛屿构成,岛屿面积5.96平方公里,海域面积为8700平方公里,人口约为4.5万,岛上有40个行政村。长岛的地理位置十分特殊,它担胶东、辽东半岛于南北,携渤海、黄海于东西,北距大连市42.2公里,南距蓬莱阁景区仅7公里。环境优美,气候适宜。长岛气候特点可用四句话进行概括:春长风大回温晚,夏爽雨多酷暑短,秋凉霜少冷来迟,冬暖雪飘无严寒。

表　烟台长岛乡村旅游开发研究 SWOT 分析

Strength（优势）	1. 自然资源优越 2. 人文资源深厚 3. 地理位置十分优越，潜在客源范围广泛	Weakness（劣势）	1. 资源开发与利用程度不完善 2. 基础设施建设不完善 3. 季节性偏向明显，盈利模式单一 4. 开发产品附加值低且同质性强，运营模式单一 5. 长岛乡村旅游宣传力度不足，导致客源来源单一 6. 人才匮乏，从业人员素质跟不上旅游业的发展速度
Opportunity（机会）	1. 国家和地方政府层面政策的支持 2. 人们随着非物质要求的增加，对乡村旅游的热情不断高涨	Threat（威胁）	1. 周边景区竞争激烈，同质化问题严重 2. 信息化社会，游客需求变化快

　　长岛作为海岛也因为发展乡村旅游业，经济水平稳步提升。长岛南长山镇和北长山镇在海洋捕鱼业越来越不景气的情况下，创新式的以民俗风情旅游为创新点，发展乡村旅游，渔民大办渔村民俗旅游，"渔家乐"业户 2007 年时就已达到 424 家，家庭宾馆床位达到 6000 多个，每户的年均收入直达 3 万元，走上了致富之路。自 2013 年起，长岛门票收入与旅游人次逐年递增，这说明了长岛发展乡村旅游取得了阶段性的发展。据长岛县发布的 2017 年《长岛县国民经济和社会发展统计公报》称：全年实现综合门票收入 1.65 亿元，比上年增长 15.4%，旅游总收入 43.5 亿元，比上年增长 12.4%。全年接待海内外旅游者 385 万人次，比上年增长 8.5%。

2.技术路线

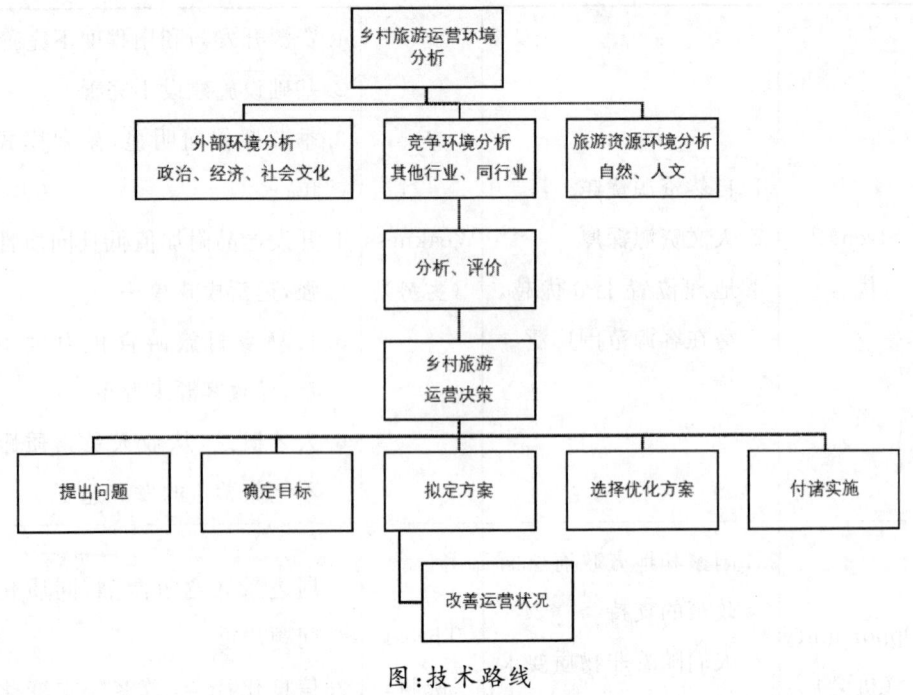

图:技术路线

三、乡村旅游运营模式

在当前乡村旅游点发展过程中,参与乡村旅游发展的主体主要有当地政府、旅游企业、村委会及当地农民,根据他们参与程度和作用的不同,可以总结为九种不同的开发模式。

(一)"单体农户"模式

"单体农户"模式由拥有一定乡村旅游资源的农户直接从事乡村旅游运营活动,或通过签订租赁合同出租给外来人员运营乡村旅游。其特点是自主经营、分散经营。在运营过程中,运营者参与生产经营活动、自负盈亏,并对生产和经营活动做出决策和运营管理。

"单体农户"模式有利于调动农户运营管理的积极性,也有利于保护乡村旅游资源。大多数农户属于本地人,他们在运营时也会注意保护性经营,而且由于对当地的乡村民俗、乡村文化了解透彻,在产品经营时,能够比较好地凸显原汁原味的地方特色。

"单体农户"模式的缺点是难以扩大规模,竞争力不足。随着乡村旅游不断发展,运营者日益增多,竞争越来越激烈。单体农户受自身经营观念、经济实力等方面的限制,一般会停留在原有的运营规模和服务档次上,无力改善竞争状况,难以竞争。在运营中最需要注意资金问题,乡村旅游发展到一定阶段以后,无论是扩大经营规模,还是推出新产品,都需要大量的资金投入。对于单体农户来说,后续发展资金是制约单体农户运营发展的较大瓶颈,因此在运营过程中如何做到资金良性循环是运营的重点。

单体农户模式是乡村旅游发展的最初模式,也是基本模式,目前仍然广泛存在。在一些经济欠发达地区,或对于刚开始创办乡村旅游的农户来说,单体农户模式是其首选模式。如昆明市的东川、禄劝、寻甸等县区,乡村旅游的运营模式仍以单体农户运营模式为主。其中较突出的有祥云聚龙温泉休闲园、昆明金色大地假日农庄等。

(二)"农户+农户"模式

乡村旅游初级阶段的经营模式之一。以"示范户"带动乡村发展,当"示范户"率先在农村开展乡村旅游并取得成功后,农民开始加入旅游接待的行列,并从"示范户"那里学习经验和技术,在短暂的磨合后,形成"农户+农户"的乡村旅游开发模式。

"农户+农户"的运营模式有利于乡村旅游资源互补,降低运营风险。其特点是投入较少,接待量有限,但乡村文化保留最真实,游客能体验最原生态的本地习俗和文化。由于受管理水平和资金投入的影响,"农户+农户"模式对旅游经济的带动效应较差,难以形成规模化发展,因此比较适合以"农家乐"为主的小规模乡村旅游。

"农户+农户"模式典型案例有成都的农科村、浙江安吉的天荒坪村、湖南汉寿县鹿溪农家、广西柳州融水县香粉乡雨卜东兴旅游村、桂林恭城红岩生态旅游新村、贵州雷山郎德上寨、云南省原始部落野温泉等。

(三)个体农庄模式

"个体农庄"模式是以规模农业个体户发展起来,以"旅游个体户"的形式出现的一种相对独立的乡村旅游模式。它将当前农村最缺乏的现代管理、科技、资金等引入土地,可以大大增加产出,促使土地升值,使庄园主和农民共享利益。而这种模式最需要招商引资,拓宽资金来源渠道,按现代工业的运营管理方式运作,转变落后的经营生产方式,积极与政府、企业、旅行社等相关部门的合作。因此,个体农庄模式竞争力低,农户承担一定量的资金风险,对于农庄的管理缺少专业、科学的指导。

个体农庄模式通过旅游个体户自身的发展,以点带面带动同村的农户参与乡村旅游的经营,走上共同致富的道路。新业态中的乡村庄园的一些形式也属于个体农庄。国内个体农庄成功案例如珠海莲江国际私家农庄主题生活公园、湖南益阳赫山区的"花乡农家"、海南省绿枫庄园、海口火山泉休闲农庄和内蒙古乌拉特中旗的瑙干塔拉等。

(四)"公司+农户"模式

"公司+农户"的发展模式是通过旅游公司的介入和带动,吸纳社区农民参与乡村旅游的经营与管理,充分利用社区农户闲置的资产和富余的劳动力,通过开发各类丰富的农事活动,向游客展示真实的乡村文化。同时,通过引进旅游公司的管理,对农户的接待服务进行规范,提高服务水平,避免不良竞争损害游客利益,从而促进乡村旅游的健康发展。这种模式在资金和管理水平方面有一定保障,实现组织内部的分工协作,确保农村公司以较低的交易费用和适宜的价格获得稳定的原料来源。

"公司+农户"模式是目前乡村旅游运营中使用广泛且成效较快的一个模式,很多地方乡村旅游采用这种模式得到迅速发展。如洛阳重度沟、广西桂林蝴蝶谷瑶寨生态旅游景区、龙胜龙脊梯田风景区、昆明明熙温泉山庄都是"公司+农户"模式的典型代表。

(五)"公司+社区+农户"模式

"公司+社区+农户"模式是"公司+农户"的提升或改进模式,是一种企业与社区、农户紧密合作,促进乡村文化保护与传承,发展当地旅游经济的成功旅游运营模式。

"公司＋社区＋农户"模式中的"社区"是指作为社区代表的乡村旅游协会,由全部乡村旅游经营户参加,一户一名代表,其职权相当于旅游公司董事会,决定村内一切有关乡村旅游开发的重大事件、任命并考核、监督旅游公司管理人员、审查财务状况等。"公司"要接受协会委托,具体负责本村旅游的运营业务,包括基本设施建设,对外营销、接待并分配游客监督服务质量、定期与经营农户结算等。"农户"作为具体的服务单元,接受公司的安排接待游客,并定期与公司结算。

"公司＋社区＋农户"模式的优点表现在以下几个方面:一是社区、公司、农户三者职责明确,利益分配均衡;二是社区、公司、农户之间相互制约的关系保证了运营机会的公平与均等;三是经营管理的规范化、标准化。但是,这种模式也存在问题,公司和农户之间的关系存在不和谐因素,主要表现在利润分配时出现争执等问题。

"公司＋社区＋农户"模式实际上是"公司＋农户"模式的拓展,这种模式的实质还是公司主导,但在政府引导下实现,社区成为重要中间变量,连接公司与农户。湖南浏阳市的"中原农庄"主题农庄就是以旅游公司负责旅游策划和相关专业培训,村委会在此基础上组织村民参与旅游发展实践。山东省荣成的河口村、云南凯普金田农园、澜沧县芒景帕哎冷茶叶农民专业合作社也是典型的例子。

(六)"公司制"模式

"公司制"模式是指引进组织结构成熟的公司经营,政府和集体在具体开发利用中不参与。所有权和经营权归公司,农民以个人身份加入,以劳动获取收益,以公司形象进行旅游开发和经营活动。但是,农民很难从旅游收入中获得应有的利益,还要承担旅游开发所带来的各种负面影响,这种资源与利益的严重失衡,极易引起农民的不满,在开发中很可能导致产权纠纷的问题,也难以适应未来乡村旅游发展的趋势。

这一模式的特点是发展进入快、起点层次高、开发有规模,如果思路对头、经营科学,容易使乡村旅游开发迅速走上有序化发展的道路。苏州太仓艳阳农庄是这种模式的成功典范。

(七)"股份制"模式

"股份制"是一种新型乡村旅游社区参与模式,将乡村旅游资源界定为国家产权、乡村集体产权、村民小组产权和农民个人产权四种产权主体。在开发乡村旅游时,可采取国家、集体和农民个体合作,把旅游资源、技术、劳动力转化成股本,受益分配上将按股分红与按劳分红相结合,进行股份合作制运营,通过土地、技术、劳动等形式参与乡村旅游开发。这种模式需要优化股权,明确产权,进行跨地区跨资产的联合,降低风险,让当地农户代表成为合法股东参与企业经营管理,合理划分各自红利,使农户得到应有的股权。把社区居民的责(任)、权(利)、利(益)有机结合起来,以保证乡村旅游的良性发展。

"股份制"模式下的农户真正成为当地社区旅游开发的主人,他们作为企业的股东和员工,直接参与乡村旅游的开发决策、生产经营活动和利益分配。农户和企业具有共同的利益和目标,共同经营,使农户真正有了主人翁地位,从而积极参与决策,自觉维护其赖以生存的乡村旅游资源,实现了旅游资源由"公有"到"共有"的转变,达到保护资源和生态环境的目的。但是,"股份制"模式有可能导致利益分配不均、多重管理或管理缺乏等问题。

"股份制"模式是乡村旅游发展中较新的一种运营模式,能较好地兼顾各方的利益。四川省成都市三圣乡是这种模式的成功典范。

(八)"政府+公司+农户"模式

这一模式其实质是政府引导下的"企业+农户",即在乡村旅游开发中,由县、乡各级政府和旅游主管部门按市场需求和全县旅游总体规划,确定开发地点、内容和时间,发动当地村民动手实施开发,开发过程中政府和旅游部门进行必要的指导和引导。这种模式一定要充分考虑农户的利益和参与形式,提高农户参与运营管理的积极性。

在这种模式下,政府起引导作用,能够把握全局,同时也能够发挥农户的积极性。政府能够起到一种引导和监督的责任,避免了乡村旅游资源的滥用情况以及由此而引发的相关经济纠纷。由于企业的利益最大化原则和农户的知识水平限制,在乡村旅游的发展过程中,在利益的驱动下,有可能出现超出旅游承载力,过度经营和使用,破坏当地的乡村旅游资源的情况。"政府+公司+农户"模式能有效地解决这一问题。由于政府起着监督的作用,通过制定一系列的法规和政策,来约束旅游企业和农户,使乡村旅游得以持续健康的发展。在这个模式下,政府充当中间者的角色,协调着各方的矛盾,使各方的利益分配达到一个均衡点。

"政府+公司+农户"这一模式是中国当前特定的背景下发展乡村旅游比较理想的模式,能够较好地协调企业与农户的利益关系。这一模式应用的典型案例有武汉市黄陂区、四川达州市三江园家庭生态农场、昆明石林、台湾农民创业园、新疆生产建设兵团第四师69团香极地香料植物观光园、第四师70团伊帕尔汗薰衣草观光园、第十师183团芦花湖观光农业示范区、西双版纳曼掌文化农庄、珠海市台湾农民创业园等。

(九)"政府+公司+农村旅游协会+旅行社"模式

"政府+公司+农村旅游协会+旅行社"模式是当前国外最常见的乡村旅游运营模式。这一模式的主要特点是充分发挥旅游产业链中各环节的优势,通过合理分享利益,推进农村产业结构的调整,为旅游可持续发展奠定了基础。具体的做法是:政府负责乡村旅游的规划和基础设施建设,优化发展环境;乡村旅游公司负责经营管理和商业运作;农民旅游协会负责组织村民参与地方戏的表演、导游、工艺品的制作、提供住宿餐饮等,并负责维护和修缮各自的传统民居,协调公司与农民的利益;旅行社负责开拓市场,组织客源。在经济相对落后、市场发育不很完善的地区,由政府组织,全盘把握,公司和协会分工协作,农民广泛参与的这一运营管理模式,更有利于乡村旅游的发展。

"政府＋公司＋农村旅游协会＋旅行社"模式突出的特点就是各个方面利益均得到考虑。因为它涉及了乡村旅游发展的几个关键主体要素,有利于充分发挥旅游产业链中各个环节的优势,通过合理分享利益,使各方能够密切协作避免因分配不公引起的利益冲突。一方面,可以发挥公司在运营和管理方面的优势,旅行社在市场开拓方面的优势;另一方面,也可由政府进行有效的规制,由农村旅游协会代表村民,从而维护和保障了村民的利益。避免过度商业化,保护本土文化,增强了当地居民的自豪感,从而为旅游可持续发展奠定基础。

"政府＋公司＋农村旅游协会＋旅行社"模式发挥了旅游产业链条中各环节的优势。此模式不仅考虑了社区参与的积极性,而且通过旅行社这一中介将旅游目的地和客源市场联系起来,更多的是有关资源外部优化的问题。贵州平坝县天龙镇就是以这种模式发展起来的。

第三节　乡村旅游可持续发展

我国当前的经济发展已经开始进入转型期,转型期最大的问题就在于如何扩大内需提高农民的收入,缩小城乡之间收入的差距,促进城乡协调发展等等。旅游业的蓬勃发展和乡村旅游的出现是实现经济的全面发展、实现全体人民幸福的重要途径。

在旅游行业蓬勃发展的大背景下,国内乡村旅游得以出现,其一方面成为了旅游行业的重要组成部分,另一方面也为整个行业带来了新的理论和发展方向,比如民宿、野行、居游等。从乡村旅游的发展情况来看,乡村生态休闲、旅游观光、文化教育逐渐成为了游客的主要休闲旅游方式,诸多人气爆棚的景区甚至一票难求,这也成为了当地农户增收致富的重要途径。因此,理解分析乡村旅游的可持续发展可进一步开发农业产业的多种功能,促进乡村旅游朝着内容丰富化、形式多元化的方向发展。

一、乡村旅游可持续发展的内涵

（一）可持续发展

可持续发展是关于自然、科学技术、经济、社会协调发展的理论和战略。其概念的明确提出,最早可以追溯到1980年由世界自然保护联盟、联合国环境规划署、野生动物基金会共同发表的《世界自然保护大纲》:"必须研究自然的、社会的、生态的、经济的以及利用自然资源过程中的基本关系,以确保全球的可持续发展。"1987年,世界环境与发展委员会出版《我们共同的未来》报告,正式使用了可持续发展概念,并定义为:"既能满足当代人的需要,又不对后代人满足其需要的能力构成危害的发展。它包括两个重要概念:需要的概念,尤其是世界各国人们的基本需要,应将此放在特别优先的地位来考虑;限制的概念,技术状况和社会组织对环境满足眼前和将来需要的能力施加的限制。"它系统阐述了可持续发展的思想。1992年6月,联合国在里约热内卢召开的"环境与发展大会",通过了以可持续发展为核心的《里约环境与发展宣言》、《21世纪议程》等文件。随后,中国政府编制了《中国21世纪人口、资源、环境与发展白皮书》,首次把可持续发展战略纳入我国经济和社会发展的长远规划。

（二）可持续旅游

旅游业的可持续发展问题是20世纪90年代才提出的一个新议题。可持续旅游实际上是可持续发展思想在旅游领域的具体运用,是可持续发展战略的组成部分之一,是可持续发展理论的自然延伸。

国际上比较权威的可持续旅游的定义有几个：

一是世界旅游组织WTO的定义。1993年世界旅游组织对旅游可持续发展给出的定义是:"指在维持文化完整、保持生态环境的同时,满足人们对经济、社会和审美的要求。它能为今天的主人和客人们提供生计,又能保护和增进后代人的利益并为其提供同样的机会。"这一定义是对旅游可持续理念的进一步总结,不仅指出了旅游业本身的特质,而且提出了"主人"和"客人"区际公平发展的思想,对旅游可持续发展的国际认定具有重要的指导意义。

二是1995年《可持续旅游发展宪章》中所指出的"可持续旅游发展的实质,就是要求旅游与自然、文化和人类生存环境成为一个整体",即旅游、资源、人类生存环境三者的统一,以形成一种旅游业与社会经济、资源、环境良性协调的发展模式。

三是2011年《关于旅游业的21世纪议程》中定义,"可持续旅游"是指在保护和增强未来机会的同时,满足现在的旅游者和东道主的需要。其核心目标是:在为游客提供高质量旅游环境的同时,改善当地居民生活水平,并在发展过程中保持生态环境的良性循环,增强社会和经济的未来发展能力。

从以上定义可以看出,可持续旅游绝不是一种单纯的旅游方式,而是从可持续发展的概念引申出来的旅游发展模式,它适用于所有能够在长期发展过程中与自然、社会、文化、环境、经济等保持和谐的旅游形式。

(三)乡村旅游可持续发展

从乡村的概念及特点来看,乡村旅游正是一种强调乡村资源、环境、经济、文化等和谐共存并协调发展的旅游形式。它在推动旅游业向前发展的同时,可以维持乡村旅游资源的合理、永续利用,保护和改善乡村生态平衡。乡村旅游的可持续发展还能带动农村经济的发展,增加农民收入,改变农村贫穷落后的状况,为今后农村经济的持续增长增加了新的动力。乡村旅游的可持续发展是指能够满足现代人的需要,又不妨碍后代人需要的一种发展模式,其基本内容主要体现在以下几个方面:

1.发展性。发展是人类永恒的主题,是人类共同的、普遍的权利和要求。发展乡村旅游不仅能够有力地推动美丽乡村建设,还能够促进城乡间的融合发展,进一步缩小城乡地区间的经济差异;通过乡村旅游,带动了农村地区的相关产业发展,吸纳了更多的未就业劳动力,从而实现了农村地区脱贫,助力乡村振兴。乡村旅游的可持续性发展包括经济、社会和自然环境在内的多种因素的共同发展。

2.可持续性。即生态、社会文化和经济发展的持续性。一方面,乡村旅游的发展必须建立在旅游地区的生态环境和社会文化的承受能力之上,在发展的基础上不使当地的环境和社会文化出现不可逆转的破坏性变化。也就是对发展规模、发展速度要有一定程度的限制,改变长期以来人类在追求发展、经济利益的过程中以牺牲生态环境、历史文化遗产为代价的做法,以便给后代留下更广阔的发展空间。另一方面,经济的可持续发展必须以在自然资源的有效利用及其所提供服务质量为前提,使经济利益的增加达到最大限度,以便造福子孙后代。

3.公平性。可持续发展满足全体人民的基本需求和给全体人民机会以满足他们想要较好生活的愿望。旅游接待区居民有权参与本地旅游开发的重大决策,就其所期盼的社区类型出谋划策,并分享旅游业带来的效益。乡村旅游的可持续性发展要给世界以公平的分配和公平的发展权,要把消除贫困作为可持续发展进程中特别的问题来考虑。当代人留给后代人开展旅游活动和发展旅游业的环境资源不应少于目前拥有的程度,每一代旅游开发者和运营者都应为下一代人的发展机会负起同样的责任。

4.共同性。可持续发展共同性是源于人类生活在同一地球上,地球的完整性和人类的相互依赖性决定了人类有着共同的根本利益。即使各国的历史、文化、社会经济发展水平、旅游资源拥有程度及其使用情况各不相同,有关乡村旅游可持续发展的具体目标和政策不可能整齐划一,但乡村旅游的可持续发展作为全球旅游发展的总目标,所体现的公平性和可持续性原则是相同的,彼此之间是相互影响的。因此,围绕这一目标,全球必须采取共同的联合行动。世界旅游组织在其所制定的《旅游业21世纪议程》中极其强调,旅游可持续发展的实现需要世界各地坚定的承诺和协同一致的行动。

5.利益协调性。这里所说的利益协调性主要是指主客双方的利益协调,即旅游者与接待社区之间的利益兼顾与协调。首先,乡村旅游的发展必须与当地经济有机结合,满足旅游开发地的基本发展需要,提高当地居民生活水平和社会发展水平。其次,旅游者希望能够被提供高质量的旅游经历,能充分体验旅游地所具有的独特的历史、社会与文化。这两个目标的实现缺一不可。事实上,一旦当地居民与游客的利益发生冲突时,游客的利益常常得不到保障。此外,当地社区对旅游业的参与也因种种问题而受到制约甚至限制。其结果是旅游业的发展不但没能改善当地社区的生活质量,反而使当地社区的正常生活受到不同程度的干扰,由此而使当地社区产生反感,反过来又会对旅游者产生某种程度的不满情绪甚至不利影响。所以,要使旅游业能够可持续发展,就必须使主客双方的利益得到兼顾。乡村旅游作为一种强有力的发展形式,应有效地保护乡村旅游资源与环境,用可持续发展的观念与方法正确处理旅游开发与乡村旅游资源、环境和乡村文化特色的关系。乡村旅游发展必须建立在生态环境的承受能力之上,与乡村经济、文化、社会发展相协调,自觉理智地循序渐进,并保障乡村资源利用的持续性。

二、乡村旅游可持续发展的现存困境

我国乡村社会主要矛盾已经发生变化,但农村生产力仍有待提高,商品经济仍不发达,乡村旅游市场如何借用和维持原有的生态优势并发挥其潜力从而实现可持续发展是值得关注的一大课题。而新发展理念是强调在发展格局上,坚持全面推进"经济、政治、文化、社会、生态"建设"五位一体"的总体布局,以五大发展理念破解五大建设领域中的矛盾和问题,实现"五位一体"的战略目标。当前,乡村旅游发展正处于新的历

史性变革期,新旧问题交织,面对的经济社会环境更加复杂,发展空间更大,对生态要求也更高。新时代乡村旅游快速发展有力推动了农村经济社会发展,增强了扶贫开发的综合效应,增加了农民收入,但由此带来的资源、环境等问题也日益凸显。结合新发展理念和分析乡村旅游可持续发展存在的困境,有利于乡村旅游的发展转型,实现可持续发展。

(一)创新维度:基于原始优势,特色创新不足

我国乡村旅游开发大多依赖乡村独特的资源、文化、生态等要素,远离城市喧哗,让游客感受来自大自然、人类社会的原生态体验,如绿色生态的农业、纯真朴实的乡土人情、宁静休闲的娱乐生活、自然美丽的景致等等。截至2018年,全国农家乐数量达到220万家,休闲农业与乡村旅游经营单位超过290万家,但休闲旅游产品与项目缺乏独特创意与设计,模式雷同、产品同质问题依然突出。有的乡村甚至过度利用现代技术侵占乡村社会的原始风貌,挤占生态空间,破坏生态文化,失去了乡村的韵味。当前乡村旅游产业大多走中低端生态旅游路线,拼的是投资、资源和环境,占据市场份额较大的农产品季节性效应过强,乡村旅游往往关注对市场规模的拓展而非生态质量,乡村旅游开发舍本逐末现象屡见不鲜,特色创新能力不足是乡村旅游发展的一大短板。

(二)协调维度:政府主导协调,整体效能有待提升

由于乡村旅游生态层面涉及公共利益,综合性强、影响较大,外部经济性比较明显,只依靠市场很难解决生态问题,需要政府引导和规范。我国在协调推进乡村旅游发展过程中,在宏观上坚持乡村生态与经济、政治、文化、社会的协调发展,在政策上注重乡村旅游各要素整合,促使乡村经济、资源、环境等要素有机统一。在微观层面,政府主要在农村基础设施建设、维护及生态环境保护等方面发力,但是由于乡村生态旅游领域规划管理滞后,缺乏激励和约束机制,基层生态管理和服务缺失、监管执行不力等因素都不利于乡村旅游协调发展。我国乡村旅游发展形成以政府为主导,其他主体共同参与的格局,可是因为利益机制、协调机

制和沟通不畅,并不能充分形成合力统筹推进。如部分中小型乡村旅游建设运营商在规划旅游时不注重生态要素的布局,对发展低碳经济、循环经济热情不高;又如广大旅游者生态环保意识有待提高,存在乡村旅游地资源损耗,破坏环境等不文明行为。当前乡村旅游生态发展中的资源环境问题依然突出,乡村旅游整体协调发展有待优化。

(三)绿色维度:外力驱动生态建设明显,绿色发展任重道远

随着农村生态文明建设工作不断深入,农村的垃圾、污水整治取得很大成效,农村基础设施建设逐步改善,村容村貌大多焕然一新,乡村生态保护与修复工程也在逐步展开,乡村生态环境改善,促使乡村旅游的良性发展。但是,以往粗放型乡村旅游发展方式及其影响依然广泛存在,如乡村旅游无节制开发导致野生动植物、珍稀资源耗竭,原生态自然景观被破坏,这些都很难逆转,需要很长时间修复。在乡村旅游经营过程中,经营者更多看中的是经济利益,"生态让位经济"的现象屡见不鲜,如兴建土木工程和发展餐饮住宿业的过程中不注重生态保护等。总而言之,一方面,大多数乡村旅游者对绿色生态产品的需求催生绿色生态市场发展,国家加大政策扶持力度也使绿色发展有一定保障,外力驱动生态效应显著;另一方面,粗放型的乡村旅游发展方式尚未根本转变为集约、循环式发展,以牺牲环境为代价追求经济发展的方式还未根本改变,乡村旅游经营者的环保意识不强,短视的发展观不利于乡村旅游长远发展。

(四)开放维度:地域局限性显著,内外联动发展不足

近年来,我国乡村旅游接待游客数量逐年上升,旅游消费金额逐年攀升,但是,总体上我国乡村旅游地域局限性显著,产业结构需要优化升级,亟须打造开放型经济发展新格局。我国乡村旅游产品、服务类型单一,景区知名度不高,美誉度一般,大多只在本地占有优势,较少乡村旅游项目在全国具有吸引力。虽然乡村旅游与电子商务结合日益密切,游客可在电商平台搜索自己感兴趣的内容,但是,这些中小型乡村旅游经

营者自主搭建的电商经营平台大多流于形式,与大型电商平台差距较大。我国乡村旅游产业内部合作少、功能单一、产业集群发展水平不高,三产融合发展程度较低。乡村旅游消费主体以国内游客为主,国外消费者比例相对较低,对外合作交流不足,尤其在金融、技术、人才等方面。如何利用国际、国内两个市场资源发展我国乡村生态旅游业是现实问题。

(五)共享维度:共享性显现,共建共治发展空间大

乡村旅游业的蓬勃发展,不仅推动农村经济社会发展,增加农民收入,而且改善了乡村生态环境,广大人民群众受益良多。近年来,共享经济的发展为乡村旅游带来新的契机,乡村闲置的个人和集体资源得以再利用,不仅丰富了乡村旅游供给,使共享主体获得额外收益,也减少重复投资带来的资源消耗,对生态环境起到一定保护作用。乡村生态、绿色闲置资源通过共享平台可被游客自主选择,成为乡村旅游的新增长点。如海南省、武汉市、西安市高陵区、山西省吕梁市等地区推出的共享农庄,意在发展集循环农业、创意农业、农事体验、服务功能于一体的农庄经济,游客可以通过自助方式选择参与生态农业项目,更能满足游客个性化的需求。当前,我国乡村旅游共享经济正处于初级发展期。总体上,我国形成了多元主体参与乡村旅游发展的格局,但是作为广大旅游地村民,除了直接在旅游区服务、管理工作中受益的村民外,广大当地村民参与共建共治的热情不高。此外,生态旅游精准扶贫作为旅游扶贫、产业扶贫的重要方式,能够使贫困村庄、贫困农民共享乡村旅游发展成果。

三、乡村旅游可持续发展的路径探讨

就上述基于新发展理念的五大维度分析当前乡村旅游发展的现存困境,可从强化特色创新、统筹协调优化、深化绿色改革、注重以人为本等层面提出了推进乡村旅游可持续发展的路径。

(一)强化特色创新,推进可持续发展

脱离本土、缺少特色、千篇一律的项目不能满足人民群众日益增长的对旅游产品多样化和个性化的需求,势必被市场淘汰,必须立足本土优势,坚持创新发展理念,通过提高乡村旅游的质量实现可持续发展。一是坚持创新为第一动力,从过度依赖资源向创新驱动转变,注重深度发掘和利用村容风貌、风俗习惯、田园山水等特色资源,在吃、住、行、游、购、娱这些活动中融入生态、文化、健康等要素,增加乡村旅游产品和服务的异质性和附加值,提升乡村旅游产品和服务的吸引力。如四川成都农家乐五朵金花、浙江"丽水山居"农家乐综合体,通过"农业+"的创意发展,整合本地多重要素,开发独具地方特色的乡村旅游多功能生态休闲项目。二是深挖市场消费潜力,加大创新投入力度,积极打造核心优势产品和服务,推进乡村旅游项目提档升级,开拓中高端乡村旅游产业发展路线。如浙江省德清县莫干山麓"洋家乐"低碳休闲新业态、北京蓝调薰衣草庄园"花卉浪漫婚庆产业"等都是典型的代表。三是加强现代农业技术、信息技术、智能技术等研发及对乡村旅游业的支持和服务,通过科技创新整合发挥乡村旅游生态资源要素的优势,提升现代乡村旅游业发展水平。

(二)统筹协调优化,推进可持续发展

乡村生态环境既是乡村旅游发展的基础也是重要保障,要统筹提升整体效能,促使多元主体协调推进。一是遵循时代发展趋势,重视顶层设计全域旅游,全面布局乡村旅游规划,将整体规划和局部规划结合,促使乡村各要素在系统间能够多层次协调,优化资源、空间布局,打造新型生态旅游功能区,实现区域综合发展。二是立足乡村资源和环境的承载能力发展乡村旅游,深入推进乡村旅游生态领域的精细化管理,健全市场化多元化生态补偿机制,完善问责制度,加大监管惩处执行力度,促使乡村生态发展及保护政策能落到实处。三是完善乡村生态旅游发展过程中的激励和约束机制,加强宣传引导,健全协调机制,搭建沟通平台,明确乡村旅游建设运营商的责任,深入打造乡村旅游生态示范区,重视发挥示范作用,鼓励、扶持乡村旅游业优化生态管理,强化广大游客和村民的生态环保意识,促使多元主体改进乡村旅游生态发展的滞后领域。

(三)深化绿色改革,推进可持续发展

"生态"是乡村旅游不可放弃的"亮点",必须通过深化改革,增强内生驱动力,从绿色供给到绿色消费,从绿色开发、管理、服务、保护的全过程入手,促使乡村绿色旅游发展成为新常态。一是切实转变粗放型乡村旅游发展方式,向集约型旅游发展方式转变,加快生态农业产业转型升级,提高绿色旅游产品和服务的有效供给,优化旅游产品结构,满足广大游客对美好生活和多元化绿色旅游的需求。二是塑造绿色旅游消费观,倡导绿色低碳的乡村旅游方式和出行方式,使游客形成绿色旅游消费自觉。三是完善法律及政策制度,积极引领市场主体合理开发,培育发展绿色经济,形成绿色发展内在动力。四是加快推进乡村旅游管理和服务改革,注重乡村旅游业内在优化,加强人才队伍建设,细化管理制度,提升行业管理质量和服务水平。五是加强乡村旅游的基础设施建设和公共服务供给,打造绿色饭店、酒店,全方位提升绿色景区品质。

(四)强化内外联动,推进可持续发展

乡村旅游作为我国旅游业的重要组成部分,要立足国内,充分发挥生态资源、市场经济和制度机制等优势,提高乡村旅游生态产业发展水平,同时也要面向国际,加强合作与交流,实现互利共赢,全面提高开放水平。一方面,乡村旅游业应更加积极主动实施开放战略,打破地域局限,发展好国内市场。要大力实施品牌战略,注重塑造优质品牌形象,加强乡村旅游行业公关,深度利用电子商务营销推广,强化与携程旅行、去哪儿旅行、同程旅行、阿里旅行、美团、大众点评等的合作,进一步提升旅游产品和服务的认知度、美誉度及和谐度,提高国内市场竞争力。通过平台优化、机制带动、技术支持,推动乡村一二三产业融合发展,积极引导、扶持乡村生态旅游产业集群发展,加快发展观光农业、体验农业、教育农业等,延伸旅游产业链条,提高乡村旅游产业效益。另一方面,乡村旅游发展应该更加注重国际交流与合作,积极引进国际市场资源,建立健全金融合作机制,重视引入生态、信息技术等具有本土优势的新兴旅游产业,借鉴成功经验,积极培育和打造国际知名的乡村生态旅游项目,不断扩大境外消费市场,通过更加开放的举措打造全面开放新格局。

(五)注重以人为本,推进可持续发展

发展乡村旅游要坚持以人民为中心,共建共治,发展成果才能惠及各方。当前以互联网、物联网技术为基础的乡村共享生态经济整体发展水平还不高,要加快推进我国农村互联网建设,积极打造全国性、区域性的共享经济平台,构建完善的资金信用体系。要积极推进全域旅游、智慧旅游,充分发动广大群众积极参与,重视推广生态共享,促使乡村旅游生态、绿色资源能够与市场实现有效对接。针对各地村民对于生态旅游普遍参与度不高的问题,有关执行部门应注重政策引导,积极吸纳村民参与规划建设,充分考虑当地村民诉求,让村民共享乡村旅游带来的各种利益。要加强法律制度宣传和素质技能培训教育工作,搭建监督平台,推行有奖举报,促使广大村民能够有序参与到生态管理、环境监督工作中来。深入推进乡村生态旅游精准扶贫项目,发动扶贫户主动参与生产和劳作,参与旅游项目运营建设的过程,提高贫困农民劳动报酬。对于个别乡村生态旅游扶贫项目的腐败行为,应强化源头治理,对于违法犯罪的行为要加大惩处力度。乡村旅游持续、健康发展离不开广大人民群众的共同支持、共同参与,这也是我国坚持共享理念,维护社会公平、正义的体现。

第三章　乡村旅游设施开发与运营

近年来,乡村旅游的迅猛发展引起国家的重视。2019年2月19日,中共中央通过新华社发布了《国务院关于坚持农业农村优先发展做好"三农"工作的若干意见》(以下简称《意见》)。《意见》指出,要发展好乡村新型服务业,拓宽农民增收渠道;要充分发挥乡村资源、生态和文化优势,发展适应城乡居民需要的休闲旅游、餐饮民宿、文化体验、健康养生、养老服务等产业;加强乡村旅游基础设施建设,改善卫生、交通、信息、邮政等公共服务设施。

第一节　乡村旅游设施建设的要求与原则

乡村旅游开发者和运营户在建设配套设施时,需遵循一些要求和原则:

一、总体要求

(一)重环境营造,轻设施建设

乡村旅游产品的核心是自然生态,厌烦了城市喧嚣的城市居民到农家就是为了亲近自然、享受自然。因此,应当善用农业资源,重视乡村环境营造,设计出有特色的乡村旅游产品,与环境融为一体,保持耐看和与城市生活极度反差的乡村体验。相反,高耸的水泥设施物,艳丽的人工水景、外来植物,过于表现的景观设计,与乡间景观格格不入,破坏了乡村田野的景观效果,将不再吸引都市的居民。如一些乡村的"山庄"频频修建高楼饭店,豪华程度也直追都市,走进这些"山庄",处处是发动机的轰鸣,摩托车的奔驰,已将都市的文明符号移植、楔入山沟,破坏了乡村的质朴与宁静,也破坏了乡村旅游的自身优势。

乡村旅游场景犹如一幅农耕图画,每一构图元素都应体现田园特色,在环境营造上应精选构图符号,明确表达出农耕寓意,增强乡村旅游吸引力,这是乡村旅游产品的高级阶段。事实上,种田犹如绘画着色,在收获农作物果实的同时,也收获了田园风光的缤纷色彩,如具有旅游知识的种植者种植"迷宫田",他们将田埂渠道设计成迷宫线路,使游客在青纱帐内游走;有的将菜园种成"迷宫园",各路段设瓜果蔬菜等奖品以提高旅游者兴趣,在田园适宜处设石凳、石桌、遮阳伞,增加了游憩功能,同时营造了极佳的乡村环境。

(二)多做"减法",少做"加法"

在旅游规划实践中,往往一谈到建设,人们首先想到的是新建些什么建筑、房舍、道路等设施内容,很少想到要适当拆除、删去什么。其实,在乡村旅游设施的建设中,应适度考虑多做些"减法",少做些"加法"。在乡村原有环境中,做"减法"是减去污浊求净化,减去异质求纯粹,减去繁杂求自然,减去烦嚣求宁静,努力追求大自然的意境。因此,"减法"比"加法"更经济,更利于资源保护及产业的可持续发展。

(三)以单纯朴实为基调,不求都市的浮华

乡村旅游所用的各种设施,避免豪华与富丽堂皇,要简约而不失整洁,睡的床、用餐的桌、坐躺的椅,或木或竹,散发出自然的清香。有些地方在乡村旅游开发建设上脱离了朴素、自然与协调,贪大求洋,追求豪华,不仅与乡村旅游内涵相脱离,而且还破坏了当地资源和环境。有的地方不对本地乡村资源优势和本地风土人情认真调查和研究,不切实际,生搬硬套,效果并不理想。

研究表明,乡村环境可以用生活博物馆的概念来塑造,比较符合单纯朴实、不求都市浮华的总体要求。乡村旅游追求的是淳朴、自然,是身处钢筋水泥楼群、行色匆匆的人们所向往的,是时尚、清新、返璞归真的概念。

二、基本原则

乡村旅游设施建设是乡村旅游得以长效发展的前提,也唯有不断完善设施,才能更好地推动旅游产品创新、服务升级。因此,各地在对乡村旅游开发过程中应该注重乡村旅游设施建设,并遵循一定的原则和思路,从乡村旅游实际角度出发,充分考虑旅游者的旅游体验,以更为完善的设施建设来欢迎全国各地的游客。只有不断提升乡村旅游服务质量,更好地为旅游者提供旅游服务,才能够提升乡村旅游的品位,才能够进一步发挥乡村旅游在农村经济社会发展中的作用,才能够更好地落实乡村振兴战略。

(一)分散与集中相结合原则

乡村旅游在发展过程中具有其内在特点,因此在乡村旅游设施建设过程中也应该遵循一定的原则。乡村旅游在开发之前应该进行科学合理规划,在旅游设施建设上应该按照分散和集中原则加以有效落实。在乡村旅游景区的入口处和核心处应该设置相应的服务设施并进行集中布局,满足旅游者在入口处和核心景点的旅游需求。同时还应该在旅游景点的各处设置相应的分散式服务设施,通过科学合理布局,既能够满足旅游者的旅游需求,同时也能够提升旅游设施的使用效率。

(二)乡土性与艺术性原则

当前很多乡村旅游地在设施建设上更多是照搬照抄成功典型,没有结合自身乡村旅游发展的资源优势和文化特点,导致乡村旅游开发缺乏特色,很难吸引到游客。因此在乡村旅游开发过程中应该结合本地的风土人情和文化特点,突出设施建设的艺术性和乡土性原则。在乡村旅游设施建设过程中,应该对本地的文化加以了解和整合,提炼出具有本地特色的乡土符号,并将这些乡土符号运用到乡村旅游设施建设之中。特别是在建筑和景观打造上既要体现其艺术性,也要体现其乡土性,可以借鉴乡村老房子的建筑方式,成本低、能耗少,建筑材料的取得与加工也很方便。坚持将乡土性与艺术性有效融合,构建更为完善的旅游设施,按照均衡、韵律的基本原则提升旅游设施的美感。

(三)生态性原则

乡村旅游既需要给旅游者提供完善的服务,同时也应该让旅游者欣赏到本地优美的自然风光。在旅游服务设施建设之前,应该对其进行科学合理规划,本着保护乡村生态环境的原则对乡村旅游设施进行科学合理布局,突出其生态性原则。因此,乡村旅游设施与装修要"土"。四川某政府官员说得好:"我们搞乡村旅游,'洋'不起,'土'到底,以农招客,以土助兴。"如果以水景改造为例,具体要做到:

让天然的溪水流过园地,弯曲蓄水;

利用流动的水,创造多样的玩水乐趣;

改善现有鱼池或池塘,增加水岸的多样性;

利用水的高差创造天然喷泉;

利用静止的水,做一个很生态的角落;

让地下水与水井成为趣味与知识的来源;

发展水田中的游戏。

在旅游设施建设上,乡村旅游设施的使用材料取之自然,通常采用农民可自己生产或就地取材的自然材料,既不能破坏本地原有的生态系统,也不能影响居民的正常生活,同时还要满足旅游者的旅游需求。

(四)物尽其用原则

这里所说的物尽其用,是指尽量利用闲置空间。乡村旅游设施建设可以减少不必要的人工设施,尽量利用闲置空间。乡村地域广阔,变化缓慢,至今保留着大量社会变迁、历史更替的文化遗存,如宗祠、农舍、田埂道、水塘、水井、沿河岸边的摆渡码头和生活简易设施,现代人的回归心理使他们乐于到乡村去寻根问祖。乡村处处有闲置空间,大树绿荫下、水塘旁、野花小径、荷花池畔、茶园里,只要用心创造,这些地方都有可能成为浪漫空间,让人能舒适地感受到阳光、雨水等自然气息以及满眼的乡村美景。

近几年,由于农村劳动力大量转移,留下许多闲置空间,如仓库、房舍与田地等,此外还有许多能满足游客需求的设施物,如对外联系的道路、路标与排水系统、餐厅、厕所、步道、铺面、休憩坐椅、凉亭、平台栏杆及垃圾桶等。这些设施物,如果新建,不但有人工化之嫌,而且花费大,但如果充分利用闲置空间并加以改善,可以减少对乡村环境的冲击,如将仓库改作为服务中心或利用田埂作为步道等。

第二节 乡村旅游设施的建设

旅游是一种复杂的社会经济,对于真正意义上的永久不衰的乡村旅游来讲,仅有资源和热情好客的心是远远不够的。面对成群的旅游者到来,怎么让他们观有美景、食有佳肴、行有道路、住有房舍、购有特产、玩有体验,对古镇、村庄、农庄、林牧场等任何形式的乡村旅游形态,都必须要做一定的改造和建设。旅游的食、住、行、游、购、娱六要素,乡村旅游也缺一不可。但作为一个乡村旅游的目的地,前期对基础设施的建设是首要的。

乡村旅游的基础设施是在原有的乡村面貌基础上进行改造和重构,为乡村旅游业的生产和居民生活提供公共服务的物质工程设施,是用于保证当地乡村旅游经济活动正常进行的公共服务系统,不仅要满足旅游地本地居民生活需求,还要满足旅游者对基础设施的需求。

而乡村旅游的配套设施是为旅游业服务的相关设施,除开起码的基础设施外,主要指旅游接待设施(包括停车场、酒店、饭店等)、旅游购物设施、娱乐设施、医疗救护设施等。旅游配套设施主要是满足旅游者的旅游需求,以旅游者需求为设计导向。

一、厕所、垃圾站与污水处理设施

到乡村旅游的游客大都来自城市,他们对住宿、餐饮的卫生要求较高。然而,目前我国大多数乡村地区卫生条件不甚理想,厨房和厕所环境较差,让游人十分担心乡村的卫生条件,尤其不能容忍的是乡村厕所,简易的旱厕,且多用乱石或土砖堆砌而成。乡村旅游发展随之产生的生活垃圾和污水,引起环境、水质的污染,增加了生态环境的压力。因此,乡村旅游必须加强乡村厕所、垃圾站与污水处理设施的建设。

(一)乡村厕所

2015年4月1日,习近平总书记专门就厕所革命和文明旅游作出重要批示,要求我们从小处着眼,从实处着手,不断提升旅游品质;要发扬钉钉子精神,采取有针对性措施,一件接着一件抓,抓一件成一件,积小胜为大胜,推动我国旅游业迈上新台阶。2017年11月,习近平总书记就旅游系统推进"厕所革命"工作取得的成效作出重要指示。截至10月底,全国共新改建旅游厕所6.8万座,超过目标任务的19.3%。"厕所革命"逐步从景区扩展到全域、从城市扩展到农村、从数量增加到质量提升,受到广大群众和游客的普遍欢迎。

若乡村旅游地的环境卫生较差,就会严重影响游客的出游体验,损害乡村旅游地整体的旅游形象。配套完善旅游厕所设施,提升旅游环境卫生与旅游公共服务设施建设,有利于乡村旅游的可持续发展。

1. 设计要求与原则

设计要求:

(1)设于旅游景点下风处,以避免异味散布;

(2)设于非主要景观的眺望范围内,以免影响游客视觉感受;

(3)有指示标志引导;

(4)尽量附设于主要建筑物内,以避免独立式厕所零星散布,破坏景观,同时要有通风设施,解决气味问题;

(5)尽量远离水源,避免化粪池破裂渗漏污染水源;

(6)地坪材料应具止滑效果,尽量不采用坐便器,主要以蹲坑为宜。

设计原则:

(1)基础原则:设施合理化

一方面,新建厕所需要在空间布局和区位选择上实现合理化。旅游厕所地址的选取,不应简单的按照地形的要求来进行,而应以厕所的使用需求作为主要依据,新建的旅游厕所应考虑旅游景区、旅游线路沿线、交通集散点、旅游餐馆、旅游娱乐场所、休闲步行区等区域游客的使用需求,空间上进行合理的规划布局,甚至可以根据热点景区、旅游旺季的需求在部分区域设置"移动厕所"。另一方面,新建和改扩建厕所需要在使用功能和配套设施上实现合理化。旅游厕所既要满足普通游客的基本需求,还需要充分考虑到特殊游客的要求,比如设置无障碍坡道、设置老年人、行动不便人群的专用厕门,设置婴幼儿搭理台、增加女厕位比例等。

(2)融合原则:设计景观化

旅游厕所的设计要有先进的设计理念,体现出人性化、环保节能、经济合理、可持续使用和维护成本低,与自然环境易融合,体现所在地区的地域特色。

建设旅游厕所过程中要秉承"景观化"的设计原则。建筑风格、色调等力求与周围环境协调一致,倡导节约环保、就地取材,积极采用节水、节能、除臭等新技术、新材料,建设生态、低碳和环保的景观性厕所。

旅游厕所设计要体现地域文化特色。不管旅游目的地或者景区是何种类型,既然旅游厕所从属于本地区域,那么在设计的过程中就应该集体中体现景区的本土知识和地域文化特征。厕所建筑风格、内部装饰、墙壁文化等可以作为历史文化及地方民俗风情的载体,从而更有利于厕所和景区环境的完美融合,让司空见惯的便座,经过艺术化设计而演变成供人们欣赏的艺术品,使厕所成为一种文化体验和美好享受。

(3)提升原则:服务人性化

在很多旅游地都能看到类似"此处禁止大小便"的牌匾、女厕排队长龙等非常普遍现象。其实从时间、空间上来看,大多数游客在此时此地具有普遍性的厕所需求,而管理者并没有考虑游客之所急,而是高高在上、强令禁止,暴露出我国在旅游服务管理体系和理念上存在缺陷。提升服务水平和转变服务理念势在必行。

各地旅游管理部门应对本区域内现有旅游厕所的分布、数量、男女厕位比例、残疾人专用厕所等进行科学规划,做到布局合理、管用够用、质量优良、数量和蹲位与游客容量和增量相适应。其次,旅游作为服务行业,就应该结合游客对厕所需求的多样性特征提供人性化服务。一是树立游客至上的服务理念;二是提供不同群体游客所需的服务设施;三是满足游客新兴需求的服务内容。

(4)保障原则:管理规范化

厕所即是旅游景区的配套设施,更是旅游目的地重要的公共服务设施。旅游厕所的管理规范化需"三力"融合:

一为管理能力:为了预防景区厕所重建轻管的不良倾向,将旅游厕所管理纳入主管部门考核、景区评级、门票价格政策、企业内部管理等的评价机制当中,促使景区在旅游厕所的日常维护和运营管理方面完善制约机制,强化规范管理。

二为监管能力:应细化服务监管机制,监理监督举报制度,鼓励全民参与监督,实现责任到"人",管理到"位"。

三为公共合力:各主体单位在运营、管理、监督中形成合力,产生聚力,带动效力。如:组建厕所协会等行业组织落实旅游厕所管理政策和制度;旅游旺季和地方性节事活动中,多方协调一致,可积极提倡、鼓励社会经营单位和机关事业单位向广大游客免费开放厕所,解决集中性如厕问题。

2.建设注意因素

(1)景观化。乡村厕所的设计在满足功能需要的基础上,应具有景观效果,与地景相融合。

(2)水冲式。旱厕让城市居民难以忍受,不堪入目,当然粪便在卫生间冲洗过后,不宜直接流入沟渠、堰河,否则既浪费有机肥料资源,也会给下游造成直接污染。

(3)地点选择。在乡村主要建筑物或重要活动区内,以及较长游步道的途中,为方便游客使用并防止环境污染,可适当设置公共厕所设施。

(4)数量安排。有关卫生设备数量与面积的估计,往往是以乡村旅游地的高峰时日接待游人量为基础,并预估使用的周转率,推算高峰期每小时的活动人数,同时依据男女不同的使用特性与需求,估算所需的男厕及女厕的需求量。

(5)配套设施。①厕所应设洗手盆和水龙头等洁手设备,宜配洗手液容器和干手设备。洁手设备若放在厕位间内,则每个厕位都应配置。无上水条件的厕所洁手设备可采用雨水收集、干式净手器等新技术。②厕所应设面镜。③厕所根据地区气候宜提供降温和取暖设施。④洗手区域应配置废弃物收集容器。⑤应设置灭火设备。⑥应配备必要的保洁工具。

3.创新发展

(1)重视厕所文化建设。通过教育引导,推进观念革新。"旅游厕所革命"的第一步就是要重建厕所文明,从娃娃抓起,呼吁社会重视厕所文化;充分发挥媒体平台的宣传监督作用,既以此宣扬文明健康的厕所文化,也通过报道建设不规范的旅游厕所或如厕不文明行为来促进政府和民众对厕所文化的重视;尽早出台适应新形势的旅游厕所评定标准,反对豪华奢侈,向实用、环保、卫生、简约的目标发展。

(2)做好旅游厕所规划布局工作。通过考察游客流量、流向、使用习惯、使用时间等,确认每个区域旅游厕所的使用率,从而确定旅游厕所的数量和相邻厕所的间隔距离,提高旅游厕所的可及性和实用性。在重大节庆活动或景区旺季时,可适当增加移动厕所数量。除了布局、数量影响旅游厕所的可及性外,指向标识也是重要的因素。旅游厕所建设要注意显化,但对范围不大、景色秀美的旅游景区,旅游厕所建设应以隐蔽为主,尽量避开景观敏感度高的地带。

(3)提供更加全面周到的服务。在完善基本功能的前提下,旅游厕所作为一个游憩和放松的场所,应通过增加辅助功能来为游客提供更人性化、更周到的服务。在条件许可下设计母婴服务专用空间、儿童专用间、无性别卫生间等,方便携带小孩和老人出游的家庭。其次,在厕所门口设置行李寄存柜方便旅游购物人群;通过装饰品、艺术品点缀和播放音乐等手段,既给人美的享受,又掩饰不雅的声音;在旅游厕所外面提供免费直饮水,摆设长沙发、桌椅,放置玩具、杂志和画报等,把旅游厕所提升到一个集休闲、阅读和补妆等功能于一体的空间。

(二)垃圾处理

1. 垃圾量估计

依据所估算的乡村旅游地常住人员及到访游客数量,参考相关环境保护统计的地区平均每人每日垃圾清运量资料,并依据使用性质加以估算。

2. 垃圾桶的设计

(1)位置接近走道、马路,并且有服务车道,以便于收集;

(2)须远离地下水源使用区,且以植物阻隔,以免破坏景观及水源卫生;

(3)须加盖、分类,便于清理;

(4)在全区适当地点摆设,贮放时间一日为宜,以免垃圾发臭;

(5)考虑风、雨及日晒,避免垃圾四处飞扬;

(6)造型应与主题及周围自然环境配合。

3.废弃物处理原则

(1)集中处理,应予加盖,并维护周围环境卫生;

(2)提供足够数量的垃圾桶,主要步道旁间距500米设置一处,其余地段视活动性质与游憩人数规模而定;在游客集中区域(景区出入口、停车场、住宿点、餐馆、商店等)要多放置一些;

(3)设置地点隐蔽,以不影响游憩品质与饮用水品质为前提,避免破坏环境景观;

(4)做好垃圾分类,设置回收桶,纳入垃圾搜集系统以便回收处理;

(5)废弃物储存容器应保持完好,材质与废弃物具相容性,容器外标示所盛装的废弃物类别;

(6)废弃物在清除或存储期间,不得发生飞扬、逸散、渗出、污染地面或散发恶臭等情形;

(7)废弃物储存设施地面应坚固,四周防止地表水流入,有防止产生的废水、废气、恶臭等污染地面水、地表水、空气等的措施。

4.垃圾的处理

垃圾处理的目的是无害化、资源化和减量化。减量化是解决景区垃圾问题的关键。减量主要包括垃圾生产量的减少以及垃圾自身的减少。垃圾中有大量的、可回收利用的资源,例如塑料、纸张、玻璃、木材、金属等,而且推广垃圾回收也可以实现垃圾的减量。

(三)供水与污水处理

1.供水系统

供水系统用水量的估算,可依据乡村旅游地的不同使用者及使用日划分,使用者有园区员工与到访游客两种。园区员工是以经营管理的实际需求予以估计,到访游客数量则以乡村旅游地的最大承载量或假日高峰量估计,到访游客数中又可分为住宿游客及非住宿游客。供水系统的规划原则主要有:

(1)根据高峰游客的需求与地形条件,设置自来水蓄水池或配水站;

(2)供水管线的配置需考虑所需供给的水压强度与瞬间最大供水量;

(3)供水管线埋藏于地下,如暴露于公共主要路线时,应美化处理;

(4)管径50~300毫米最小覆土深度1米,管径350~500毫米最小覆土深度1.2米;

(5)供水干管沿道路及绿化带布设,于适当地点配置设入孔,以利于日后维修;

(6)管中流速最大限制为3米/秒,最小限制为0.3米/秒,以避免管中压力过大,造成漏水及安全隐患。

2.污水下水道系统

乡村旅游地所产生的污水主要为生活污水,而生活污水产生量则受游客人数的影响,平常与节假日差异甚大,一般生活污水量的估算方式可按自来水用水量的80%来估算。乡村旅游地的污水来源有两种,一种为乡村旅游地开发期间所产生的混浊污水,另一种则为乡村旅游地营运期间所产生的一般污水与厕所废水。由于污水处理相关设施兴建无法满足短期实质的经济效益,如何落实污水处理工程系统,以维护整体环境,达到生态平衡的目的,刻不容缓,其规划原则主要有:

(1)设置污水处理设施或简易污水处理设备,并应防范对海洋及河流等水源的污染;

(2)污水处理设施的规模与性质,视发展规模及休闲游憩功能性质而定;

(3)污水与雨水分开排放,同时避开供水管线,以免造成饮用水污染;

(4)以暗管为主,最小覆土深度不少于1米,以避免管线裸露,造成不雅景观;

(5)排水管线流量设计以高峰污水量的1.5~2倍为宜,材料坚固、耐用;

(6)污水处理厂的位置应使整个区内废水以重力方式送达为原则,尽可能缩短集水管路。

3.污水处理方法

乡村旅游地的污水处理设施建设应以批准的当地水污染治理规划、国家有关整治及新农村建设的政策为主要依据,根据当地的具体情况和要求,综合考虑经济发展与环境保护、排放与利用等关系,充分利用现有条件和设施。

污水处理设施通常布置于乡村旅游地边缘,但也可通过一个区域性管网输送到某个中心污水厂。在分阶段进行规划的地区,污水处理应选择在能承受最后阶段的污水容量的地方。污水处理应当采用适合农村的污水处理技术。

污水处理的物理——生物过程有以下几种方式:

(1)地面过滤或渗透过滤的化粪池(厌氧分解);

(2)使用罐车定期清空,适用于小规模开发项目或相对独立的景点;

(3)活性泥化处理——催化筛选、氧化处理和沉降池;

(4)沉积与通风处理,适用于大型开发项目。

二、交通与绿化建设

交通是旅游业发展的必要条件,处理好交通问题,一方面促进以旅游为支撑产业的乡镇经济的发展;另一方面,交通条件的改善不仅仅会使旅游产业受益,此纽带可以带动乡村农业和工业等其他产业的发展,使城乡和谐发展。对普通的游客来讲,不论乡村旅游地(点)的景观如何优美、资源如何丰富,若无法顺畅地进入景区从事游憩活动、获得体验,该景区对游客而言将毫无意义。交通便利与否将直接决定游客的旅游流向,即使是有车一族,因爱惜自己的车,也不愿去偏僻地段,从而会选择交通状况良好的乡村旅游地。因此,便利的交通是乡村旅游成功经营的重要因素,是乡村旅游设施的重要一环。

(一)乡村旅游交通特征及现实分析

1. 游客节假日呈爆发状,交通供给失衡

乡村旅游最主要的客源就是景区附近城镇的人,而城镇游客的空余时间是节假日,所以乡村旅游在节假日就会明显增多,乡村旅游交通也相应的在节假日会变得异常繁忙。短时间内的车辆猛增会成倍加剧旅游交通的压力,造成交通拥堵,事故频发等情况,原本只供通勤使用的交通设施根本无法满足游客的需求。

2. 车辆样式复杂

在乡村道路上见到的少量高档车基本上都是游客的私家车,而其他的大部分是电动车、摩托车、农用车、中巴车甚至是货车。电动车、摩托车是乡村居民用于个人交通,农用车或大货车是用于货运,中巴是乡村居民的通勤交通工具。纷繁复杂的车辆,加上这些车辆的质量参差不齐,增加了乡村旅游交通的安全隐患。

3. 交通服务要求高

乡村旅游交通相对于平常时的通勤交通来说,交通服务要求更高,乡村旅游交通更加强调交通工具的便捷性与舒适性。自驾车游客对电子导航和道路的指示牌依赖性极强,所以要完善乡村旅游交通的信息化配套服务。

4. 道路相对狭小,安全系数低

乡村道路建设是为了方便乡村居民日常出入用的,政府对道路建设投入有限,所以乡村道路普遍狭小,勉强够让车。道路的狭小严重限制了行车的速度,限制了乡村旅游交通的便捷性、舒适性,而且安全系数明显降低。发生事故会造成整条道路瘫痪,车辆无法行走。

5. 交通发展难度大

乡村旅游景点位于城郊,有些景点发展还没有具备一定规模,或者景点的知名度不高,吸引力不够,没有稳定的客源。政府如果加大对乡村旅游交通建设的投入就会面临社会效益与经济效益的两难选择。而且道路的施工建设会严重影响居民的日常生活,也会对乡村旅游交通的发展形成一定的阻挠。

6.季节性强

乡村农业生产活动有春、夏、秋、冬四季之分,夏、秋季节农业旅游火爆,冬、春季节旅游清淡。部分景点客运需求不集中,很难达到规模经营,因此对于按固定班次、固定线路运营的常规地面公交运营方式而言,从票价和收入角度考虑,旅游客运经营者的负担较重,是妨碍乡村旅游交通发展的重要因素。

(二)乡村旅游交通的游客性要求

1.安全要求

安全是人类的基本需要之一。尽管外出旅游不是为了求得安全的需要,但求安全心理却是每一位旅游者出门远游时的共同心理特征。对旅途中不可测因素的担忧,使人们对旅游交通安全的关注度更高。虽然现代交通的安全性日益提高,交通事故日益减少,但仍有伤亡事故发生。当旅游安全受到威胁时,旅游者可能会考虑改变行程。所以,交通安全是旅游者对旅游交通的最基本要求,也是最重要的要求。各从事旅游交通工作的部门和个人都要明确意识到安全工作的重要性,确保旅游者的安全。

2.快捷要求

一般来说,旅游的时间都是非常有限的。在有限的时间中,旅游者无不希望能快捷地到达目的地,从而游览到更多的景点,乘兴而来,尽兴而归。可以说交通状况在很大程度上决定了旅游目的地和景点的可进入性。交通行业在其自身发展中应充分考虑到对旅游业的影响,尤其是注意对旅游者心理需求的满足。因为这反过来会影响到交通的良性循环。其中应考虑到两个原则:

(1)直达原则。交通服务首先应考虑到游客对到达目的地的高度渴望心理,尽量安排快捷直达的交通工具,避免过多地更换交通工具增加游客的经济、体力消耗。直达可以更好地确保游客的财物和人身安全,使游客产生首因效应,获得美好的第一印象,为后续的旅游奠定一个良好的开端。

(2)省时原则。旅游交通服务应尽量减少旅客的在途时间。旅游中,人们不仅考虑金钱花费,也关注时间耗费。而且在现代旅游中,人们往往选择耗时少的交通工具。因此,旅途耗时多少直接关系到一个地区旅游业发展的状况。

3.交通环境温馨、舒适要求

旅游者在旅游中一个重要的心理诉求就是消除紧张感,获得轻松感和解放感。特别是人在旅途,只有消除了紧张感,才能全身心地投入到旅游中,充分享受旅游的乐趣。因此,交通环境的好坏也会对旅游者产生影响。这里的环境既包括交通工具在内的环境,也包括外在的自然和人文环境。

(1)内在环境的温馨

旅游不仅是对旅游地区及其景点的游览,实际上也是一个过程。一旦乘坐上交通工具,旅游就已开始。人们常用"旅途愉快"作为对整个旅途的祝愿。温馨舒适体现在交通工具的内在环境上,如果交通工具噪音大、颠簸动荡、空气浑浊沉闷、空间狭小、座位不合适、卫生设施不齐备都会给旅客带来不便,导致不愉快。因此,为旅客营造家庭式的内在环境是交通部门应该重视的问题。现在,许多旅游车、船、飞机装上了影视音乐设备,提供报刊杂志,以增加游客途中乐趣,使游客备感温馨。

交通服务富有人情味也是营造温馨环境的重要组成部分。旅游交通中的服务必须突破现实社会的窠臼,多营造一些轻松愉悦的场景,变商业化、社会化为人情化、家庭化,把人情味渗透到服务的各个环节,给人以平和、亲切、真诚温馨之感,消除游客的防范、隔膜心理,使游客体味到回家的感觉,从而身心得到放松和愉悦。

(2)外在环境的温馨

交通的外在环境在旅游中也扮演着相当重要的角色,它和内在环境互为表里、相辅相成、相得益彰。单调的环境易使人疲劳。比如高速公路两旁大都是水泥柱、铁丝网、稀疏而单一的树木甚至是光秃秃的一无所有,给人单调、枯燥、乏味之感。如果多种植花草树木,且注意品种和色彩的变化,就可增加游客视觉的新鲜感、动感和美感,减少和消除单调所造成的视觉疲劳,也有利于司机安全驾驶。加之沿途的田园风光、姿态各异的地形地貌,游客的心情无疑会备感舒畅。所以,交通部门除了保证交通畅通,还应重视与之配套的外在环境的建设。

4. 交通手段富于变化要求

目前,我国的旅游交通手段大都整齐划一,只考虑到健康成人的一般需求,而没有考虑到不同人的多层次需要,尤其是弱势群体的需要,往往给游客带来诸多不便。由于游客的经济、民族、年龄、身体等状况无不存在差异,因而,旅游交通手段也应多样化。如果一刀切、一个标准,就势必将相当多的旅游者乃至潜在的旅游者拒之门外。旅游交通手段应充分考虑到不同行业、不同层次人士的口味和需求。尤其是要重视和照顾到独特群体的特殊需求。旅游区的局部交通,也应顾及到游客求新求异心理,提供富于地方特色的交通手段。

(三)乡村旅游交通规划

乡村旅游交通的空间布局、数量和质量都会直接影响景区的长远经营与发展。旅游交通建设的规划应以客源市场的现实需求、潜在需求和旅游项目布局为导向,在数量、质量和档次上适度超前,以满足旅游业发展的需求。因此,在遵循游客需求导向原则,交通系统整合发展原则下,结合实用性、可操作性、可扩展性,进一步提高景区交通系统的可进入性。同时根据景区游览线路要求,统一技术标准和艺术法则,融合旅游交通与景观景点,使景区内部形成高效安全、游线清晰的交通网络。

1. 交通规划的内容

自由顺畅地通行于建筑物和其他园区设施间,是乡村旅游交通规划的重要内容。因此,设计一套安全、舒适和有趣的行人动线,需同时考虑地形、气候和视觉感受,同时要能预想游客喜欢走的路径,这些路径应有视觉的方向性,以免在复杂的路网中迷失。

(1) 步道的设计

步道在乡村旅游规划中不可或缺,它可以是导入穿越特定户外空间使用的林荫道、广场和绿地。设计一条好的步道首先是要考虑安全因素,即要有足够的宽度、适当的斜度和具有耐久性与防滑性的表面装饰材料,此外还需有良好的景观、供行人休息的座椅,步道周边的植物、铺面、水池、喷泉等景致也需精心考虑,以增强各要素间动态的美感经验。

步道的护栏、桥梁、台阶等设施是确保游客安全的一项有效措施,在部分存在安全隐患的路段必须要设置此类设施,设计时要考虑水文、地形和环境等因素,做到对环境的最小影响,确保在视线上不影响生态美观,在安全的前提下选材上不与总体风格违和,例如风景步道的护栏、桥梁、台阶等常以石块和木头装饰,历史遗迹步道则主要是对原有历史遗迹的修缮。

步道的标识信息是传递步道自然、文化信息,保障步道安全的另一措施,有时在游客稀少区域,步道线路不清晰,那么就需要用标识信息来引导方向和提示所在位置。步道标识设施设计时要做到简单,标识牌不延伸进路面空间,高度可在 68.5~203.0 cm 之间。

(2) 行人空间大小

行人空间的大小依使用的活动强度而定。如在行人动线系统中,步道或广场的宽度依据其容量、比例和其他设计因素之间的关系而定,人行道的宽度能供三人穿越或并肩而行,一般宽约 1 米,而行人聚集步道则为 2 米以上,大规模行人集散的步道广场或林荫步道的宽度,经容量分析后再决定其最小行人空间。为了在人群中便于轻易地移动而不致相碰,每人需1.2平方米的面积,若小于此数,则行人在移动时会受到阻碍,且部分行人在流动时,需小心移动。

(3)坡道与阶梯的设计

当人们要从一个地方走到另一较高或较低的地方时,需借由坡道或阶梯才能到达。由于垂直面变化的关系,坡道的设置比阶梯的设置限制少,斜率在5%以下的人行步道适于步行。

当地面彼此间高差较大或空间狭小不适设置坡道时,可采用阶梯的方式。一般阶梯的最小宽度不可少于1.2米,同时其宽度应大于人行道宽度。户外阶梯应至少三级以上,不可只设一级,以免行人不易看见而摔倒。此外,户外阶梯的级高为14~16cm,级深为35~38cm,若斜率超过5%,则须考虑特殊设计。

(4)铺面的设计

步道路面铺装材料从纹理、色彩、尺寸和样式图案等方面考虑,应与步道总体风格相符,最好选取当地的材料。其表面应纹理平滑、坚固耐磨,并具有止滑的功能,其材料可分为柔软的、坚硬的和多样的三类,每类材料各有其优缺点。表面柔软的材料通常前期建造费用较低,但后期维护费用较高,且残疾者使用不易、表面容易磨损等,因此可应用于行人流量不多的地方。如碎石、草皮、卵石、三合土等材料所建的铺面,适用于公园和自然保护区内供行人穿越的小径,对于乡村旅游地的铺面也较适用。对于坚硬的表面如沥青、混凝土、预制板等材料,因其建造费用较高,但维护费相对较低,同时提供了平滑、坚实和规则的表面,可供车辆必要时通行,但对于乡村旅游地的铺面不太适合。

因此,在乡村旅游地核心地带,可考虑多样化的铺面设计,满足农业生产、旅游观光、景观美化等多方面的需要。

各类铺面材质特性表

特性\种类	碎石	石片	地面砖	木材	混凝土	柏油
透水性	最佳、不易积水,且多不需要设置过多排水设施	不佳,仅能依靠石片间的缝隙透水	不佳,但部分砖头可制成透水型砖运用	不佳	不佳	不佳,现在有透水性的柏油
颜色	不多,以灰色和黑色为主	多样,不同石材所产生的颜色也不尽相同	多样,包括常见的红棕色、灰色居多	以棕色为主,颜色鲜少变化	以灰色为主,特殊需求下则可上彩色粉末增添颜色变化	以深蓝色为主,近年来以彩色为主
质感	自然、细致,部分碎石可呈现圆滑质感	表面粗糙,不规则与规则性状均有,自然中带点粗犷感	大小、尺寸、比例有固定的模组,特殊规格另需打造	表面粗糙,纹路明显,自然度高	表面粗糙、生硬、颗粒密实、色泽单调、反光严重,容易刺眼	表面粗糙、生硬、颗粒密实、色泽单调
呈现形态	自然度高,容易营造出闲逸不羁的情调	依空间需求有规则形与不规则形	不适用于曲线排列,以直线或直角形式排列为佳	条状排列居多,材质易与外界自然环境融合	易于曲线表现,在材质未干前均可形塑人和形状	—
维护管理	不易	不易	容易	容易	容易	容易

2.停车场的设计

(1)停车场设置

停车场的设置应与交通路线配合,考虑车辆进出的安全性,避免影响主要交通路线的流畅。尽量选择坡度平缓、排水性良好的地点设置;同时考虑游客可接受的步行距离,避免设置于眺望视野轴线上、自然资源脆弱处、生态保护区或坡度太陡的地区;此外,需考虑游憩地点、景观点及交通动线相互配合。

由于乡村旅游地内一般很难把握停车场的使用率、停车空间周转率,以及尚需考虑停车场的设置与周边农业景观的融合与协调问题,对于乡村旅游地,停车场的设计除以上所及的路外停车,还有路边停车。路边停车的形式可依道路的宽度、交通量、出入所须的操作宽度等条件,分为平行停车、斜角停车和直角停车三种。其中平行停车占用的路幅宽度较直角停车方式少,但在长度相同的情况下所能规划的车位数则较少。至于直角停车在驶离车位时,驾驶人视界所受的阻碍大,较平行停车危险,对车流运行的干扰亦较大。而斜角停车的特性,正好介于两者之间。

(2)停车场铺设

停车场的铺设宜采用透水性软底铺面材质,以增加土壤的含水量;在基础处理上应注意游览车车位的基础层厚度须大于小型车;供旺季期间使用的弹性停车空间,可为当地平坦的空间,不需再经由人工施筑处埋。在不同功能的车道、车位及步道上,应以不同铺面材质加以区隔,材质选用应考虑耐候性、耐压性、耐磨性及易维护性等,铺面材质多以天然材质如石材、回收材质(碎石、废弃枕木)等为宜,并应容许自然植被的覆盖。停车场的边坡若土质稳定、平缓,可利用植栽加以美化,若陡峭、土质不稳定,则应以挡土墙加强其边坡稳定处理,对于边坡平缓、土质尚稳定的还可利用砌卵石护坡,并在护坡上种植蔓藤植物,以加强绿化作业。

(3)停车场配置

停车场的配置应随地貌调整,如遇大树、大石应予以原地保留,也可在停车场周边设置缓冲线带,以降低其对周遭环境的冲击,并辅以可配合使用需求配置入口标志、指示标线设施、全区配置告示牌、遮阴及隔离植栽、照明、垃圾桶,甚至可设置简易供水、消防设施等附属设施。

(4)生态停车场

随着我国经济高速发展,人民物质文明的迅速提高,汽车已成为人们工作和生活的主要交通工具。当今社会,大多数人在选择出行时会选择自驾。然而,随着自驾游涌入的大量私家车,又给基建本来就不够理想完善的乡村景区带来了停车难的问题,在一定程度上更加暴露出了景区不够完善的地方,同时也使景区呈现出脏乱差的局面。乡村景区的停车场已经不再只是我们以往所认知中只具有临时泊车功能的停车场,而且更是乡村景区生态建设的一部分,所以在修建时,不仅需要满足游客对于停车的需求,更需要考虑到停车场自身和景区周边的生态环境的协调性,将绿色生态融入停车场的同时,还能够突出景区的独有特色,达到一定的宣传效果。所以,建设高效率并具备生态性、浓厚人文特色,以及有序停车位的乡村旅游景区停车场已成为当务之急。

传统的生态停车场就是用普通的植草砖铺装而成,传统的生态停车场其实根本谈不上"生态"功能。传统植草砖停车场在铺装时,植草砖下面是要混凝土做铺垫的,所以植草砖根本不透水,不透水就不长草,不长草就不能有绿化,没有绿化就算不上生态。最新的生态停车场是一种具备环保、低碳功能的停车场。它除了具有高绿化、高承载的特点之外,使用寿命也较传统的生态停车场长。生态停车场国际上的标准是绿化面积大于混凝土的面积,达到高绿化的效果,同时具有超强的透水性能,保持地面的干爽。其理念是指通过人居环境空间和景观空间的有机结合,建造低占地面积、雨水最佳管理、高绿化、高承载能力、可持续管理的停车场所。生态停车场,美学上呈现心境与环境、精神与物质的和谐统一之美,生态上构成人与自然生态共生、与人工生态共享,通过功能性、美学性、生态性的完美统一,展示出自身独特的形态风貌。

3.交通规划开发的关键因素

(1)交通组织的可进入性。可进入性是指利用特定的交通系统,从某一区位到达指定活动区位的便捷程度。交通的最基本特征就是交通具有可进入性,它是连接旅游集散地和乡村旅游目的地的重要途径。交通组织的可进入性对于乡村旅游的产业发展、项目空间划分、公共服务设施、土地利用等都有着重要影响。因此,要做好用于沟通乡村旅游景点至外部城镇或连通该地区干线、支线公路的建设,它是吸引游客进入乡村旅游的基础。有些乡村旅游发展较好的地方甚至与客源地直接建立交通联系,如浙江湖州长兴县水口乡的"顾渚村",联合县运管部门组成了具有营运资质的农家乐旅游车队,为上海、杭州等地游客提供上门接送服务,为当地乡村旅游客源的输送提供了很好的渠道。

(2)交通建设的规范性。在交通道路的建设过程中需要尤其注意道路的规范性、合理性和细枝末节的联通性,形成为旅游和生活服务的乡村交通网络。还要做好乡村旅游的道路设计管理,如停车场数量是否满足客流量,人行道与车行道如何分开,各村各景点的巴士如何接驳,自驾车流如何引导等,综合考虑近期、中长期乡村旅游的游客数量及出游方式。2016年住建部印发《绿道规划设计导则》,中国的乡村旅游交通发展正逐步走向规范化。如在绿道标识方面,上海的绿化部门为绿道配置了统一的标识(LOGO),提高绿道的辨识度和专业性。

(3)交通开发的体验性。交通的体验性开发越来越成为一种趋向,结合乡村旅游的本地资源和本地文化,一方面,需要注重线路的体验性设计,路线策划的体验性对于增强乡村旅游的趣味性,延长旅游活动时间,促进消费需求有着积极的引导作用。除此之外,还应注意工具的体验化、设施的体验化,因地制宜地扩展诸如索道、游船、滑竿、骑马等体验性活动项目,增加共享单车等类型的交通工具。对于这些具有休闲体验性质的乡村交通,目前面临的很大问题是后期的运营,运营的费用从何而来,由谁来运营,怎么进行盈利反哺,如何带动周边致富等都需要进行深入探讨。

(四)乡村旅游的绿化建设

1. 植物绿化乡村旅游地的功能

植物绿化不仅是美化环境的素材,还具有维系大自然生态的平衡、调和自然环境以及美化环境、引导视线、形成私密空间等环境规划设计功能,主要表现在以下三个方面:

(1)视觉应用——美化环境。植物绿化对于乡村旅游地环境规划上的视觉景观应用包括美感、季节与时间上的表征、框景以及多层次景观的视觉感受等。植物界中许多植物类群都具有较高的观赏价值,植物以其优美的姿态、丰富的色彩、季相的变化为乡村旅游地增添了不少美色。每种植物都有自己独具的形态、色彩、风韵、芳香等,这些特色又能随季节和年龄的变化而有所丰富和发展。在乡村旅游的植物绿化建设中,人们不但能欣赏植物的单体美,还能欣赏到植物的群体美和配置协调美等。对于植物而言,不同的类群,不同的种类,不同的植物个体,甚至同一个体的不同部位、不同季节和不同年龄都有其观赏特色。

(2)空间营造应用——带来气氛、惊喜。植物绿化除了能将乡村旅游地营造出不同的视觉感受外,透过适当的空间配置方式则可为乡村旅游地带来不同的气氛与惊喜,包括可为引导游客动线、提供游客私密感觉,或是为乡村旅游地内的地标物或主要代表性物体,且可兼具柔化及美化乡村旅游地环境的作用。

(3)生态平衡应用——保护和改善环境。植物绿化除了能营造出乡村旅游地在空间上、视觉上的趣味性及情境气氛,提供游客更多的游憩体验等外在价值外,其功能还体现在对大自然环境的内部效益方面,包括调节气候、涵养水源、增加生物多样性、减少能源耗损、降低天然灾害危险等作用。

净化作用——植物对大气的净化可以通过叶片吸收大气中的有毒物,减少大气中的毒物含量;也可以通过树林降低风速,使大粒粉尘降落;可以通过叶面吸附大量飘尘等。

监测作用——所谓监测作用,就是利用某些植物对有毒气体的敏感性,当某些有毒气体在低浓度时,他就能出现受害症状,反映出有毒气体的大概浓度,作为环境污染程度的指示。

其他作用——很多植物能分泌杀菌素,如桉树、柠檬等植物体内含有芳香油,他们具有杀菌能力;松树维生素具有防腐能力和杀灭呼吸道感染细菌的能力。

2.乡村旅游地植物绿化地点的选择

适当的绿化建设能使乡村旅游地增添环境正面效果,改善环境问题,但有时也会造成相反效果,其关键在于了解乡村旅游地的不足之处,什么地方需要透过绿化建设来美化,如何配置才能彰显主题特色,以达到吸引游客到访的目的。因此,绿化建设的可能地点大致包括以下几处:

(1)乡村旅游地内不良景观处。所谓的"不良景观"意指环境中因颜色、造型无法与乡村旅游地内相呼应的设施或景观,或者区内不可避免的设施物,以及可能造成游客心理不安的场所和区域,如挡土墙、设施物墙面、废弃物堆放处、设施或场所有"锐角"的地方、潜在危险地区等,这些"不良景观"均须透过适当的设计手法加以掩饰、美化、阻隔与包装,才能确保游客在乡村旅游地逛游时的游憩品质。因此,绿化建设可达到立竿见影的效果并增加乡村旅游地内的可观性。

(2)入口处及游客主要动线地区。由于乡村旅游地的入口处及游客主要动线通常是游客最容易对农场产生第一印象的地方,经营者均须极力针对这些地区加强美化以尽可能展现乡村旅游地最美好的一面,绿化建设就可满足此项要求,透过某些具有赏花价值的绿化建设,再辅以灌木、乔木的搭配,就会让游客产生视觉上的冲击,如入口处常利用花草或灌木排字,或搭配其他景观元素凸显乡村旅游地所在地,即入口意象的塑造。此外,对于乡村旅游地内提供游客逛游或由入口处进入服务主体的主要动线,绿化建设的方式通常以绿篱作为"引导"手法,避免游客在区内迷失方向,所运用的绿化种类也大多倾向于以具有开花特性的灌木或直立型乔木为主。

(3)可及性高的主题区域。乡村旅游地内的另一个绿化建设重点区域是可及性高的主题区域内,通常也是乡村旅游地的主要中心地带,任何的动线配置均以此区域为起点,目的是让游客在心理层面上有安全稳定的作用,同时也展现区内特色所在。如区内以花卉为主题特色,配置方式则以四季花草为主,乔木与灌木为辅,且以花卉主景为中心,周边则配置乔木提供游客乘凉或地标指引作用,或配合灌木高低层次变化,形成"凹"形的地景地貌,可促使乡村旅游地内特色主题更为明显,让游客逛游主体更为聚焦。

3.绿化树种的选择原则

(1)适地适树,因地制宜。根据乡村旅游地不同的土壤、水肥等土地条件,选择适合不同土质生长的树种。如杨树可栽于土壤疏松、水肥条件较好的地区,而刺槐等耐旱瘠薄的树种可栽于土壤黏重、水肥条件较差的地区。此外,选择树种综合考虑树种是否适宜当地的气候环境、土壤条件等,且要求其适应性强,易成活、成材,又能反映地方风格特色。如水杉、香椿、楝树、泡桐、刺槐、银杏等乡土树种。根据当地的地理和生态环境条件,应选择稳定性好、抗性强的树种。

(2)速生树种与慢生树种相结合。速生树种的优点是早期绿化效果好、易成荫,缺点是部分速生树种寿命较短,若仅种植速生树种会导致绿化效果差;慢生树种虽然绿化效果表现得较慢,但是其寿命长,能更持久的维持绿化效果。因此,绿化时要采取以速生树种为主、慢生树种为辅的绿化模式,同时要逐渐远近结合,有计划、分期分批地用慢生树种替换速生树种,这样才能使绿化景观效果长久。

(3)坚持生态效益、经济效益、社会效益有机统一。乡村公路绿化选择树种时要综合考虑绿化效果和经济效益。在适地适树的基础上选择杨树、泡桐、水杉、刺槐、白榆、国槐、七叶树、楸树等速生用材树种，或银杏、夷板栗、柿子、大枣、油桐、杜仲、核桃等经济树种，既能起到绿化美化作用，又能获得用材、果实、油料、药材或香料等副产品，可增加其经济效益，一举多得。特别是乡村机耕道路沿线长、多，更应考虑其经济效益。

（4）生物多样性。乡村道路绿化同样要考虑生物多样性的原则。切忌树种过分单一化，如在同一个地方全部栽植同一种树，既不美观，也不利于病虫害防治，因病虫害可沿着公路迅速传播蔓延。如前些年江苏省苏北地区村镇道路的杨树，大面积发生美国白蛾病害等，如果树种多样化就不会如此大面积发病，相对损失也会较小。

"高颜值"的乡村绿化常用植物

种类	基本信息	包含种类	作用
乡土树种	乡土树种是指本地区天然分布树种或者已引种多年且在当地一直表现良好的外来树种，如泓森槐、柏树、松树等。应尽可能选择当地原生的乡土特色树种。	传统的乡土树种有国槐、柏树、松树、椿树、榆树、榉树、橙树、枫树、柳树、银杏、杉树等。	一方面真正做到留住乡情、记住乡愁，形成颇具特色的乡村文化；另一方面保护生态环境，营造乡村自然生态的植物群落。

续表

种类	基本信息	包含种类	作用
中国传统花木	中国传统花木是营造特色乡村文化的良好素材,也是传承乡村历史文化的重要内容。	如梅花、牡丹、菊花、兰花、月季、杜鹃、茶花、荷花、桂花、水仙。	在保护乡村建筑、民俗文化的同时,也需要传统农耕文化,将中国传统花木融入到乡村建设中,营造诗情画意的乡村风貌。
珍贵树种	珍贵树种是属于我国特产稀有或濒于灭绝的树种以及目前虽有一定数量,但也逐渐减少的优良树种的统称。它是国家的宝贵自然资源,也是自然环境的重要组成部分。	如紫荆木、银杉、珙桐、秃杉、野荔枝、红杉、香果树、黄檗、黄花梨、金丝楠木等。	具有相当高的经济价值与观赏价值,另外它还具有发展生物多样性、维护生态环境,加强水土保持与水源涵养等功能。
观赏果树	观赏果树也称景观果树,是以观赏为主要目的的果树。观赏果树强调果树具有可观赏的花或果实,或强调具有带果实的奇异树形。	如枣树、苹果、樱桃、山楂、枇杷、柚子、石榴、石榴等。	既有观赏的价值,同时在栽培上又具有适应性强、容易管理等特点。也能够很自然的和乡村融合在一起,是非常适合乡村种植的树种。

三、民宿和农家乐的建设

民宿是指利用自用住宅空闲房间,结合当地人文、自然景观、生态、环境资源及农林渔牧生产活动,为外出郊游或远行的旅客提供个性化住宿场所。除了一般常见的饭店以及旅社之外,其它可以提供旅客住宿的地方,例如民宅、休闲中心、农庄、农舍、牧场等,都可以归纳成民宿类。国家旅游局发布的 2017 年版《旅游民宿基本要求与评价》,明确规范了民宿行业标准,规定了旅游民宿的定义、评价原则、基本要求、管理规范和等级划分条件。

据中国旅游与民宿发展协会发布的《2020 年度民宿行业研究报告》指出,受国家政策支持,乡村民宿在 2020 年得到迅猛发展,房源数量增长快,同时带动整个民宿市场房源的增长。报告显示,2020 年国内民宿房源总量突破 300 万套。民宿崛起对传统文化元素、历史文化建筑等都有着不同的影响,且最后都对旅游业起着潜移默化的促进作用。

(一)民宿对乡村旅游发展的影响

1.民宿为乡村旅游创造吸引力

民宿为游客提供乡村旅游的住宿场所,为游客打造有温度的住宿、有灵魂的生活。若民宿保留着传统民居的框架与风格,在设计风格和室内装饰上融入当地元素,以独特的当地文化来催热当地的旅游业。民宿可以在旅游过程中提供旅客接近大自然的窗口,引导长期生活在繁华喧闹城市中的人们放松脚步、亲近自然、体验田园野趣,民俗民风,享受乡野生活的惬意与安闲。另外,民宿点可结合风情别致的特色传统节日表演、农村特色产品销售等活动丰富旅游内容,使得乡村旅游更具吸引力。

2.民宿保障乡村旅游中的民俗文化更具活力

地方民俗文化是当地先进文化的代表,是重要的旅游资源,发展乡村民宿使地方民俗文化资源被充分利用。民宿作为地方民俗文化的有效维持方式,在保障居民稳定收入的同时,对文化的宣传也发挥着重大促进作用。当地居民以民宿为平台,植入地方民俗文化的理念和形态,在运营民宿的同时传承并发展地方民俗文化,让游客在旅游的过程中感受良好的文化氛围和住宿条件。通过发展民宿刺激更多村民去挖掘璀璨文明、提升当地文化价值带来更多的经济、文化效益,民宿唤醒了当地居民对本地乡土文化的自豪感和认同感,刺激当地居民主动保护与传承这些文化。民宿旅游富有风土人情,不似传统旅游般商业化,游客在回归自然、感受当地风俗同时,也增强了对当地文化的认知感,游客成为延续当地文化的移动介质。

3. 民宿成为乡村旅游中独具特色的旅游文化

在乡村旅游当中,民宿发挥着重要的价值,在给人们提供更加具备良好体验的居住环境的同时,也逐渐演化成为一中比较独具特色的旅游文化。乡村旅游在民宿的带动下,朝着经济发展的方向前进,为人们带来了更加美好文明的生活。民宿与乡村地方的特色之间互相融合,更加体现了乡村独有的民俗文化,促进了乡村文化产业的大力发展。随着社会经济水平以及人们生活质量的上升,文化旅游产业在当下时代中,呈现了较好的发展趋势,并且有着非常令人期待的发展前景。民宿在乡村旅游中成为一种为地方特色文化锦上添花的元素,吸引了更多外来游客的目光。

(二)乡村旅游民宿的特点

我国的民宿发展虽然起步较晚,但发展迅速,在民宿共同特性的基础上也逐渐衍生出了具有大陆特色的民宿特点:

1. 个性特征张扬

从起源和本质上讲,民宿就是民居,就是老百姓的住宅。百姓分布各地,接受不同文化、不同风俗、不同传统、不同家教的熏陶,在选择和建设自己的住宅时,无不受到这些熏陶的影响,显得各具特色。此外,由于是民居,是老百姓自己的房子,较少受到来自各方面的干扰,所以,在选址、朝向、设计、用料、内饰、规模、体量等方面,都充分体现主人的意愿。

2. 文化特征明显

民宿是一种建筑,建筑是一种文化,是文化的物化表现形式之一。因此,民宿虽然个性化特征明显,但脱离不了当地文化的影响,在外观、建筑风格、内部设施等方面都能体现本土文化特色。

3. 平民特征突出

由于民宿是由老百姓的房子演变而来的,它的过去就是民居、民房。在没有"民宿"一说之前,即便是接待客人,也是属于"留宿"、"搭铺"性质,是行善事、做好事,没有多少商业性质的成分。正因为它不是以盈利为目的,所以也不会刻意"打扮",而是"我怎么住客人也怎么住",以素颜待人,以本来面目待客。由这种民居脱胎而成的民宿,尽管有千变万化,但万变不离其宗,它的 DNA 是变不了的,它的平民化特征是变不了的。

4. "乡愁"味儿浓厚

由于民宿历史痕迹明显,乡土气息浓厚,贴近甚至融入百姓生活,因此,很容易引起人们的思乡之情,勾起人们的儿时回忆,是典型的"乡愁"型旅游产品。这是民宿的典型特征,也是民宿的吸引力、生命力所在。

5. 观赏性、体验性和研究价值并重。

一幢民宿,往往是一段历史的截图,一种文化的沉淀,一种风俗的遗存。同时,住民宿可以让人体验当地百姓的生活,领略当地的民风民俗,品味地道的当地美食,其体验性不同于住宾馆酒店。此外,有的民宿由于其历史性、文化性特征,具有较高的研究价值。

6. 家庭氛围

民宿主人往往把民宿作为一生的艺术作品精雕细琢,融入极强的个人感情和人文理念,给游客以浓厚的人情味。温馨或者个性化的住宿设施,浓郁的人情味与亲和力是民宿主人的共同特点,他们注重与游客交流互动,让游客能够充分体验居家氛围。同时,民宿主人特有的服务理念和服务方式也让旅客轻松自在。在经营的理念上民宿一般追求崇尚自然、追寻记忆、返璞归真、超凡脱俗这一意境,平常鲜为人知的"管家式服务""VIP 接待""亲情式服务"在民宿里已经显然不再采用,对民宿的服务理念和方式基本是"服务旅客于无形,服务旅客于需要的时候",让游客觉得随和而轻松,使旅客从第一印象上产生"回家的感觉"。

(三)乡村旅游民宿的设计要素

1.融入当地乡土文化

我国乡村民宿要充分体现当地的生活特色和乡情民俗,突出农牧体验、户外运动、休闲养生、民俗风情和文物古迹的展示及保护等不同主题,差异化发展多形态的农村现代民宿。

2.与自然相协调

民宿的建筑外观体现农本、古典和生态,与当地的自然环境和人文景观相协调。提倡就地取材,使用低碳、环保的天然质朴材料,并将乡土底蕴与现代元素有机融合,以满足现代都市人的审美需求。

3.与新型产业相结合

民宿业的发展要结合休闲、乡村观光、农村休闲运动、农事节庆等农村新型业态。让游客既能亲身体验精致的乡村生活,又能欣赏美丽的田园自然风光,从而带动农产品的销售和农村其他产业的发展。

4.基础配套设施完善

现代民宿不仅要满足人们吃住的需要,同时也要体现方便和舒适性,比如 WIFI 的覆盖、客房的舒适及个性、露天小影院等,这些都是吸引客人的基础因素。

5.体现出温馨舒适感

民宿与一般的酒店不同,因为它是由家庭进行经营,因此应该体现出温馨、舒适、轻松的家庭氛围,让客人从民宿的装修装饰上就能够体会出这样的感觉。

(四)乡村旅游民宿的设计原则

1.传承乡土特征原则

随着民宿发展的白热化,如何因地制宜地结合当地文化特色进行民宿景观设计已经成为了重要的问题。而传承乡土特征,就是解决这一问题的重要部分,我们只要在进行民宿景观设计的时候结合当地的乡土文化就可以设计出独具地域性的乡村民宿景观。如今各地的乡村民宿景观设计存在着很大的差异,主要表现在地理、植被、人文等。因此,传承乡土特征原则是我们在进行乡村民宿景观设计中必不可少的重要部分。

2.整体性设计原则

整体性顾名思义就是达到和谐统一的效果。在景观设计中主要就是指周边的自然环境与建筑本身达到和谐统一,而整体性在乡村民宿景观设计中有多个层面上的意义。在对乡村民宿景观设计整体性中,需要我们从不同的角度出发来满足不同的需求,比如在形式方面,我们要设计出满足人们视觉审美方面的需求,在功能方面满足人们对不同使用空间的需求。在设计时也要考虑到整个乡村生态环境的整体性,就地取材,合理地进行设计。现如今乡村民宿的景观体系主要包括植被、水体、铺装、小品、空间界面等,在设计时也要考虑到各个景观元素的整体性,主要应注意以下三点:首先一切以民宿本身为主,其次是围绕着民宿环境展开各个景观要素相互配合,最后是民宿内外空间的柔性过渡。综上所述,在进行乡村民宿景观设计整体性时应本着建筑、自然环境相互统一的原则,打造出极具整体性的美丽乡村。

3.生态性设计原则

随着生态绿色环保理念的提倡,越来越多的景观设计注重生态性。所以在进行设计时要结合当地的生态系统,从植被到地理位置都要遵循原有的自然面貌。在选用植物时保留原有的古树古木,搭配不同的季相性植物,营造出丰富的植物层次景观。水体设计上保留原有的自然生态驳岸,丰富了生物环境。

4.人性化设计原则

设计主要是围绕人来设计的,所以一切的设计都是本着以人为本的原则,一切的服务设施以及公共设施都是按照人的尺寸来设计的,一切以满足人的舒适性以及习惯性为主。让人在使用整个空间中可以无所障碍。所以在乡村民宿景观设计中要以人为本,考虑到不同使用者的物质和心理需求,设计出符合人性化的乡村民宿景观。往往一个好的景观设计可以积极的引领使用者参与其中,增加其互动性。这就要求设计师在设计时因地制宜,进行合理的设计,满足形式的同时也要注重其功能性。除此之外,还要避免设计形式大于内容而忽略其本质。

(五)乡村旅游民宿的打造与开发

目前大部分民宿都是自发型为主,并且在不断的摸索与探索中。在开发的过程中,应从以下几个方面入手:

1. 资源的可利用性

主要是投资者要看民宿项目周边或者自身是否拥有极具吸引力的旅游资源,可以吸收大量的游客,比如少数民族文化资源、周围的自然观光资源等。可利用下列资源发展民宿:

(1)提供山区野菜,以风味餐招徕游客,如食用野菜、山药、川七等野味。

(2)以果树为特产,设计采摘的活动。如水蜜桃、草莓、葡萄的采摘等都可作为规划的主题。

(3)以渔产品为特产设计捕捞节的活动。

2. 产品结构的完整性

主要考量民宿能否提供基本的符合标准的住宿、餐饮服务。是否具有个性化设计的庭院、花园、菜园、小果园、公共大露台、观景廊、小型户外运动场等。除此之外,在室内最好能配备自助厨房、自助洗衣机、休闲茶室、咖啡吧、小型品酒室、棋牌室、书房、工艺品陈列室等。同时,可以结合主人的爱好,打造创意民宿休闲活动,如工艺品制作、休闲娱乐室、音乐酒吧、沙画制作等。能够为客人提供早餐、咖啡茶饮、美食加工、旅游行程咨询、代订机票、车票、门票、推荐美食、代叫出租车、土特产代购、接站、接机服务、组织特色民宿活动、包车服务、自行车、轿车租赁等。

3.配套设施是否完善

要考虑民宿周围的交通方便性、生活的方便性等,而不是走出民宿周围一片漆黑,前不着村,后不着店。民宿要建在基础设施较完善的地方,水、电、网、购物、通讯信号、停车、排水、垃圾处理等因素要考虑全面。

4.使之具有文化性

没有灵魂的民宿就是普通旅馆。民宿除了旅馆的功能外,也是一种当地文化、民俗的体现。可以利用以下文化资源:传统建筑文化资源,比如展现原住民特色的传统石板建筑景观、传统板屋建筑、古代建筑遗址、古道老街、古宅、古城、古井、古桥、旧码头等;传统雕刻艺术及手工艺品,具有地方特色的艺术品,都可运用作为发展民宿的主题,如石雕、木雕、竹雕、竹编、编织、服饰、刺绣、古农机具及家居用具等;民俗活动,当地的节庆,精心设计成连串的活动,以吸引游客观光休闲,留住民宿;乡土菜肴,设计地方风味餐,比如竹笋宴、梅子宴、茶宴、有机蔬果料理等。

5.完善民宿的营销系统

民宿的营销推广,可以通过建立预订网站以及微博、微信、网页等网络渠道展示推广民宿;还可以进行整体营销,联合组建民宿协会,整合资源,整体打包营销,可以通过集体举办节庆活动来提高人气。或者通过口碑营销,与游客建立良好的客户关系,通过温馨的服务,口碑相传,打响自身品牌。可以通过住客的微信分享将其体验分享出去,使之能够通过口碑、朋友圈宣传,展现自己的经营特色与调性,找准自己的客户群,做到精准营销效果往往事半功倍。

(六)乡村旅游农家乐的特点

农家乐是一种俗称,当前学界对"农家乐"一词并无具体的定义。农家乐依托当地农村自然资源以及地理特点,以"吃农家饭、住农家屋、游农家景、享农家乐"为主要内容,农民利用自家住宅,结合农村自然风光来吸引游客畅游。事实上,农家乐是民宿的其中一种类型,有些地方是以开发建设农家乐为主。农家乐主要概括为以下几个特点:

1. 生态性

农家乐植根于良好的自然生态环境和宜人的生产生活环境,以绿色天然的农产品、诗情画意的田园风光展示出其良好的生态性。农家乐固有的乡土性和城市繁杂的陌生感相区别,为农家乐的发展带来动力。中国农村传统的乡土气息,为农家乐增添了天然的吸引力。

2. 乡土性

淳朴善良的农民,浓厚的乡土气息,在内涵上充分体现"农"的主题。农村风貌与乡土特色结合,体现了乡土特征,也使民风民俗民情在社会发展中得到优化传承。农村劳动生活所散发出的独特乡土气息,吸引着城市居民去体验和感受农村风貌以及与自然和谐共处的状态。农村地区的这种浓厚的区域本位主义和家乡观念特色的非规范性,使乡土文化具有深刻的淳朴性,对于城市游客具有极大的诱惑力和吸引力。这是农家乐旅游最为重要和显著的特点。

3. 主要目标是城市居民

现代城市生活具有节奏快、工作压力大等特点,工业化的迅速发展带来的环境问题也日益严重。多数城市居民向往慢节奏的生活,期望回归自然,感受淳朴的乡风、优美的风光景色、清新的空气环境和绿色自然的食物。乡村的这些特点吸引着无数城市居民来度假,体验没有经历过的生活。集生活休闲于一体是农家乐吸引城市居民的主要原因。

(七)乡村旅游农家乐的设计

站在游客的角度,进入乡村,最直接的体验来自于看、摸、听、闻、动。农家乐可依据其来设计。

1. 看——视觉设计

(1)建筑景观:丰富多样,同时和谐统一。

(2)文化景观:减少标语口号,保留历史遗迹。

(3)环境景观:注意协调,注重细节。

(4)视线走廊:把漂亮的地方连起来,回避或遮蔽破坏景观的地方。

2. 摸——触觉设计

(1)触觉深入:年代久远的青石板路、鹅卵石路是能带来很好的触觉体验的,不能丢。

(2)触觉兴奋:让游客摸一摸农作物、牲畜,是一种新鲜刺激的体验。

(3)触觉特色:为游客搞"掏鸡蛋""捏糍粑"等比赛,也是一种特色的触觉体验。

3. 听——听觉设计

避免噪声:旅游地人多嘈杂,最好将游客分散到几个地方集中,再做疏导分散的工作。

制造背景声:农家乐在经营接待过程中,适当的时间应该有一定的音乐,但选曲和音量必须恰当。

表演性声音:鸡鸣、鸟叫、蛙叫、流水声通常是不可缺少的。

4. 嗅——嗅觉设计

制造清香气味:种花种树,布局得当。

制造乡野气味:乡村必须有点乡村的味道,才叫乡村,比如柴草味、炊烟味、甚至肥料味等,但乡野气味必须控制得淡一点,过浓会招致游客反感。

5. 动——肢体活动设计

仅仅是分饭和打麻将的农家乐,是失败的。游客来到乡村,就要有乡村的体验,挑水、翻土、插秧等活动,都可以让游客试一试。

(八)乡村旅游农家乐发展原则

发展"农家乐"旅游不仅丰富了旅游活动内容,扩大了旅游容量;而且带动了农业产业结构调整和农民增收致富,促进农村经济社会的发展。"农家乐"旅游的发展要做好做足"农"、"家"、"乐"三字文章。

"农家乐"发展要以"农"为根。农民要通过自家的良田、果园、庭院、鱼塘、牧场等展示农村风貌、农业生产过程、农民生活场景,通过展示吸引旅游者;餐饮接待设施可利用自家的宅地和现有生活设施改建或改善而成,要充分体现农村、农业、农家、农民的乡土气息。由于"农家乐"已经成为品牌,很多城里人开设在城里的餐饮服务设施也大打"农家乐"品牌,实际上同真正的"农家乐"相去甚远。

"农家乐"发展要以"家"为形。"农家乐"应该以家庭为单位,不求全,不求大,其形应该体现出"家庭"的形态。既然是"家",其规模就应该适度,不应贪大求洋;发展应该特色化,不应大众化。平江县盘石洲村"农家乐"就是以土、特、多而著名。所以,"家"是农家乐的载体,无家不以成"农家"。

"农家乐"发展要以"乐"为魂。"农家乐"以什么取乐?城里人戏言:换个地方打牌。其实,"乐"也要利用"三农"做文章,设计参与性强的项目,简单的农事、农活,如采摘、推磨、苗木盘扎等。以乐为魂就是要发扬光大"农家"的文化内涵,深入挖掘,突出特色,做出项目,如农民喜闻乐见的花灯、皮影戏、山歌、龙狮、地花鼓、踩高跷、讲故事等,使"农家乐"旅游充满魅力,实现可持续发展。

四、休闲活动设施的建设

(一)休闲活动与设施规划原则

1. 与主题相结合

乡村旅游区的各种游憩活动应与植物、药草、有机蔬菜瓜果、牧场等有关,这样可以增加游客融入情境的机会,如在活动设计上应当考虑诸如植物染、叶拓、采摘、有机栽培体验等方向内容,充分体现农业生产、农民生活、农村生态的主题。

2. 有解说过程

知性之旅要求开发深度旅游,而深度旅游在很大程度上依赖于系统的解说过程。因此,游憩活动的开发在实际操作过程中要有故事性,如植物染要说明它的发明起源、植物染的好处等,草莓的品尝要介绍其营养价值、地理分布、栽培历史以及加工制作等方面,从原料、原料制作到成品都要有全面的解说。

3. 有亲子性活动

对于合家出游的游客,可通过各种亲子活动,加强与子女沟通和感情交流,增加与子女的亲密关系。如一起挤牛奶、喂食牧草、下田耕种采菜等。许多父母会因为可以增加亲子互动而提高参与意愿。

4. 难易要适中

各种参与性的游憩活动,除非是很专业的体验课程,难易程度要适中,因为太难的体验易造成游客的挫败感,太简单又没有成就感,不能激起游客的兴趣。

5. 具有教育性

游客参与体验活动的主要目的为学习新知,若游憩活动能让游客在参与过程中有知识上的收获,满意度将会更高,反之,吸引力会较小。如农业生产方式的自然农法栽种,既可以让游客了解自然农法的方法,又可以让其了解有机蔬菜对人体的益处,具有较强的教育意义。

另外,在休闲活动与设施设计中还应注意以下几点:

(1)配合地方风俗、特色与资源;

(2)产业经营特色与休闲经营特色并存;

(3)考虑不同社会阶层与年龄的需求差异;

(4)提供健康、有机的旅游方式,满足人们对返璞归真生活的需求;

(5)充分引导发挥五官的功能;

(6)自然地融入各种知识与观念;

(7)培养谢天、敬地、惜物的气氛;

(8)配合四季的更迭安排不同的活动。

(二)休闲活动设施配置内容

休闲活动设施配置,应充分利用乡村的自然条件和环境资源,在小体量、少建设的前提下建设的游憩设施主要包括观景平台、赏鸟亭、露营区、棚架、野餐桌椅、烧烤设施、露营空间与简易的活动设施等。

1. 凉亭与休憩平台

凉亭与休憩平台的主要功能都是为游客在游憩过程中提供短暂休息的场所,如凉亭具有遮阳避雨功能,休憩平台则没有,此外,凉亭设置限制较多,如所需经费较高、需要较大面积等。因此在乡村旅游区规划时多半以休憩平台为主、凉亭为辅,且兼具兴建成本与游客休憩需求两个方面。

凉亭与休憩平台的设置地点大多选择具有特殊景观的地方,以同时兼具景观功能,材质也常以木构材质为主,以配合乡村旅游的自然环境景观特色。

2. 坐椅

坐椅是提供游客休憩最直接的方式,也是农村旅游区内环境结构的另一元素,若要提供游客舒适愉快、干净稳固的坐椅环境,无论在外观设计、位置配置与材质选择方面都需要妥善考虑。

首先,从外观设计而言,坐椅的高度、宽度、靠背及表面处理等均应有正确尺寸,才能提供舒适的乘坐环境。一般坐椅设计平均高度离地面约46厘米,宽度约30~46厘米,若有靠背,其坐椅表面与靠背应配合人体曲线需稍微弯曲。近年来许多打破传统坐椅造型的产品层出不穷,唯有提供游客舒适的乘坐原则没有改变。

其次,从坐椅配置而言,方位上应采用面对面或垂直排列,以增加交谈及互动机会;区位选择上应在乡村旅游区内的步道、广场旁设置适当坐椅,此外,这些坐椅若能搭配适当的树木或墙壁等元素可提供游客较为安稳的感觉,座位安排最好能选择在树荫底下设置,以提供游客遮阳的选择。

最后,坐椅材质选择上应尽量配合乡村旅游区内自然环境特性,采用木材构件的坐椅,因为木材除在材质上与自然环境较能相互融合外,还具有不容易受气候影响产生发烫或冷冰冰情况的优点,且在下雨后表面能迅速沥干,不至于让游客在游憩过程中产生不舒服的感觉。

3.休闲驿站

设计的目标用户分为本土村民与外来游客。

一是为本土村民提供一个社交中心。在我国城镇化建设之前,人们的聚集场所基本上是自家门口、祠堂、庙宇、村中水塘等公共区域,随着民众生活方式的改变,这样的空间正在逐步消失。所以在塑造新的乡村风貌时,要为乡村建设一个新的社交中心,满足村民日常交流、集会等活动。

二是为游客提供一个能让传统耕读文化与现代生活融合互通的空间载体。游客来到乡村不单纯是游玩,要让他们体验田间特有的活动情境。设计方案要考虑到对传统的农家乐升级,为游客提供休息的场所:包括餐饮、公厕、娱乐设施等,另外还包括互相交流信息的平台涵盖了农产品展售、小型艺术策展、充电站以及亲子教育。让家长和孩子可以相互合作,增强对自然界的认知、对农事的兴趣感,一起和家人感受手工制作的乐趣。

(三)休闲活动

1.可供游憩活动的农业资源

(1)使用自然产业资源的活动。游憩活动可使用自然产业的资源主要有溪流、山岳、海洋、瀑布、森林、海浪、温泉、湖泊、老树、野生动植物、峭壁、悬崖、云雾、特殊地质、湿地、日出、夕阳、星星月亮等。

(2)使用人文生活环境资源的活动。游憩活动可使用人文生活环境的资源主要有吊桥、木梯、竹桥、水利设施、传统农村建筑、水坝、水塘、林道、梯田、庙宇、畜舍、纪念馆、打铁店等。

(3)使用农特产业资源的活动。游憩活动可使用农特产业的资源主要有水果、蔬菜、花卉、苗木、作物、野菜、药用植物、渔产品、产业活动(耕田、收割、喂养、捕捞、产品加工等)、产业景观(茶园、菜园、稻田、花园、果园、育苗场、养殖场、林相、灌溉沟渠、喷灌、棚架、猪舍、鸡舍等)、产业工具设备(扁担、斗笠、蓑衣、牛车、搬运车、农业机械、渔网、竹筏、水车等)。

(4)使用文化产业资源的活动。游憩活动可使用文化产业的资源主要有岁时祭仪祭典、生命礼俗、宗教信仰、饮食服饰、居住交通、狩猎、音乐、舞蹈、手工艺、绘画、传统戏剧(皮影戏、布袋戏等)、神话传统、古迹(遗址、古道老街、故宅、古井、古桥、废墟、旧码头等)。

2.可供开发的休闲活动互动项目

(1)文化产业类活动。文化产业类活动主要有文化祭祀活动、文化体验营、传统手工艺品展、传统手工艺制作与研习、民俗植物研习营、野菜料理、传统食物饮料、传统歌舞表演、传统乐器表演、传统文物展示、传统服饰销售、传统神话文史解说、古道寻迹、历史遗迹巡礼等。

(2)自然生态环保产业类活动。自然生态环保产业类活动主要有原生植物教学、自然生态解说之旅、生态教室、观日出、观夕阳、观云海、赏鸟、泛舟、溯溪、野外健行郊游、登山、森林浴、赏蝶、观景、探访萤火虫之家、观星、露营、泡汤洗温泉、溪流垂钓、野餐等。

(3)农特产业类活动。农特产业类活动主要有原生蔬菜采摘、采果、赏花、赏景、农业教育、草药认识、耕种体验、农具操作体验、挖红薯、烤红薯、钓鱼、抓虾、抓泥鳅、农特产品展售、农特产品尝会、乡村小吃、捡鸡蛋、采茶、品茶、滚草轮、挤牛奶、剪羊毛、采竹笋、农产品加工DIY等。

(4)人文生活类活动。人文生活类活动主要有农渔风情游、打陀螺、放风筝、捣麻籽、推石磨、磨豆浆、爬树、捉迷藏、逛传统市场、河边洗衣、打弹珠、走吊桥、打水仗、草编、钓青蛙、捕蝉、摸田螺、牵牛吃草、坐牛车、踩水车、划竹筏、滚轮胎、印染等。

3.农村游憩活动的常见案例

(1)以溪流渔业为资源的游憩活动开发。以溪流渔业为资源的游憩活动开发形式可以包括鱼类的辨识、鱼类生长环境、捕鱼的方法(网、钓、捞、抓)、各种渔具的使用、渔具的制作、鱼的烹煮食法、听流水声、抓虾捕蟹、贝雕和水产纪念品的制作等。

(2)以野菜为资源的游憩活动开发。以野菜为资源的游憩活动开发形式可以包括野菜的辨识(哪些野生植物可食用)、野菜的采集与处理、野菜的烹煮食法、野菜的生长环境、野菜的繁殖方法等。

(3)以牛车及牛为资源的游憩活动开发。以牛车及牛为资源的游憩活动开发形式可以包括牛车的种类与构造、牛的种类、牛车与牛的关系、牛车的用途、乘坐牛车、驾驶牛车、牵牛、喂牛吃草、牛沐浴、看牛放牧、画牛、骑牛、挤牛奶、与牛合影等。

第三节　乡村旅游设施的升级

近年来,我国在扩大乡村旅游规模、提升乡村旅游品质等方面取得了显著成效,但持续推动乡村旅游发展仍面临较多制约,突出表现在部分地区乡村旅游外部连接景区道路、停车场等基础设施建设滞后,垃圾和污水等农村人居环境整治历史欠账多,乡村民宿、农家乐等产品和服务标准不完善,社会资本参与乡村旅游建设意愿不强、融资难度较大,促进乡村旅游发展提质升级势在必行。2018年,国家发改委、住建部等14个部门联合印发《促进乡村旅游发展提质升级行动方案(2018年—2020年)》,要求"补齐乡村旅游道路和停车设施建设短板,加大对乡村旅游基础设施建设的用地支持。"

另外,在全域旅游发展和中产阶级崛起的大背景下,中国的乡村成为承接城市居民品质化休闲度假需求的最佳载体,发展乡村旅游业也成为各地推动全域旅游发展、实现城乡统筹的重要途径。把握时代机遇,推动乡村旅游发展与升级,已经成为城市和乡村共同的诉求。其中,乡村旅游设施的升级是不可忽视的。

一、乡村旅游设施体系

乡村旅游设施遍布乡村旅游各个角落,与游客旅游中的基本需求息息相关,包括餐饮设施、住宿设施、基本接待设施、配套设施、环境卫生、安全防范、服务质量、从业人员技能等方方面面。乡村设施体系主要包括交通设施、接待服务设施、环卫设施、信息服务设施。

(一)乡村旅游交通设施

乡村旅游交通设施包括村落外部交通、村庄内部道路、停车场、服务驿站、特色风景道、指引系统等。在所有的乡村旅游设施中,配套方便快捷的旅游交通设施是前提,交通关系着乡村旅游各个景点的通达性,决定着乡村旅游吸引的游客量。

(二)乡村接待服务设施

乡村接待服务设施包括住宿、餐饮、娱乐、购物等设施,这些设施是游客使用量最大、也最能够带给游客旅游体验的设施,并且这类设施的安全问题直接关乎着游客的人身、财产安全。

(三)乡村环卫设施

乡村环卫设施包括村落内部的污水垃圾处理、旅游厕所、供水、供电、通讯网络、ATM机、救护系统等设施。这些设施是乡村旅游便利性的保证,每一环节的缺失都会导致游客的满意度下降。

(四)乡村信息服务设施

乡村信息服务设施包括导览标识系统、通讯设施等。信息服务设施是游客及时了解乡村旅游信息的重要方式,涉及到旅游过程的自主性和便捷性。信息服务设施的提升,是在信息时代下乡村旅游必须进行升级的设施体系。

二、乡村旅游设施升级原则

2015年年初,"旅游厕所革命"席卷全国,乡村旅游地作为旅游厕所的重灾区,普遍存在数量不足、质量不高、布局不合理、管理不到位等突出问题。乡村旅游基础设施的升级,是乡村旅游舒适度提升的重要保障。乡村旅游设施升级有以下几大原则:

(一)功能性升级

乡村旅游设施,应该首先满足功能需求,配备充足的垃圾桶、厕所、餐位、停车场等基础设施,彻底扭转乡村旅游带给人们的"脏乱差"印象,展现乡村旅游的舒适形象。因此,乡村旅游设施应首先进行功能升级。

(二)乡土性升级

乡村旅游设施涉及到乡村旅游形象的展现,应加强突出其乡土特色,选取乡土材质进行构建、采用乡土语言作为解说、提炼乡土元素进行装饰,将乡土韵味进行极致表达,构建具有浓郁乡土风情的基础设施体系。

(三)时代性升级

乡村旅游设施的升级,还要与时代结相合,满足人们的时代生活需求。在网络化时代,建设乡村WIFI覆盖系统成为旅游必备设施;借势网络营销平台,开发乡村旅游APP成为必需。结合时代需求,不断提升自身的旅游设施,才能推动乡村旅游的不断升级。

三、乡村旅游设施升级路径

(一)乡村旅游交通设施升级

1.道路通达升级——绿道理念,内外通畅

乡村旅游交通以绿道理念进行建设,强化乡村交通功能性的同时,注重保护乡村生态平衡,展现乡村的特色风貌。乡村外部交通升级:乡村外部的道路交通必须保证畅通整洁,路面硬化情况良好,警示避让标识系统完善,道路两旁绿化充分,无违章建筑和乱堆乱放等现象,材质一般为沥青、水泥等。乡村内部交通升级:乡村内部道路改造提升可与"美丽乡村"建设有机结合,实现内部路网完善,道路两旁无违章建筑、乱堆乱放现象,宅间路确保畅通;具备机动车系统和步行系统,有独立的生产(消防)通道、观光车专用道、自行车专用道、步行专用道等,可提供代步租赁服务。内部道路可选择与乡村风格一致的水泥、鹅卵石、石板等材质。

  2.道路景观升级——乡土动物植物融入

  乡村旅游道路景观承载着乡村旅游门户形象,奠定了游客对乡村旅游的第一印象,因此,乡村道路景观的打造非常重要。乡村特有的动物或植物,作为乡村的典型特征,应用到乡村道路景观营造上,构建融山水画卷、田园风光、历史文化、民俗风情等于一体的乡村旅游风景线,可以更好地展现乡村风情。海南万宁兴隆热带花园的绿道两旁,除了种植大量的树木,还培育了本土花卉及爬藤、荫生、兰科、蕨类、地衣等植物,让微生物、昆虫和野生小动物都能找到繁衍生息的栖息地,蜂蝶招展,蝉鸣蛙叫,一路起伏变化,让人流连忘返。

  3.配套设施升级——容量适宜,生态环保

  乡村旅游交通的配套设施包括停车场、服务驿站、道路标识系统等,容量应满足游客接待需要,在建筑理念上应以生态环保为首要考虑因素。以停车场为例,按集中和分散两种方式进行停车场配置,村庄主入口或游客接待中心附近区域应设置大型生态停车场(可供旅游大巴车停放),村庄内可根据需要设置小型生态停车场,各类停车场的选址合理,规模适中,与周边环境协调。

  4.文化比重升级——联动民俗,个性展现

  乡村旅游道路既有交通运输功能又具观景休闲功能,应是乡村风情的串联通道。因此,乡村旅游道路的升级,应注重民风民俗等乡村文化的展现,通过乡村文化主题小品、特色标识牌、特色文化展示等方式,构建融山水画卷、田园风光、历史文化、民俗风情等于一体的乡村旅游靓丽风景线。

（二）乡村环卫设施升级

1.数量质量升级——数量充足，卫生方便

乡村厕所、垃圾桶等环卫设施数量缺乏，是乡村旅游一直以来面临的问题。配备数量充足的厕所、垃圾桶，是乡村旅游升级需要首先解决的问题。乡村旅游厕所和垃圾桶需要满足"数量充足、卫生方便"的最基本要求，保证即使旺季也能满足游客需求，同时又舒适、免费，给游客良好的印象。

2.建筑风格升级——乡土格调，朴实品质

在满足游客最基本的需求功能同时，对乡村厕所、垃圾桶的外观建筑进行升级，构建乡村旅游的独特体验点或者小景点。建筑风格要与当地的民居建筑、村庄环境相融合，采用乡土材质进行建设，内部装饰体现民俗文化元素，选址在景观优美的乡村小巷或田间地头，精心设计的厕所必然是乡村一景。

3.管理方式升级——以商养设，商设共荣

乡村环卫设施的管理尤其重要，管理不到位，导致众多的乡村旅游设施遭到破坏甚至无法使用。乡村环卫设施的管理可考虑"以商养设"方式，为乡村旅游环卫设施的管理制定标准化流程，实行厕所、垃圾桶等的公益广告和"企业赞助冠名"相结合的办法，对厕所有关醒目位置的广告位进行出租转让，广告收入作为管理者的收益和公共设施维护的投入。

（三）接待服务设施升级

1.乡村住宿设施升级

游客接待能力常常成为限制乡村旅游业的因素，尤其是旅客住宿，游客高峰期经常一床难求。乡村旅游地的住宿设施应坚持地域性的原则，合理利用当地建筑材料，尊重和保持周边乡土氛围，增强可识别性，避免建筑和景观出现城市化倾向，体现乡土性和独特性。在满足游客对住宿设施数量的要求同时，也要满足质量的要求。

(1)类型升级——种类丰富,满足需求。乡村可开发建设多种多样不同类型住宿设施——度假型乡村酒店、乡村客栈、休闲农庄、乡村会所、乡村度假公寓、原生态乡村民居以及森林小木屋等,形成功能齐全,布局合理的乡村旅游住宿体系。

(2)环保升级——顺应环境,环保材质。乡村生态环境相对敏感和脆弱,乡村住宿设施设计既要考虑经济效益,更要强调生态效益,以减少对生态系统的干扰和对自然环境的破坏,使乡村环境具有良好的生态循环再生能力。首先,建筑及景观设计要以环境情况为基础,选择合理朝向,顺应地形地貌,保护农田肌理、溪流水景等自然元素,力求规模恰当、形制适宜,使人工构筑物与生态环境和谐共存;其次,采用环保型建筑材料及建筑技术,利用太阳能、沼气等清洁能源,争取自然通风采光,注重节能节水,并对废弃物进行适当处理,减少污染。

(3)建筑升级——地域个性,识别性强。乡村住宿设施设计应坚持地域性的原则,体现乡土性和独特性。以"地域基因"决定乡村住宿设施的布局、建构和经营主题,并由此形成乡村住宿设施的地域特色。在乡村住宿设施设计中应合理利用当地建筑材料,尊重和保持周边乡土氛围,增强可识别性,避免建筑和景观出现城市化倾向。

2.乡村餐饮设施升级

乡村餐饮设施应坚持安全性、民俗性原则,体现舒适性、卫生性和乡土性,打造本土物产。

(1)品质升级——舒适卫生,档次齐全。乡村旅游的餐饮设施需要在品质上进行升级。首先要讲究干净、安全、卫生,厨房内部公开透明,实现生熟分离、干净无味、餐具消毒、餐桌整洁;另一方面,餐饮设施布局合理,在乡村商街、主要道路和节点、景点的接待服务区重点设置,总体规模与乡村接待能力匹配;第三,餐饮设施的种类要丰富,涵盖高中低各个档次,满足不同游客的需求。

(2)乡土升级——乡土环境,乡土美食。乡村旅游餐饮要将乡土风味进行极致展现,形成自身的餐饮品牌。一方面,在餐饮环境营造上应以农家生活为主题,设施内部的布置上尽量运用农业及乡村文化特性来营造气氛,桌椅餐具显示地方特色;另一方面美食应以地方特色和传统农家菜为主,加强特色菜、农家菜、山野菜等菜品开发,重点突出当地生态特色、文化特色、民俗特色,将乡村美食打造成具有特色的旅游吸引物。

3. 乡村购物设施升级

(1)品类升级——丰富品类,满足需求。村庄内部的商店除了要满足本地居民需求之外,还承担着面向游客的需求,乡村旅游购物目前面临的最大问题,就是商品品类不足。首先,乡村购物商店应增加游客需求的商品品类、在需求的基础上拓展购物空间、提升购物方式,给游客更多便利;其次商店的标识应醒目,在路口等交通节点设置指引标识,让游客容易找到。

(2)个性升级——本土物产、文化营造。专门面向游客的旅游商品购物店可以极大的提高游客的购物体验。这类专营店一般会统一注册商标,进行品牌和商品包装设计,采用乡土元素的建筑装饰风格,采用自助购物方式;乡村旅游商品一般包括土特产、民俗手工艺品、文化创意产品等。

(四)信息服务设施升级

1. 设施系统升级——设施完善,功能齐备

乡村旅游必须具备充足完善的导览标识设施,以明确导向、解说和警示功能,在设施分布、使用材料、造型设计、字体类型上,必须与乡村环境相协调,在满足主体功能的同时兼具美感和乡村特色。

乡村旅游的通讯设施必须与接待规模相匹配,能满足当地村民和旅游发展对通信容量的要求。有国内、国际直拨电话、传真及互联网络服务,移动信号全面覆盖;公共场所应配备公共电话及互联网络端口;公用通讯设施服务标志醒目。

乡村旅游应建立紧急救援机制,医务设施可与村庄医务设施共用,配备专职医务人员,提供全天候医疗服务;乡村旅游要配备必要的安全救助场所、应急疏散场所和设施,能提供全天候安全救助服务;乡村旅游的消防、防盗等救护设备和防护设施要齐全,交通、机电、娱乐等设备无安全隐患。

2.科技程度升级——智能设施,智慧旅游

加强乡村旅游信息服务设施的智能化,引进电子触摸屏、电子导览系统等,实现乡村旅游信息服务设施的智能化;配备虚拟旅游体验设施,提供网络虚拟体验。

3.信息管理升级——数据管理,网络平台

随着乡村旅游业的发展,以村庄为单位的乡村旅游信息管理系统不可或缺。可成立乡村旅游网络咨询服务中心,开通游客咨询、预定等相关服务,使乡村旅游更加规范、便捷;设立旅游咨询平台与投诉平台,通过智能平台加大对乡村旅游景点服务的监督,通过网上评价或投诉,提高乡村旅游的服务质量。通过对旅游大数据的管理,得到乡村旅游的有效反馈机制,有针对性地完善乡村旅游的方方面面。

四、乡村旅游设施的运营管理

乡村旅游的设施资源在开发之后的维护和经营,以及经济发展的波动对其的影响。首先,应注重城乡交通的顺畅,方便游客往来,为游客提供交通方便,如在山区内景区,应设有游览车辆以供乘坐;其次,应注重对景区内基本设施的定期维护,如垃圾桶及时清理,灭火、救生圈等救生物品的正常取用,另外是对景区内娱乐设施的定期检修和维护,保证游客游玩安全;最后,景区在经营方面应定期增添新的表演活动,对于不能吸引观众的表演项目则应考虑更换,以此为游客提供更好的旅游体验。

第四章 乡村旅游产品开发与运营

乡村旅游产品是指旅游者在乡村旅游的过程中,能够购买或体验的一切有形的商品和无形的精神感受。可以从以下几个角度来理解乡村旅游产品:对于旅游的目的地来说,它使旅游运营者依靠设施、交通及旅游吸引物来满足旅游者全部需求的服务;对于旅游者来说,它使旅游者实现了一定心理需求的经历,其间需要付出一部分费用、时间及精力;对于旅游供给者来说,它是为了实现乡村社会经济发展,通过加工以后的旅游客体;对于旅游参与者的行为来说,它由品牌产品、辅助产品及配套产品组成,这种产品体系的构成,不仅能够满足不同游客的需要,而且能够使旅游地在市场中具有一定的竞争力。

第一节 乡村旅游产品分类

随着旅游业的迅速发展和市场需求的升级转变,乡村旅游的产品类型日益丰富,产品名称也多样化。我国乡村分布着丰富的旅游资源,市场空间和需求潜力巨大。为了进一步推动乡村旅游发展,国家旅游局提出,要不断推出比较成熟、完善的乡村旅游产品,培育中国乡村旅游精品,进一步帮助乡村旅游发展开拓市场。

一、乡村旅游产品的种类

在国外,乡村旅游产品的类型丰富多彩,如德国的"度假农庄"、法国的"教育农园"、意大利的"绿色度假"、日本的"观光农园"、澳大利亚的"郊野宿营"等等,通过借鉴国内外乡村旅游产品的开发形态,根据产品性质而言,可尝试以下几种主要的乡村旅游产品类型。

(一)生态观光型乡村旅游产品

顾名思义,生态观光型乡村旅游产品是以优美的乡村田园风光、乡村特色民居群落、传统的农业生产过程、民俗博览园等作为旅游吸引物,把生态与民俗风情结合起来,旅游与休闲结合起来,满足游客回归自然、寻找梦想的心理需求,吸引城市居民前来参观和游览的旅游产品。观光型乡村旅游产品要想具有持续长久的生命力,必须突出当地的乡村特色,需要充分利用当地独特的旅游资源优势以塑造特色产品。因为每一个乡村都是万花丛中的一点"绿",如何做到万绿丛中的一点"红",就必须从特色出发。具体包括以下几种类型:

1. 观光农园

观光花园:以观花赏花、园艺习作为主题的观光农园。主要利用一些大型花卉生产基地,为游客提供观光、赏花、买花、园艺习作、插花技艺学校等旅游活动场所。这些花卉生产基地与旅游业天然的偶合关系,是发展乡村观光旅游(赏花节、赏花会、赏花之旅等)的本底性资源,也是塑造田园化乡村环境的重要因素。

观光果园:以水果旅游为主题的。主要利用成熟果园,通过观果、品果、摘果等系列活动吸引游客。观光果园一般指开放成熟期果园供游人亲自采摘、品尝、购买及参与加工果实,又能观赏果实累累的丰收美景,并与其他休闲活动相结合的果园经营新形态。果树品种以苹果、梨、葡萄、柑橘、桃为主,一般选择花香、色艳、味美的果品树种,综合考虑开花期和成熟期合理搭配和组装,以增强吸引力,延长开放期。果园内可开设果品加工坊、果品品尝屋、鲜果专卖店、休息亭、品茶亭若干座,游客平时可在林间休闲、游览、野营、烧烤,果实成熟时,游人可自采、品尝、参与加工、购买新鲜水果。为了增加果园的文化氛围,可点缀文化艺术小品,如雕塑、壁画、楹联、诗词等,可以直接以水果为内容,也可以间接引述或表现与水果有关的历史典故、传说趣闻,如古诗名句"满园春色关不住,一枝红杏出墙来"就可雕刻于石碑上。为保障果园正常生产,观光果园要开辟活动专线,开辟供游人采摘、品尝和学习栽培的固定区域。

2.观光牧场

观光牧场开发有两个方向:饲养普通家禽、家畜,如牛、马、羊等,开发参与功能,让游客全方位、多层次参与。如让游客参与饲养、剪毛、挤奶、品尝羊肉和羊制品,观赏和拍摄奶牛等。如饲养品种优良而独特的牲畜及野生动物。这些动物必须易于饲养且有很大的观赏价值,如鹿、狐、鸵鸟等。牧场既有生产的功能又有观光的功能,因此牧场应采用先进的饲养技术、管理方法和设施设备,建立畜禽良种繁殖体系、畜产品加工、检验、贮运体系,形成融观光、参与、娱乐、品尝、培训、咨询、购物、科研等功能的一条龙旅游服务系列。

3.观光渔村

观光渔村主要以参与为主。如规划地周围有大面积的水域和传统渔业,则应恢复传统渔业生产风貌,甚至可以对其进行适当的艺术加工,使其具有旅游吸引力。以山东"渔村"为代表的胶东半岛乡村为例。自上世纪90年代以来,胶东地区相继开发出了以长岛和日照"渔家乐"、荣成"胶东渔村"等为代表的、以传统渔家生活为主题的乡村旅游产品,在国内市场上成为知名的旅游品牌。山东东部的胶东半岛沿海地区,以渔业生产、渔民生活和胶东地区特有的地理、自然资源为基础,形成了独具特色的"胶东渔村"。渔村和渔民以荣成、蓬莱、长岛、日照等地最为典型。

4. 观光鸟园

西班牙南部小镇 Andalucfa,有着丰富的鸟群,是观赏鸟的天堂,每年都能吸引很多鸟类学者前来观光。一年中最好的观赏季节是春天,因为这时候既可以看到很多冬天的物种,又可以看将来临的夏季物种。观光鸟园的内容一般包括观光湿地的建设、观光鸟群迁移以及观赏鸟巢等。

5. 乡村公园

森林公园:区位条件好,地形多变,山峦起伏,溪流交错,森林茂密,景色秀丽,环境优良,气候舒适,面积较大的森林地段可开发为森林公园。使之成为人们回归自然、休闲、度假、野营、避暑、科学考察和进行森林浴的理想场所。

农业公园:按照公园规划建设和经营管理思想,将农田区划为服务区、景观区、农业生产区、农产品消费区、旅游休闲娱乐区等部分,形成一个公园式的农业庄园。

6. 科技观光游

科技观光游是利用现代高科技手段建立小型的农、林、牧生产基地,既可以生产农副产品,又给旅游者提供了游览的场所。山东省寿光市蔬菜高科技示范园的规划面积 20000 亩左右,中心区 10000 亩,已投资 1.6 亿元,建成"三园三区五中心"格局,即蔬菜高新技术创新园、农业博士创业园、外商投资园;蔬菜标准化生产示范区、新品种试验示范区、现代化设施试验示范区;智能化信息管理中心、蔬菜高新技术培训中心、展示交流中心、现代化生物工程种苗中心和蔬菜保鲜加工销售中心。

示范园始终坚持以进军农业科技前沿,带动全市及周边地区农业发展为目标,先后与山东农业大学、上海交大农学院、中科院海洋生物研究所、中国农科院蔬菜花卉研究所等科研院所建立了长期合作关系,承担着科技部、省科技厅等多项科研项目。已被列为山东省农业科技示范园区和国家农业科技园区试点单位,还被确定为博士后科研工作站、引进国外智力示范推广基地、山东省蔬菜工程技术研究中心、山东省农业大学博士生实践基地。

园区的农业观光旅游产业已经成为国内农业旅游的一个亮点,特别是园内体现现代农业水平的工厂化、标准化生产模式和各类优良先进的种植模式以及闻名全国的中国寿光蔬菜博览会,都成为吸引人们前往考察参观的重点。园内南国的水果、北方的蔬菜应有尽有,各式景点错落分布,令人向往,每年接待国内外各种旅游参观团体和单位20000多个,游客达50万人次以上。

7. 水乡农耕田园观光

以水乡农耕景观为主题。利用河口水网密布的特点,营造荷塘万里,蕉林、蔗林成片,凉亭竹棚、鱼跃禽鸣的水乡农耕景观,让游客置身于水乡秀色、田园绿野中,尽情领略水乡风情。

8. 绿色生态游

利用农村特有的自然生态旅游资源,进行适当的规划和包装,开发各式各样的"绿色生态之旅"项目。被财政部和水利部授予"全国水上保持生态建设示范村"的辽宁丹东大梨树农业生态旅游村,1992年被联合国环境规划署授予"全球500佳"称号的辽宁盘锦大洼县西安生态养殖旅游项目都属此类。

(二)体验型乡村旅游产品

乡村旅游产品贵在"村"味,重在体验。住冬暖夏凉的农家房,观小桥流水的农家景,听俚语乡言的农家情,享祥和温馨的农家乐,是体验乡村生活、体验乡村生产和体验乡村民俗风情的最佳途径。作为一种新兴而时尚的旅游休闲形式,体验型乡村旅游产品无疑是当前的一种时尚品。

体验型乡村旅游产品,主要是指在特定的乡村环境中,以体验乡村生活和农业生产过程为主要形式的旅游活动,同当地人共同参与农事活动、共同游戏娱乐、参与当地人的生活等,借以体验乡村生活或农业生产的过程与乐趣,并在体验的过程中获得知识、休养身心。对于体验型乡村旅游产品的生产和开发来说,它们对自然资源及部分基础设施的要求不高,提供最基本的吃住设施就可以了,关键在于能够对旅游者产生吸引力,使游客觉得在乡村旅游的话,能够让自己全然放松,体验和回味美好的乡村生活。

1. 酒庄旅游

说起酒庄旅游,很多游客都感兴趣,这源于人们对酒的制作、味道、颜色等的好奇。例如澳大利亚将当地的葡萄酒产业优势与旅游业有机结合,开发出葡萄酒旅游,允许旅游者游览参观葡萄园、酿酒厂和产酒地区等景点,并且还可以参加包括制酒、品酒、赏酒、健身、美食、购物等一系列娱乐活动。他们不仅可以保证严格的葡萄酒流水线生产作业,同时还作为一项文化旅游项目,欢迎各国游客前来参观葡萄园景观,并且可以亲口品尝各种风味的葡萄酒,对游客来说真是一件两全齐美的差事。

2. "做一日乡村人"

在这种旅游活动中,旅游者能够回归自然,学到许多新知识,结交新朋友,暂时离开都市环境,换一种生活方式,使自己的身心得到休息和调整。如杨家埠中国民间艺术遗产村庄乡村民俗游,让旅游者在家庭年画作坊中,亲自刻印年画,亲自张贴年画或把自己刻印的年画带(买)回家;被称为齐鲁第一明清古村落的章丘市的朱家峪,旅游者到朱家峪可以看民俗展览,还可以亲自摊煎饼、推磨盘等,进农家体验生活。

3. 人工林场

人工林场具有调节气候、吸碳制氧、消除烟尘、吸收毒气、杀灭细菌、隔音消声、净化污染、美化环境的功效。人工林场可在行、游、吃、住、娱、购旅游六要素上做文章。

行:开发"森林浴",即在林场内设置林间步道、小路等,供游人散步、健行、慢跑、登山。为了让游人感到新鲜,道路要根据地形设计,有升、有降、有直、有曲,要有为老年或恢复健康的游客设计的平缓步行路,也要有为青年游客设计的迂回曲折、坡线较长的登山路。

游：结合地理学、生物学、环境学、园林学、药学等多种学科的知识，开发集知识性、趣味性为一体的森林旅游项目，如赏鸟、赏树、赏花等。

吃：突出"新鲜、独特、无污染"等特点的绿色食品、花卉食品、昆虫食品和符合规定的野生动物。

住：少建高档宾馆和别墅，以小木屋、草舍、野营帐篷、洞穴等亲近自然、回归自然的住宿设施为住。

娱：以弓箭狩猎、密林寻宝等适合森林的项目为主，同时也可开辟游人植树区，专门让游人种植纪念树，如新婚蜜月树、情侣树、诞辰树等，并让游人亲自参与管理。

4.林果采摘园

林果采摘园使游客体验到乡村传统的农耕作业活动以及现代科技农业生产，让游客在体验的过程中受到教育，增长见识，得到充实。体验型的林果采摘是一种最富趣味性、成就感最强的体验性乡村旅游项目，许多乡村地区都可以结合当地的林果业，开展体验型果实采摘活动。

(三)品尝购物型乡村旅游产品

1.品尝游

乡村有丰富的食品资源，可以将乡村食品资源与美食文化结合，开展以绿色特色食品为主的果品品尝、特色风味小吃品尝、健康保健食品品尝、绿色生态食品品尝、野菜品尝、特种禽畜菜肴品尝、烧烤美食品尝等美食旅游活动。特色食品应该以绿色营养、色香味俱全、原料独特的乡村食品为主。如：花卉食品(饮品、糕点)、花粉食品(包括花粉饮品、糕点、菜肴、糊羹、糖果、药酒)、野菜食品、水果食品、土特产、珍稀禽畜和水产佳肴。品尝方式可以是农户提供的餐饮服务的内容之一，也可以建立特色小吃一条街或特色小吃品尝区，方便游客到此参观品尝各种各样的特色食品。

2. 购物游

在心情愉悦地进行了娱乐活动后,游客总希望带一些旅游纪念品或乡村土特产品回家。洁净新鲜的特色蔬菜、稀有的珍稀禽畜和名贵水产、美丽花卉、别致的盆景、风味独特的土特产、工艺精湛的手工艺品、古朴雅致的古玩字画、设计独特的旅游纪念品都为开展购物型乡村旅游提供了丰富的资源。应该在旅游活动集中区域建立一些乡村旅游商品销售摊点或集市,方便游客购买各类乡村旅游商品。

(四)休闲度假型乡村旅游产品

休闲度假型乡村旅游产品,是以滞留性的休闲、度假为主,在水乡、山村或民俗园中小住数日,对游览地的衣、食、住、行做亲身体验,同时对当地的民间艺术、民间技艺、方言等加以轻松的了解。这种类型的民俗产品强调景区(或村庄)内的自然环境和当地居民以及旅游者之间的和谐共处。

现代旅游的特点是人们更多地强调旅游经历与自我参与,因此休闲度假旅游产品的发展是一种必然趋势。由于社会经济的发展,人们生活质量的提高,很多大城市的周边农村一到假日就会出现不同的城市人的身影。他们或者无所事事地闲逛,或者在山水中钓鱼、野餐聚会,或者到农民家摘果子、种蔬菜、喂小鸡等等。农民们也很热情地邀请城里人到家里做客,住农家屋,睡土炕,吃农家饭。这种对休闲度假生活的需求与供给的对接,使休闲度假型的乡村旅游产品应运而生,具体来说有周末节日度假游、家庭度假游、集体度假游、疗养度假游和学生夏令营等。

1. 度假娱乐

度假娱乐游是现代都市人为了缓解工作生活压力、利用假日外出进行令精神和身体放松的一种较高层次的旅游形式,度假娱乐需求成为旅游者基本的旅游需求之一。

国外在开发乡村旅游时积极开发娱乐性强、互动参与性大、表现形式新颖的休闲娱乐项目以满足游客多层次需求。在美国,每当瓜果成熟的季节，城里人就纷纷涌进各大农场参加摘水果的度假活动，以获得别有情趣的度假享受，缓解工作压力。德国的乡村旅游十分简洁，不会因为旅游开发而刻意改变乡村的自然风貌，主要项目有瓜果采摘、集市体验、亲近动物、农家住宿、自租自种等。意大利农业旅游区则是一个典型的具有教育、游憩、文化等多种功能的"生态教育农业园"，旅游者可以从事各种农业健身运动，例如体验农业原始耕作、狩猎、亲手制作工艺纪念品、烹调学习活动等。

国内休闲度假旅游还不是主导性消费市场，市场条件不是很成熟，还有待提升和发展。如山东枣庄市峄城区万亩石榴园内的"石榴人家"、泰安市肥城万亩桃园中的"桃园人家"等为代表的特色经济区，使旅游者在"石榴人家""桃园人家"中休闲度假，了解民风民俗，参与农事耕作，具有典型的山村度假意义；莱芜市的房干村让游客住在农户小康楼，通过参与各家生活，体味山村农家乐趣，还可以让游客体验包水饺、放鞭炮、耍花灯、逛山会等丰富多彩的民俗风情；济宁的运河人家，让旅游者住在运河的小船上，了解运河船家的生活习俗；威海市的"花村"和"画村"有浓郁的民俗文化，民间艺人在奇石收藏、剪纸、根雕等方面造诣颇深，游人在欣赏怡人的自然景色的同时感受那里独特的民俗。

2. 休闲农场

休闲农场是一种供游客观光、度假、游憩、娱乐、采果、农作、垂钓、烧烤、食宿、体验农民生活、了解乡土风情的综合性农业区。台湾的许多会议都是在休闲农场召开的。法国为满足不同偏好度假旅游者的需求，开发了不同主题、种类齐全的休闲农场，包括农场客栈、点心农场、农产品农场、骑马农场、教学农场、探索农场、狩猎农场、民宿农场、露营农场等。

3. 租赁农场

租赁农场是指农民将土地出租给市民种植粮食、花草、瓜、果、蔬菜等的园地。其主要目的是让市民体验农业生产过程，享受耕作乐趣，以休闲体验为主，而不是以生产经营为目标。租用者只能利用节假日到农园作业,平时则由农地提供者代管。租赁农园所生产的农产品一般只供租赁者自己享用或分赠亲朋好友。

农场主将一个大农场分成若干小园,分块出租给个人或家庭,向他们收取出租费用。平日由场主付资雇人照顾农园,并可按照租赁者的意愿更换、增添农园内种、养殖的品种,假日则交给承租者享用。这既满足旅游者亲身体验农趣的需要,也增加了经营者的利润。租赁农场用地,包括山地、平地、丘陵、水面等各种类型的地貌,适用于耕种、放牧、养鱼和种树等各类农业经营形式。相邻农场边界可种阔叶树,树下设休息座若干。租赁农场针对收入较高的富裕阶层人士,可采用会员制经营。易操作、成长期短的蔬果项目,场主可为会员提供农具和菜种,会员只需每月交纳一定月租费,就可不定期地做一个悠闲的农夫。

4. 乡村俱乐部

乡村俱乐部是为了满足人们休闲娱乐而设置的,利用合适的乡村环境,开展野外活动。如在原来知青集中的乡村建立"知青俱乐部"、开展"知青回'家'游";利用水库、湖泊、鱼塘、河段建立"垂钓俱乐部";选择适宜的地方建设"乡村高尔夫球俱乐部"或"乡村高尔夫球练习场俱乐部"等形式多样的乡村俱乐部。还可以安排篮球、网球、羽毛球、游泳池等一般运动设施的乡村俱乐部。台湾长寿之乡——新竹县关西镇,是统一企业集团走入乡村俱乐部型态的第一步。内部的设计规划配合当地的山形水势,包括山训场、健康森林浴步道、全家游乐区、人工滑雪场、天文台、立体太空动感电影院等,是一个度假休闲的会员制俱乐部。

5. 农家小屋

如果你和你的朋友或家人想回到大自然中,那么在乡村中可以找到很多简单的农家小屋。小屋通常设在类似于自然公园中,如湖、山的旁边,相对比较隐蔽。小屋前的院子可以供游客们在树荫下喝茶、聊天。它们尤其被热爱户外的旅游者,如自驾车旅行者、鸟类学家、爬山者以及仅仅是为了享受一下乡村的宁静的旅游者所喜欢。农家小屋为他们提供了聆听微风、鸟鸣以及懒散的羊群们吵吵嚷嚷的声音的好去处。

6.野营地

野营是一种户外游憩活动,是暂时性离开都市或人口密集的地方,利用帐篷、高架帐篷床、睡袋、汽车旅馆、小木屋等在郊外过夜,享受大自然的野趣,欣赏优美的自然风光并参与其他休闲娱乐活动的一种旅游活动项目。如今,越来越多的人们开始喜欢野营,凭借着山山水水、起伏不平的乡居、树林等,乡村正是野营地的最好去处。野营为游客提供了直接接触自然的经历,同时也是最便宜、最灵活的一种住宿方式。如果一家人正好想找个户外度假,或是一群朋友希望出去游玩的话,野营旅游无疑提供了舒适和有价值的乡村旅游。

(五)时尚运动型乡村旅游

时尚运动型乡村旅游产品是一种全新的独特的乡村旅游产品,它是以乡村性为基础,融前沿性、时尚性和探索性为一体的新兴乡村旅游产品。这种旅游产品的主要销售对象是白领、自由职业者等年轻的创新型人群,包含的项目有溯溪、漂流、自驾车乡村旅游、定向越野、野外拓展等。乡村原始朴素的自然环境为时尚运动型乡村旅游产品提供了最佳的条件,可以说,除了在乡村或城市近郊地区,在其他地方几乎没有这种类型的产品。这也是乡村资源与市场需求对接的最好体现。

1.溯溪游

乡村是溯溪游的最佳地点,乡村中的山山水水形成了溯溪活动的基本设施。溯溪是由峡谷溪流的下游向上游,克服地形上的各处障碍,溯水之源而登山之巅的一项探险活动。溯溪是一项可以结合登山、攀岩、露营、游泳、绳索操作、野外求生、定位运动、赏鸟等综合性技术的户外活动。在溯溪过程中,溯行者须借助一定的装备,具备一定的技术,去克服诸如急流险滩、深潭飞瀑等许多艰难险阻,充满了挑战。溯溪活动需要同伴之间的密切配合,利用一种团队精神,去完成艰难的攀登,对于溯行者是一种考验,同时又得到一种信任和满足,一种克服困难后的自信与成就感。乡村中一处壮美的瀑布在溯溪人的眼里便是悬崖,在潮湿而又长满青苔的瀑布里攀岩是一种新的挑战。奔腾的激流和艰难的攀岩在此相依相伴,非常刺激而又充满活力;在落差小,水流缓慢的地方,可让溯溪人心灵的思绪任意飘荡……当然,在刺激的生命冒险来临时,溯溪者永远处在状态中,永远保有对一切的主动。所有的困难都是未知和难以预料的,但是所有的困难和未知都是启发你思考和向上的动力,这就是溯溪游的时尚魅力。

2. 自驾车乡村游

越来越多的城市人拥有了自己的私家车。车改变了人们的生活方式。每逢周末和假日,约几个知心好友,带着美好心情就可以去享受乡村美景了。相对随团旅游,充满个性色彩的自助驾车游已越来越被有车族青睐。备齐行囊,驾上爱车,随心所欲地去奔驰……约伴同行,不仅能尽情地观赏沿途乡村的流光画影、大自然的神妙奇幻,还能感受到团队互爱互勉的动人精神。与随团旅游的最大区别在于,对自驾车旅行者来说,重要的是过程而不是结果,因为旅游者可以在任何一个打动自己的地方做停留,欣赏自然风光带来的惊喜。行程中不经意的发现,就像沙里淘金,路边的一段溪流,城外的半截石塔,山湾里烂漫的桃花,崖壁上隐约可见的石刻,都能令人兴奋不已,就是乡村自驾游的欢乐所在。随时调整旅行线路,穿越旅行团无法触及的地域,尤其是那些尚未开发和开放的地方,领略最淳朴的民风和未遭破坏的自然风光。

3. 漂流游

漂流具有季节性和地点性,一般在夏天的乡村开展。奔出家门的城市人在夏日里纷纷挥去城市的灰蒙,与家人、与亲朋欢聚在一起,在飞越激流中、在欢笑声中洗涤夏天的烦闷,感受乡村原野的亲水气息。漂流大致分两种,一种是以刺激为主,这些漂流的河段水流湍急,河道曲折,但有惊无险,另一种是轻松自在、以赏景为主的江河漂流,这些漂流的河段水流平缓、偶有急滩,可坐在竹木筏上听潺潺水声,戏玩游动小鱼,远眺一片片青葱稻田,乐趣无穷。

4. 定向越野

两岸山峦叠嶂,青翠欲滴,山泉、瀑布、幽潭掩映在原始热带丛林之中,峻险兼备,是开展定向越野运动的理想场地。定向运动是竞技体育项目之一,类似于众所周知的寻找宝藏。大致过程是:在旷野,山丘的丛林或近郊公园等优美的自然环境中,事先隐藏好数个点,参加者手持地图和指南针找出点的所在方向。这种活动有机地将个人休闲、娱乐与团队熔炼、协作融为一体。由于这个活动的组织方法简便,不仅对提高野外判定方向的能力及学习使用地图有好处,还能够培养和锻炼人的勇敢顽强精神,提高人的智力、体力水平。开展定向运动不需要像其他体育项目那样在场地与器材上支付大量经费,其娱乐性与实用性兼备,因此日益受到旅游者的重视,并且很快地在城市时尚人群中传开。

5. 野外拓展

野外拓展训练是指在自然地域(山川湖海)通过探险活动进行的情景体验式心理训练。野外拓展充分利用艰险的自然环境,从情感上、体能上、智慧和社交上对游客参与者提出挑战,在参与者解决问题和应对挑战的活动过程中,实现"磨炼意志、陶冶情操、完善自我、融炼团队"的培训宗旨。

(六)健身疗养型乡村旅游

随着旅游者越来越关注旅游产品的医疗保健功能,国内外许多乡村旅游目的地有针对性地强化了其产品的医疗保健功能,开发诸如温泉、体检、按摩、理疗等与健康相关的乡村度假项目。这不仅能够满足游客的健康需求,而且能为其带来不菲的利润回报。例如古巴的医疗旅游、日本的温泉旅游、法国的森林旅游、西班牙的海滨旅游等都以旅游服务项目的医疗保健功能而闻名。一般来说,这一类型的乡村旅游产品主要包括森林浴、日光浴、划船捕鱼、骑马、散步、远足等,使游客通过乡村旅游达到锻炼身体、宁气安神、消除疲劳的作用。

1. 温泉旅游

这种旅游活动不再是简单地在温泉中泡着,而是由当地导游带领,沿着小溪走过纯自然的道路,来到有医疗效果的温泉发源地,在那有设备简单但齐全的温泉旅游设施,游客可以在那里享受纯自然的温泉浴,然后品尝美味的山果。当然,游客自己最好穿着舒适的鞋子、带着防虫剂、泳装和相机。

2. 散步远足游

人们常说"饭后走一走,能活九十九"。散步能给人们带来体力和身心健康。乡村是呼吸新鲜空气、欣赏自然景观的好地方。当前很少有乡村专门设计步行旅游,其实除了国家和自然公园外,步行道旅游也是相当幽静的旅游经历。但是开发这种旅游产品首先要考虑的就是游客的安全性。由当地的旅游管理部门和投资商共同开发,设计一些有意义的步行线路,在线路的沿途,能够欣赏到当地的自然特色风光、遗址遗迹;线路有明确清楚的标示牌,标明与其他点的距离,以及步行建议和适合野炊的地点等等。

3. 骑马游

很多世纪以来,国外的骑马游是乡村旅游生活中必不可少的一部分。骑马游包含的内容丰富,如骑马度假,可以维持一周跋山涉水的远途旅行;马术授课,从最基础的授课到实践;租马游,农场一般可以为游客提供马匹和导游,指导游客游玩;探寻足迹游,可以结合当地革命历史时期共产党人走过的路线,开发出探寻足迹的骑马游;骑马比赛:这项体育运动式的旅游方式不能很好地控制,也不太广泛,但如果有专门的技术人员以及开发商,在乡村举办这项活动是最有可能和最具潜力的。

4. 骑车登山游

这项旅游活动可以看作是最艰辛但又最放松的运动。当前有很多自行车爱好者,在周末组成一个小团队,骑车通过陡峭艰险的山路。骑车登山游的价位不是很高,但是要准备的设备必须齐全,如钢缆或锁链等。

(七)教育学习型乡村旅游

乡村度假地为旅游者提供一个轻松舒适的学习环境,通过团队合作交流、自主探索学习等方式而不用专业人士做教练,让游客在没有任何压力的情况下学习新知识、熟练新技能,既享受了轻松的休闲,又学习到了知识。日本的许多地方为迎合人们关注野生鸟类生活的情趣,专门开发设计了观鸟旅游,让旅游者亲临野鸟栖息地观察鸟类生活,随行配备鸟类专家指导,使游客在旅游中既观赏到了鸟类的生活,也学到了许多关于鸟类生活的知识。美国的农场、牧场旅游不仅能使游客欣赏美丽的田园风光,体验乡村生活的乐趣,而且在专人授课的农场学校能够学到很多农业知识。这种兼有娱乐和教育培训意义的参与式的乡村旅游形式深受旅游者欢迎,成为乡村旅游的发展趋势。

1. 研修型乡村旅游产品

它是指以考察研究先进农业、特色农业或农业文化,学习农业技艺为主的乡村旅游。可以通过农村留学、参观考察、教育培训等多种形式,开展农业文化考察、特色农业考察、农业技术培训、花木栽培装饰培训、工艺品制作培训、农业知识学习等研修型乡村旅游活动,发挥乡村农业的教育功能。

2. 教育农园

这是将农业生产和科学教育相结合的一种农业生产经营形式。农园中栽种的作物、饲养的动物、配备的农具设备及所采用的生产工艺和耕作技术等都具有较强的教育意义。教育农园可设置简单的农业"博物馆",陈列反映当地种植、养殖业生产历史与现状的农畜产品或图片、农具、介绍农业生产工艺技术的资料等,并可在农园内建立演示区,再现农业生产历史。这样可以增加游客对当地农业生产历史的了解,激发他们爱农、兴农、投身于我国农业建设的热情。当前,较具代表性的教育农园有法国的教育农场、日本的学童农园及我国台湾的自然生态教室等。

3. 寄宿农庄

寄宿农庄是指城镇居民在假期把子女送到农村亲属家去寄宿,做一些社区工作,参与农场作业等,培养青少年坚韧、朴实、健康、正直的人格。例如喂养小鸡、小鸭、牛等;在农地里工作,体会播种、栽秧、收获全过程;为老年人盖屋子,关心老人。

(八)民俗文化型乡村旅游产品

民俗文化型乡村旅游产品是以农村的风土人情、民俗文化为凭借和吸引物,充分突出农耕文化、乡土文化和民俗文化特色,以此来开发旅游产品。这是全面提升乡村旅游产品文化品位的一个有力手段。把农村居民的衣食住行、婚丧嫁娶、生计风俗、时令风俗、游乐民俗、信仰民俗等,无论是物质的、有形的具体实物,还是观念的、无形的抽象形式,都作为开发民俗文化旅游产品的资源依托。匈牙利是将乡村旅游与文化旅游紧密结合的一个典范,它开发的乡村民俗文化旅游产品使游人在领略匈牙利田园风光的同时,也能在乡村野店、山歌牧笛、乡间野味中感受到丰富多彩的民俗风情,欣赏充满情趣的文化艺术,以及体味着几千年历史淀积下来的民族文化。西班牙开发的满足游客多种文化需求的文化旅游线路很多就是乡村旅游产品的重要组成部分,如城堡游、葡萄酒之旅、美食之旅等。

1. 民俗文化村

乡村某些地方具有特定的民俗风情、文学艺术、园林建筑、文物古迹,如衣着、饮食、节庆、礼仪、婚恋、喜好、歌舞、工艺、寺庙、教堂、陵墓、园林等,这些都是重要的旅游资源,对城镇居民有着强烈的吸引力。可以带着游客们到当地的民俗村,参观最能体现当地民俗文化的市场、祠堂,让游客们有机会欣赏到当地的艺术和手工艺品,品尝到当地正宗的小吃、水果等等。例如广西龙胜县以本地的少数民族特点,安排了以"龙脊之春"为主要内容的新春文化活动,各项文化活动好戏连台,祥龙醒狮表演等竞相争艳,为广大游客们营造了新春祥和欢乐的节日气氛。阳朔遇龙河、西街，兴安乐满地、秦城水街等景区景点人流不息，大街小巷和乡村田野随处可见游客身影。人们利用春节长假走进农家，感受农家生活，悠然自在地吃农家菜、泡温泉，体验淳朴、自然的田园风情。

2. 农业文化区

分室外和室内两种形式。室外是展示型农业文化，用实物的形式动态地展示各地或各个历史时期的农业文化。展示农具文化，所展示的农具能操作，并有代表性特色，如汉代的辅护和翻车、五代的高转筒车、宋元时期的犁刀和水轮三事等，由专人教授使用方法，游客可以操作使用，以体验劳作的趣味。室内可开办小规模的手工作坊，如"酿酒作坊""制陶作坊""刺绣作坊""编织作坊"等。

3. 村落民居

这是以村落民居建筑，如古民居、古宅为凭借开发的旅游产品。我国民族众多，民居住宅造型风格多样，如汉族"秦砖汉瓦"、斗拱挑檐的建筑形式；满族的"口袋房，曼子炕"；白族的"走马转角楼"；傈僳族"百脚落地"的草屋等都极具观赏价值和建筑研究价值。又如江南六大古镇中周庄保留着大量的元明清建筑，南浔保留着完整的江南大户人家的深宅大院，乌镇更是以原汁原味"小桥、流水、人家"的江南水阁房吸引了众多的旅游者。再如地处黄山风景区的西递、宏村古民居村落，风光秀美，历史文化内涵深厚，建筑工艺精湛，是保留最为完好的明清徽派建筑群，至今保存完好的明清民居有一百二十多座，房屋基本上保持原貌，未被破坏，具有很高的旅游价值。

4. 遗产廊道

遗产廊道发源于捷克和斯洛伐克中部地区摩拉维亚乡村，当地为了发展乡村旅游，建设了一条名为"摩拉维亚葡萄酒之乡"的遗产廊道，将当地丰富的文化遗产和历史遗迹——诸如乡村博物馆、城堡、葡萄园、酿酒作坊、手工艺作坊、有音乐和舞蹈的酒吧等连接起来，还在途经之处建设了酒店、客栈、宿营地、自助餐厅和餐馆。遗产廊道成为了一项富有特色的乡村旅游产品,可以说遗产廊道是"拥有特色文化资源集合的线性景观",它既可以是自然或历史形成的河流、峡谷、运河、道路以及铁路线,也可以是专门修建的将单个的遗产点串联起来的线性廊道。在拥有丰富历史、文化、自然景观的乡村开辟遗产廊道,将更好地展示当地景观的多样性和典型性,同时也会带动乡村旅游的繁荣和经济的发展。

5. 乡村博物馆

乡村博物馆是一种集中体现乡村文化历史的旅游产品,它涉及到传统乡村生活的所有领域,从实物形态、方言到工作和生活习俗等每一个细节。乡村博物馆起源于欧洲,在国外发展得较为全面。例如罗马尼亚首都布加勒斯特有一座别具一格的乡村博物馆,建于1936年,馆内有许多个性迥异的农家房舍,他们在绿树浓荫的陪衬下显得十分和谐、美丽,被人们称为"都市里的村庄"。这里既是游人参观游览、体会罗马尼亚风情的著名景点,更是了解罗马尼亚农村建筑艺术、民间艺术和农民生活习俗的露天博物馆。它生动地再现了罗马尼亚几百年来社会的变迁和经济、科技及人民生活不断变化与发展的过程。同时该乡村博物馆藏有丰富多彩的雕刻、刺绣及彩陶艺术品,向人们展示了罗马尼亚不同时期传统文化的艺术成就。

6. 传统村落

在完全保留乡村文化的原生性基础上,村民世代传承的由物质文化遗产和非物质文化遗产的组成的村庄。如浙江兰溪中国第一奇村诸葛八卦村,有明清两代房屋多达200余所,房屋、街巷的分布走向恰好与历史上写的诸葛亮九官八卦阵耦合。全村绝大多数村民都是一千七百多年前蜀国宰相诸葛亮的后代,并牢记先祖《诫子书》的教导,"不为良相,便为良医",整个村子就是一个巨大的活文物。

(九)节庆型乡村旅游产品

节庆型乡村旅游是以传统的乡村民俗节日、民俗活动、民俗文化及特殊物产为主题,以举办大型节庆活动为形式而进行的一种乡村旅游开发模式。乡村节庆活动作为旅游景区或乡村旅游点的补充性内容,关键要处理好文化性与参与性、趣味性、娱乐性的结合,使节庆活动具有广泛的大众参与空间。一般来说,节庆型乡村旅游产品有传统的民俗型节庆活动和创新型节庆活动两种。

1. 民俗型节庆活动

仅以山东省为例,轻而易举就能数出泰山东岳庙会、千佛山山会、胶东沿海地区的开渔节等重要的具有较大市场影响力的乡村民俗节庆活动;荣成市的国际渔民节,源于当地渔民传统的谷雨节,是当地渔民祈愿天天鱼虾满仓,祈求神灵保佑,免灾除难的节日;长岛的妈祖文化是中国北方颇具影响力的传统文化,影响面广,民间基础好,是中国北方渔村重要的传统节庆活动之一。

2. 创新型节庆活动

创新型节庆活动是指在传统节庆活动相对匮乏的乡村,以乡村自然资源和乡村文化为基础,创造性的开发能够突出当地资源特色的节庆活动。以北京市为例,作为中国主要的政治、经济、文化的中心城市,乡村资源相对匮乏的情况下,如何开发乡村旅游是一个摆在眼前的难题。于是,整合周边近郊地区的乡村资源,创造一些乡村旅游活动就显得尤为重要。

(十)专门型乡村旅游产品

专门型乡村旅游产品,是结合乡村的区位、市场条件,开发专门的旅游产品,提供某一种或几种专门的乡村服务,如城市周边的乡村餐馆、与景区集合在一起的乡村旅馆等,这些产品往往是单项的。专门型乡村旅游一般提供单项的旅游服务,多与周边城市或大的旅游景区结合开发。

1. 乡村餐饮

乡村餐饮可以从农家主食,如锅贴饼子、红白相间的栗子枣香饭、凉拌山蕨菜、馍馍、农家菜肴和农家野菜等等方面具体展开。例如在济南的南部山区(门牙一带)、泰山东御道、枣庄的"石榴人家"等城郊地区,乡村餐馆已经形成规模,有继续扩大规模、推进发展的可能和必要。但乡村餐饮应建立规范化、标准化的服务体系,旅游管理部门应抓紧出台相关标准和规则,使这些地区的乡村餐饮业走向良性发展的轨迹。

2.乡村旅馆

在山东省内许多大景区的外围地区,可以开发与景区服务一体化的乡村旅馆。如蒙山的"沂蒙人家"、房干的村民旅馆、河口胶东渔村的"胶东渔家"旅馆、长岛的"渔家乐"旅馆、日照王家皂的"渔家乐"旅馆等,都已积累了较好的经验,有进一步推广的必要。同样,建立规范化、标准化的服务质量标准也是这些服务项目持续发展的关键所在。

二、乡村旅游产品的特征

(一)鲜明的乡村特色性

所谓乡村特色,是相对于城市特征而言的,指人们在乡村地域内,能够感知和体验到的,和城市有明显区别的所有自然和人文的元素。

乡村旅游之所以能够迅速发展,正是因为乡村旅游产品和城市旅游产品相比具有的诸多差异性、独特性,从而产生的旅游需求。城乡之间的这些差异包括地理差异、历史差异、文化差异,城乡两个地域仿佛磁铁的两极,存在相互吸引的能量,这种能量的放射点,正是"乡村特色",这种强烈和永久的能量,吸引城市人进入乡村,乡村人进入城市,两个区域内人口彼此双向互动。

乡村旅游产品的这一特点,决定了并非所有的乡村都能够发展乡村旅游,"乡村特色"不明显的乡村,不能依靠人造景观开发乡村旅游。只有那些具有相对突出的、明显的自然或人文特性的乡村才具有开发乡村旅游产品的基础条件。

(二)投资和消费的低门槛进入性

乡村旅游产品要能客观、真实地反映自然乡村世界的本来面目,强调反璞归真,回归大自然,因此,从旅游投资的角度看,乡村旅游产品不需要也不能够大兴土木和投入巨资去培植人造景观,比如,在乡村地域内建造的主题公园并不属于乡村旅游产品,因此,乡村旅游产品开发投入成本少,受资金限制程度低。

另一方面,从旅游消费的角度看,国内外的乡村旅游,均以国内游客尤其是近距离城市居民为主要客源,原则上,乡村旅游市场为近程性市场,旅途短,车马费少,不收门票或门票价格低,食宿费用相对城市低,旅游购物品以当地自产自销的为主,因中间环节少,也较城市便宜。当然,也有少数高档乡村旅游产品可满足高收入消费者的需要,但不是主流,城市人游乡村,其消费心理限度原本就不高,同时,现有的中、低档价位产品的大量存在,客观上保护了这种低消费的持续性和经常性。

(三)产品项目和产品线的丰富性

乡村旅游的产品线的长度和宽度均较大,乡村旅游产品丰富,且产品线之间有较大的差异性,集观光旅游、度假旅游、体验参与型旅游、消遣休闲旅游、康体保健旅游为一体,可较大程度地满足各种旅游者的需求。例如:草原农舍、民族村寨、古村镇、江南水乡村庄、海边渔村、荷塘、果园、牧场、农业科技园区……可见,乡村旅游产品内涵和外延的博大宽泛。

三、乡村旅游产品开发策略

乡村旅游产品是乡村旅游的核心,是发展乡村旅游最关键的部分。如何开发乡村旅游产品对于开发者和运营户来说就显得尤其重要。

(一)乡村旅游产品开发的六大模式

1. 农家院模式

农家院模式是以当地农户为经营主体,利用自家庭院、农产品以及周边资源,打造以"吃农家饭、住农家院、干农家活、享农家乐"为主要内容的乡村旅游产品。例如中国第一家农家乐——徐家大院、以自家"农居庭院"经营以赏花为主线的成都三圣乡红砂村农家乐。

2. 民俗风情模式

民俗风情模式是以当地的民俗文化、风土人情为基础打造农耕文化体验、传统表演、民间工艺展示等旅游产品。例如具有悠久历史的坎儿井与新疆民俗特色融合形成的坎儿井民俗园、黔东南苗族村寨的民俗节日游等。

3. 古村落模式

古村落模式是以古村的建筑、庭院或现代农业的外观、布局等为主要吸引物，打造乡村旅游产品。例如山西乔家大院、丽江古城、河北历史文化名村驾游村等。

4. 农业园模式

农业园模式是将现代农业与旅游观光、采摘等结合，打造休闲、科普等乡村旅游产品。例如南京白马国家农业科技园区、广东高明蔼雯教育农庄、沈阳农业博览园等。

5. 田园度假模式

田园度假模式依托乡村优美的风景、良好的生态环境等资源，打造特色民宿、乡村客栈、酒店等服务设施，供游客在此开展度假、休闲、养生等活动。例如旗山温泉旅游度假村的温泉中心、木屋别墅以及武汉谦森岛庄园等。

6. 产业集群模式

产业集群模式将当地特色农业产业进行规模化打造，开展观光、科普、采摘等旅游活动。例如张坝桂圆林、孙桥现代农业园区等。

（二）乡村旅游产品开发的六大要素

1. 本土化：旅游产品应在本土化的基础上进行开发，保留乡村的"土"味，守住乡村的特色。

2. 文化性：融入乡村的文化内涵，打造出差异化、特色化产品。

3. 科技化：借助科技的力量，使农业和农产品实现现代化，使旅游产品现代化。

4.创意化:将创意与旅游产品相结合,创意农村景观、创意民俗活动等。

5.时尚化:将现代时尚融入到旅游产品开发中,为乡村带去新意,增加旅游产品吸引力。

6.艺术化:将乡村文化与当地艺术相结合,从视觉、听觉等方面打造乡村艺术,成为旅游品牌。

案例:河北省邢台市驾游村乡村旅游开发规划——打造中国乡村旅游模范村

驾游村,原名夹扭村,在北宋时期,宋徽宗来到夹扭村,把夹扭村改为驾游村。驾游村,有始建于战国时期的南寨城墙、烽火台、大王庙和唐代的白云寺建筑群等遗址。抗日战争时期,朱德、贺龙、秦基伟、杨秀峰等老一辈革命家曾在这里战斗生活过,本村因参加抗日人员较多,后改为"独立营"、"区干队"。2007年5月,被省政府命名为省级历史文化名村;2015年11月,被河北省旅游局评为省级乡村旅游示范村。村内到处展示着石头建筑的风采,石碾、石磨、石桥、石路,很多都是石头民居,包括石山墙、石雕、木雕等。驾游村是一个民俗村,乡艺活动丰富多彩。每年正月有秧歌、跑黑驴、舞龙等乡艺表演。

一、总体定位

以板栗、薄皮核桃、野葡萄等特色种植为基础,以太行民俗文化为核心,并融合宋徽宗驾游文化、张角文化、红色文化,打造"太行工艺之乡"主题乡村旅游目的地。

二、形象定位

太行醉绿处·乡愁别样红——驾游村欢迎大驾光临

三、规划思路

1.创新传统村落保护利用模式:工艺+民宿+旅游+体验+农业。

2.打造传统村落核心吸引力:太行工艺之乡。

3. 构建"一心四区"的空间发展格局

一心：游客服务中心；四区："太行工艺之乡"文化体验区、休闲农业区、白云寺佛禅养生休闲区、莲花山森林文化旅游区。

（三）乡村旅游新产品开发策略

产品创新是现代企业发展的焦点。乡村旅游产品设计创新是一个以旅游目的地可持续发展为导向，全方位提高产品质量、拓宽产品功能的系统工程。它至少包含两层含义：一是从单个乡村旅游产品项目来看，创新表现为充分利用旅游资源和促使旅游资源的有效配置，达到旅游产品质量的提高和功能的增强；二是从产品生命周期过程考察（产品生命周期是指旅游产品在市场上维持的时间长度，其中包括导入期、成长期、成熟期和衰退期四个阶段）。它贯穿于乡村旅游产品的规划设计、制造与维护、营销、消费等全部过程，是旅游产品质量创新、功能创新、管理创新的一种组合创新过程。乡村旅游产品开发者可通过以下策略开发新产品：

1. 乡村旅游全新产品导入策略

新产品通常需要大量的广告预算来唤起消费者的注意并促成最终购买。乡村旅游企业在旅游新产品投入期的策略思想重点应突出一个"快"字。在制定营销策略时，一方面，要认识到新产品的优势、特色，敢于在促销方面投入；另一方面，对竞争带来的风险、压力要有足够的估计，果断迅速地采取措施，促使它较迅速地进入成长期。把握市场变化、适应乡村旅游消费者的需要，抢占市场先机。同时，应加大广告宣传力度，运用各种促销手段，宣传产品特性，实行全方位推销策略，使产品尽快提高市场占有率。

2. 乡村旅游产品更新策略

（1）乡村旅游资源重组策略

乡村旅游资源是旅游产品开发的依托。乡村旅游企业开发新产品，必须更新资源观念,重新认识现有的旅游资源,一是以市场为导向组合资源,要能够激发旅游者的旅游动机,满足或创造旅游需求。二是以文化为纽带组合资源。可分别用以自然要素为对象的生态文化、以宗教与民俗为主题的传统文化、以高新科技和新文化为代表的现代文化等多种类型的文化特色来组织开发新产品。三是以经济效益为导向组合资源。在充分利用和挖掘其旅游资源优势的基础上,推动乡村旅游资源的优化组合。

(2)乡村旅游产品升级策略

由于旅游需求的拉动与市场的不断完善,乡村旅游市场竞争不断加剧,必须通过产品升级策略不断地营造新的产品来延长旅游产品的生命周期,以满足不断变化的市场需求。

提升旅游产品形象:是指在原有乡村旅游产品形象的基础上提炼新形象,从而使旅游者从一个全新的角度来认识原旅游产品,并产生强烈的兴趣。旅游产品形象影响着人们对其心理的感知程度。

提高乡村旅游产品品质:提高旅游产品品质的一个重要途径是持续地对旅游产品规划设计与管理进行完善与改进,对原有旅游资源进行深度开发,不断丰富原有旅游产品的内容。包括实体产品开发(农副产品、乡村纪念品等)和服务产品开发(餐饮、民宿、教育、游乐等),与模式创新类似,需要本地化思维和跨界思维,如纵向的包括根据本地消费市场习惯及农产品资源情况,开发若干小而美(品质优良、包装独特、产品背后故事吸引人)的产品线,主攻景区所在地消费。

提高旅游产品的科技含量:引入和应用高新技术,设计大创意、大手笔的旅游产品。比如将城市儿童职业教育体验项目概念引入休闲农园,开发成乡村版的职业教育体验项目产品,将童子军训练营及网络游戏中的练级系统和荣誉系统引入乡村夏令营生存体验营项目产品中,促进消费者与项目的高度黏合。

第二节 乡村旅游项目开发与运营

乡村旅游项目涉及乡村社会、经济、文化、生态等各层面结构的重塑。乡村旅游项目开发绝不仅仅是旅游设施、旅游业态、旅游产品等旅游要素的安排,还涉及乡村产业、空间结构、风情风貌等多个方面的统筹开发。但是由于在乡村旅游开发过程中埋下了这样或那样的隐患,致使这些乡村旅游项目在后期经营中,总会存在许多不尽如人意的地方。

一、乡村旅游项目开发前的调查

(一)项目选址调查

要想开发一个投资回报比较快的乡村旅游项目,如果是在资源等因素相近和等同的情况下,选址就显得非常重要。在计划开发乡村旅游项目时,应当根据当地城市居民出游的意愿和出游的最大空间距离来选址。乡村旅游在项目的选址方面应当注意以下几点:

1. 在城市附近开发

乡村旅游项目的选址应当在城市居民消费的空间范围之内。乡村旅游项目只要不是利用非常的特殊的资源,都应当选择在离城市相对较近的地方建设,这是乡村旅游开发中不容忽视的问题。

国内已有学者开始注意研究不同类型城市居民乡村旅游消费出行的空间范围,比较成熟的研究结论尽管还不统一,但初步认定有两个消费圈。第一个是以农家餐饮为主打产品的乡村旅游项目消费圈:以城市为中心,人口达到 100 万以上的大型城市,一般在城市周边不超过 50 公里范围,车程不超过 1 小时的区域;人口在 50 万以上的中型城市,一般在城市周边 25 公里范围,车程不超过半小时的区域;人口在 10 万~30 万之间的小型城市,一般在城市周边 10~15 公里范围,车程不超过 15 分钟的区域。第二个是以休闲游憩为主打产品的乡村旅游项目消费圈：以城市为中心，大型城市一般在周边不超过250公里范围，车程不超过3小时的区域以内；中型城市一般在周边不超过150公里范围，车程不超过2小时的区域以内；小型城市一般在周边不超过80公里范围，车程不超过1小时的区域以内。

2. 在旅游区附近开发

乡村旅游项目需要较旺的人气来支撑，尤其是喜爱旅游的人群形成的人气，例如有一定影响力、人流量大的风景名胜区、文物保护区和自然保护区等。但是，在这些具有较高旅游资源价值的区域开发乡村旅游项目，会受到如土地与资源的归属权、景区的管辖范围等等的很多限制。不过，在这些旅游景区的外围周边，以及游客必经的干线公路附近，相对来讲经营土地流转、旅游运营就容易得多。一般来讲，这些地方的土地大多是农民承包的，管辖权力主要在乡村，只要坚持一个前提，那就是在乡村旅游的开发中合理照顾当地农民的利益，结合社会主义新农村建设，助力乡村振兴，发展乡村服务业，吸纳农民参与乡村旅游的管理与服务，同时改善旅游景区的外部环境。但值得注意的是，应当开发互补型、错位型和以面向本地游客为主的项目，这样才能与知名度高的旅游景区争抢客源市场。

3. 环城带状开发

在生活中，可以发现很多大型卖场和专业市场都是环绕着城市发展的。甲大卖场选址城东，乙大卖场往往选择城南或者城西，尤其是同质化很强的大商家，最忌讳扎堆经营，只有各霸一方空间，才能相安无事。

同样的，乡村旅游项目的开发也应该避免扎堆开发运营，特别是消费能力很强的大中型城市，时间久了就会自然而然地形成环城的郊区休闲游憩带。这种环城带状发展的结构，有利于形成城市近郊社会主义新农村建设与以大中型旅游休闲度假项目为龙头的乡村服务业齐头并进发展的势头，促进城乡相互融合、共同繁荣。

4.沿公路带状开发

依托一条高速公路或比较通畅的公路开发乡村旅游项目,是相对容易启动客源市场的,因此在乡村旅游项目的选址中,应该将公路交通放在重要的位置来考虑。乡村旅游的多年发展,很大程度上是依赖城乡公路交通的便捷与城市居民自驾游的不断增多,使得城市居民活动空间的逐渐扩大推动的。不少乡村旅游运营户也认为,一条贯通城乡的公路往往像一串葡萄,可以成为城市近郊的景观带、休闲带。对旅游项目来讲,独具价值、利用沿途的风光进行乡村旅游项目规划与推广,是企业非常有效的发展战略。

5.沿水体带状开发

水是灵气的自然集聚,一座城市的兴起往往离不开江河湖海,许多城市的"母亲河",不仅哺育了城市的世代居民,也形成了城市景观的"血脉"。许多地方,无论是滨水公路还是滨水乡村,都有自己独特的景观,是发展乡村旅游的最佳区域。尤其是在北方,几乎有水的地方就有旅游的开发价值。因此,沿江、河、湖、海开发乡村旅游项目,可以有很多种选择,包括沿水观景、沿水游线和亲水休闲等,可以形成成熟的项目与很快的发展格局。

6.沿山体带状开发

在我国许多地方,根据当地的实际情况,城市是沿着谷地或坝子来发展的,山环水绕,往往形成很好的风水。城市近郊的山前山后,沿着山脉的走向总会有不少迷人的风景线,同水一样,都有发展乡村旅游带的环境与条件。尤其要注意利用沿山公路、山村聚落、山区林业和山野特产,以及成熟的种植业、养殖业,开发山村、森林和山地旅游项目。

(二)环境调查研究

1.社会环境调查

良好的社会环境是乡村旅游项目开发的重要保障。由于乡村旅游项目开发的涉及面很宽,对社会环境的依赖性、关联性非常强,因此在项目准备阶段,有必要全面了解当地的社会环境。其中主要包括地方政府对发展服务业的支持态度与政策,当地的旅游业发展情况,社区居民对乡村旅游的认同,社区经济发展和治安状况,地方原生文化保育情况等。

2. 区域经济情况调查

鉴于乡村旅游是项目开发区域经济与社会发展的一个组成部分,同时也是第三产业中服务贸易的一个部分,乡村旅游的发展应当符合与适应该区域社会主义新农村建设的整体发展战略、方向和目标,以体现旅游业作为乡村重要的新兴产业和社区经济发展的内容,在推进乡村经济结构调整、三大产业融合和增加乡村居民就业机会中起着重要作用。主要调查研究包括区域经济发展状况、区域经济发展措施、旅游业与相关经济产业的比较等。

3. 资源情况调查

一个地方能不能开发乡村旅游项目,以及项目的规模和档次如何定位,很大程度上取决于乡村旅游资源,因此资源是项目开发的原材料。乡村旅游的资源多数同传统的旅游资源相同,因此,我们可以采用国家质量监督检验检疫总局发布的国家标准《旅游资源分类、调查与评价》(GB/T18972—2003)来进行调查评价。

4. 客源市场调查

客源市场的调研与分析,主要围绕本旅游项目的客源在哪里,周边市场的客源有哪些特性,项目近期与中远期可能有多少客源这三个主要问题来开展。因此,调研与分析的过程千万要头脑冷静,忌过于主观和想当然,靠数据说话,但又不能轻信某些现成的数据,将市场看得困难一点不要紧,绝不能头脑发热盲目拍板;二忌过于谨慎和徘徊不定,这样往往会耽误项目开发的最佳机会。应当根据旅游项目的大小、开发周期的长短,来对客源市场进行定位、定性和定量的分析。如果周边还有其他类型的乡村旅游项目,也有必要同时关注这些项目的客源。客源市场的调查主要包括游客的区域范围与类型、客源市场的分类、客源市场的定位、周边其他旅游吸引物的客源市场分析、主要客源市场的特点、适游期和淡旺季的客源市场。

二、乡村旅游项目的策划

(一)策划原则

在乡村旅游项目策划过程中要注意的首要问题是协调好开发与保护之间的关系。一般来说,其开发活动应坚持如下原则:

1. 保护优先原则

乡村旅游的开发必须以乡村旅游资源保护为前提,否则,在经济利益的驱动下,难免会造成景观破坏及景观差别的缩小乃至消失。

2. 科学管理原则

科学管理是减少旅游开发活动对资源及环境影响的有效手段。根据不同区域的景观敏感性不同进行分区管理,利用先进的技术手段对旅游活动带入乡村景区系统的物质和能量进行处理。在乡村旅游活动的管理中,可采用制定环境保护及传统文化保护与建设规划、建立环境管理信息系统,开展旅游环境保护科学研究、强化法制观念,健全环保制度,加强游客及当地人的生态意识等对策来加大管理力度。

3. 生态经营原则

生态经营原则要求旅游开发及经营给生态系统带来的额外物质和能量尽可能少。乡村旅游开发提倡因地制宜,质朴自然。

4. 法制监控原则

管理部门要严格管理和保护环境,根据地域特点,建立健全各项规章制度,然后根据"谁主管、谁负责"的原则分类、分层次,明确管理职责,配设专人进行监督,以此来加大法制监控力度。

(二)策划要点

1. 产品的升级

产品是任何旅游分支行业发展的核心。国内乡村旅游的产品最初发展是以民俗村（农家乐）、采摘园（观光农园）等为主体。经过这么多年的发展以及结合吸取国际的经验来看，这些并不是未来乡村旅游发展的主流趋势。目前现有的乡村旅游产品以休闲度假和康体娱乐为主，今后乡村旅游产品会更加多元化，由此带来乡村旅游的产品升级转化。

2. 加强营销的细分和深化

要进一步深入研究市场，通过游客的社会属性、偏好和行为等方面的特征对市场进行乡村旅游经营与管理细分，针对细分市场进行专门的营销。特别要运用好网络营销工具，改变现在的落后局面，优化现有信息平台。在当今信息化时代，人们出行之前都依赖于互联网搜索信息，确定目的地和行程安排。而目前乡村旅游中，以自驾车等自助游方式出行的游客越来越多，自助游极大地依赖于网络信息，这就决定了必须有强大的信息平台来支撑这一需求。目前乡村旅游的网络服务供给与需求极不匹配。因此有必要在短期内，与信息部门加强合作，全面建设乡村旅游的网站体系，并形成信息网络，在展示乡村旅游的同时，适当加快信息更新速度、开展在线服务，并在大型的的门户网站逐步建立国际频道，例如英文、法文、日文、韩文等语言的版本。

3. 注重市场的分级与拓展

现有的乡村旅游市场以本地城市居民观光休闲为主，与国际先进水平还存有较大差距，未来的各村很有可能会形成不同层次并行发展的状况。高端乡村应该像国际知名的意大利西西里岛、撒丁岛，马来西亚沙巴树屋等一样发展国际乡村度假旅游。

4. 加强从业人员培训，提高从业人员整体素质

乡村旅游的投资经营主体是农民，要使乡村旅游健康发展，避免出现一些景区常见的村民为争夺客源而强行拉客、兜售等破坏景区秩序和旅游环境的现象，就必须加强对乡村旅游经营者、从业人员及村民的教育和培训。首先可以采取多种形式，对农民进行农业科技、职业道德、民俗文化、旅游接待经营管理等方面的培训，提高农民在乡村旅游中的技

能和水平;其次还可通过举办专题讲座、外出考察学习等多种途径进行培训,提高从业人员的综合素质,为乡村旅游发展提供人才资源保障,促进乡村旅游向科学化经营、规范化服务方面发展。

5. 规范接待服务体系,提升服务水平

政府要逐步健全规范的乡村旅游接待服务体系,完善乡村旅游行业分类标准,从接待设施、接待条件、接待能力和卫生状况等方面规范农民家庭的接待服务标准,提升乡村旅游的服务接待水平,提高服务质量,促进旅游经营者"合法经营,诚信服务"观念的形成。

6. 保持乡村文化本色,注重优良民风的培育

乡村环境的独特性形成了城市居民对乡村旅游的巨大需求,乡村旅游开发应立足于自身的生态农业特色和文化特点,重点体现"真味""原味"。保持农村原始风貌及当地传统社会风尚、淳朴厚道的自然秉性,才是成功的乡村旅游开发。不论是产品和服务,还是各种体验活动的设计;不论是村庄环境,还是农家乐居所,都必须强调乡村特有的情趣和格调,避免乡村旅游发展中产品和服务的城市化趋向。

乡村淳朴的民风是乡村旅游的重要吸引力之一。然而旅游经营活动的开展,经济利益的凸显,都会给原有的朴实民风带来冲击,因此需要在关注村民经济利益与保持朴实民风之间寻找最佳契合点。培育优良的民风,不仅有利于促进乡村旅游的可持续发展,更可为乡村旅游创造一个良好的社会环境,从而吸引更多的游客。

7. 打造旅游品牌,创新营销策略和发展模式

21世纪是体验经济的时代,品牌则是体验的基础和灵魂。乡村旅游实施品牌战略可增强旅游者对乡村旅游产品和服务的认可度及感受强度。富有个性和内涵的乡村旅游品牌,能充分调动游客的感官,有效强化体验心理。打造乡村旅游品牌,也是解决乡村旅游产品和服务同质化趋向的较好方式。

第三节 乡村旅游商品开发与运营

2006年,国家旅游局在中国新农村建设的大背景下,确定了"新农村、新旅游、新风尚、新体验"的宣传主题,并把2006年确定为中国"乡村旅游年"。由此,乡村旅游蓬勃发展,对促进农村经济结构调整、扩大农民就业增收发挥了积极作用。这其中乡村旅游商品的开发、生产、经营,无疑是乡村旅游发展的重要组成部分。不仅能丰富乡村旅游的内容,使许多农副产品彰显了其产品的多功能性,进而提高了乡村旅游的附加值,并且可以提升整个乡村旅游产业的发展水平。

一、乡村旅游商品的种类

现在对于乡村旅游商品的概念还没有一个确定含义,有研究学者认为:乡村旅游商品是指伴随乡村旅游而产生的、供消费者购买的、具有乡村特色的旅游商品。

有学者提出,乡村旅游商品分为两个层次:反映传统文化的初级旅游商品和体现整体现代化水平的高级旅游商品。另有学者提出,乡村旅游商品分为四个层次:旅游工艺品和旅游纪念品;日用消费品;小额贸易;旅游装备工业。这种分法对传统分法的两大突破:一是旅游商品的购买主体既可以是旅游者,也可以是以盈利为目的的旅游企业;二是旅游商品既可以满足购买者自身的某种需求,也可使其从中获取利润。

随着乡村旅游市场规模不断扩大,旅游者购物需求取向日趋多样化,旅游商品开发逐步深入,乡村旅游商品的门类品种也越来越多。有学者认为,旅游商品特指旅游者购买的与旅游活动相关的一切物质性商品,主要包括乡村旅游纪念品、旅游专门用品、旅游消耗品、其他商品等。

（一）乡村旅游纪念品

乡村旅游纪念品是旅游者在乡村旅游过程中所购买的具有鲜明地域、民族特色，体现乡村地方文化，在具有审美、实用价值的同时还具有较强的纪念意义的商品。乡村旅游纪念品的开发范围十分广泛。

1.工艺美术品

这类旅游商品种类繁多，是旅游者购买的重要旅游商品之一。我国广大乡村地区人口众多，散布着大量的民间艺人，有更多的劳动力支持劳动密集型的工艺美术品生产；工艺美术品在乡村有着悠久的设计、生产的传统和历史，并积累了丰富的经验；乡村地区有着丰富的工艺美术品创作物质材料和文化主题，发展空间很大。工艺美术品主要包括：

（1）雕塑工艺品。雕塑是一种造型艺术，包括雕刻和塑造两种制作方法。其工艺品种类繁多，分类体系多样。按照雕塑材料分其主要有牙雕、石雕、木雕、核雕、煤精雕、发雕、玉雕、米雕、竹雕、装饰工艺品、塑类工艺品以及其他类型的雕塑工艺品等。如河南栾川县重渡沟镇开发出的竹雕手工艺品、甘肃银川市的石雕、甘肃两当县的根雕、甘肃省酒泉市的玉雕、湖南省邵阳市的竹雕、湖南省洞口县的墨石雕刻、福建省惠安县的石雕、新疆维吾尔自治区和田的玉雕等，都有悠久的历史，在广大乡村广泛分布，开发潜力巨大。

（2）漆器工艺。漆器是经过制胎式脱胎，再加底漆，经扫磨、推光、装饰等各工序形成的，具有色泽鲜艳、防腐、防酸、防碱等特点。漆器工艺技术在我国已经有2000多年的发展历史，许多地区都形成了一些著名品牌，如甘肃天水的雕漆、贵州毕节的漆器等。

（3）陶瓷工艺品。陶瓷工艺品包括陶器和瓷器两种。邯郸的陶瓷、石嘴山的瓷器、宜兴的紫砂茶具、唐山的陶瓷、洛阳的唐三彩、临汝的汝瓷、我国著名的四大瓷都之景德镇的景瓷、醴陵的彩瓷、德化的白瓷、龙泉的青瓷等已经形成了影响较大的旅游商品品牌，在相应地区的农村广泛分布。以宜兴的紫砂茶具为例，其生产主要集中在丁蜀镇和所辖范围内的各个村屯中,生产开发具有典型的乡村特性,在乡村中也有众多手工艺人从事紫砂生产销售等工作,紫砂产品不仅成为著名乡村旅游商品,还是地方形象的代表和地区的代名词,紫砂生产和销售经营及其配套行业也成为当地乡村经济重要的产业部门。

(4)编制工艺品。编制工艺品指以草、竹、柳、藤、棕、麻、麦秸、玉米皮等为原料经手工编制的民间工艺品。在我国乡村地区制作历史悠久,种类繁多,工艺精巧,造型优美,具有投资少、成本低、可行性强、市场广阔等特点。如山东费县的草帽、湖南安仁县的军山竹篮、临武县的草席、山东莘县的芦席、天津武清区的柳编、山西岚县的苇席工艺等,都已经成为地域特色鲜明的旅游工艺商品。

(5)金属工艺品。金属工艺品是指以金、银、铜等金属为主要原料,经各种特殊工艺加工制成的工艺品。在我国西藏、云南、贵州、新疆等少数民族地区有大量的金属工艺品传统工艺留传,开发前景广阔,如青海湟源的银器工艺品、西藏昌都的金、银、铜、铁工艺品的加工发展,都是比较典型的,在旅游商品开发上已经取得了初步的成绩。

(6)花画工艺品。工艺花主要包括绢花、绒花、纸花、羽毛花、塑料花等;工艺画主要包括贝雕画、羽毛画、麦秸画、牛角画、软木画、竹帘画、棉花画、彩蛋画、树皮画、蝴蝶画等。这一类商品在广大乡村地区具有制作材料广泛、传统工艺深厚和劳动力丰富的优势,特别是最后一点对于这类需要手工制作的商品其优势更加明显。如常熟沙家浜利用丰富的芦苇资源开发的芦苇工艺画,工艺精湛,主题鲜明,市场销售良好。

(7)织绣工艺品。织绣工艺品包括刺绣、织锦、抽纱、花边、绒绣、地毯、挂毯等,新疆乌恰花毡、和田地毯与小花帽、河北滦县的金丝绒毯等广泛分布在乡村地区,开发条件优越。

(8)其他工艺品。手杖、伞、扇、工艺蜡烛、面塑、蜡染、泥塑、剪纸、风筝、玻璃工艺品、水晶工艺品、玉石等众多类型的工艺品有大量留传,还有新的种类在不断涌现,发展潜力巨大,如新疆和田玉器、无锡惠山泥人、潍坊风筝、苏州绢扇等都已经成为重要的地方性旅游纪念品。

2. 土特产

土特产指的是具有浓郁地方特色,以地方原料或地方具有一定垄断性技术、历史悠久的传统工艺为支撑而生产加工的产品。我国的广大乡村地区土特产种类丰富,且发展空间广大。

茶叶、中药材(灵芝、人参、雪莲、草药等)、保健产品、食品、饮品等种类众多的农副产品、地方性名特产品等,都可以开发成为乡村旅游商品。如新疆的瓜果蜜饯、河北沧州的金丝小枣、北京的板栗、河南陕县的观音堂牛肉、山西汾阳的汾酒、安徽祁门的红茶、宜兴的阳羡茶等都已经开发成为地方旅游商品。此类土特产在我国广大的乡村地区种类可谓是数不胜数,是我国乡村旅游商品开发的重要内容。

3. 民俗用品

在广大乡村地区,特别是一些少数民族聚集的乡村地区,人们在日常生活中所佩戴的珠宝首饰,诸如金饰、银饰、玉饰、项链、耳坠、手镯、头钗、玉佩等,都可以开发成为旅游商品。以服装为例,南通的蓝印花布、新疆的小花帽、绍兴的乌毡帽的开发就很成功。在广大农村一些生产、生活用品工具也都可以开发成为旅游商品,如一些地区将乡村孩子们玩的羊关节骨开发成为旅游商品出售,它是中国北方乡村地区女童游戏工具之一,对于健脑益智、提高儿童的反应能力很有帮助,诸如此类的可用于旅游商品开发的例子是非常丰富的。

4. 文化类商品

这类商品如介绍地方历史、景物等的相关书刊、图片,地方景物、文物的艺术复制品,介绍地方文化历史风光景物等的光盘图像、音乐资料、字画金石、文物古董、文房四宝等,如湖州的湖笔、安徽宣城的宣纸、嘉峪关的石砚、贺兰山的石砚等均属于此种类型。

(二)旅游专门用品

旅游专门用品是为实现旅游目的而购买的商品。如风雨衣、旅游包、照相器材、旅游鞋帽、登山器材、滑雪器材、手杖、太阳镜、防寒防暑用品、帐篷、旅行车、游泳用品、指南针、药品、旅游服装、望远镜、手电筒等。此类产品开发需注意将商品使用功能与乡村旅游需求相结合,注意乡村在商品生产的可行性与经济性,以及生产优势情况,同时注意将商品赋予其乡村地方内涵,手杖、鞋帽上印有与旅游目的地相关的信息,在有条件的地方可以开发出诸如具有地区特色的旅游包等旅游用品。

(三)旅游消耗品

旅游消耗品是指旅游者在旅游过程中所需要消耗的商品,主要包括食品、饮料、当地的特色小吃以及日常生活必需品,如洗漱、卫生用品等。

乡村旅游商品开发,食品、饮品、特色小吃也是开发的重点,因其是旅游者需求的重点内容,且需求弹性大,乡村发展的条件优越,小吃类资源众多,开发可行性高,开发潜力大。

(四)其他商品

其他乡村旅游商品指的是地区具有购买优势型商品,优势特指产地优势和价格优势。如将农产品带回食用,可以在鱼塘、虾池、蟹塘现场或乡村的市场上直接面向旅游者销售相应的水产品;各类菜园、果园也开展相应的面向旅游者的蔬菜与水果的商品销售;也有的乡村将一些对保质期有严格要求的诸如鲜花、加工食品等农副产品向旅游者销售。这部分旅游商品的购买不是为了纪念,也不是在旅途中消耗掉,而是带回旅游客源地消费,因此我们将它归类为其他旅游商品。但这部分旅游商品在乡村旅游商品中地位重要,因为乡村旅游者大都以附近地区的城市居民为主,在旅游者购买后返回出发地时间短,交通便捷,能够保证相关商品运输和质量要求,而直接在乡村购买的商品,在质量和鲜活性上有更好的保证。这种与到城里把商品送到消费者家中的销售方式有着巨大区别,乡村农产品生产与销售效益回报更高。此类商品在乡村旅游商品开发中,发展迅速。

二、乡村旅游商品的开发原则

(一)以市场为导向

乡村旅游商品开发成败的检验标准是看商品是否满足了市场需求,市场销售量是衡量商品开发成败的重要尺度,没有销售市场的开发是失败的开发。目前游客市场偏好变化比较大,呈现多元化特征,旅游商品的开发要随时更新,为多种类多层次游客服务。以市场为导向,根据游客的消费偏好开发新型的旅游商品才能满足游客的各种需求,从而为游客提供愉快而且印象深刻的旅游经历。乡村旅游商品开发要充分了解旅游者对乡村旅游商品的偏好,要注意到旅游者消费取向的变化形式和变化方向等,只有充分把握乡村旅游市场需求,并将这种需求很好地融汇到开发、设计、生产之中,乡村旅游商品的销售才能取得成功。

(二)有组织地研发

一般而言,乡村旅游经营组织规模较小,力量单薄,很难独立开发乡村旅游商品。因此,新的乡村旅游商品的研发和推广往往需要由行业组织或政府机构牵头协调,联合开发,共同营销;适当采取优惠政策,专业化服务,有效提高乡村旅游商品的研发水平和效率。

(三)加强创新开发

乡村旅游商品还要有很强的乡村气息,这就要求旅游商品在开发上要有独特性,这种独特性一方面来自于历史传统的继承,另一方面来自于创新设计。一些地方的历史传统特色经过长时间的发展,地方特色有所削弱,这就充分体现出创新设计的重要性。对于一个具体的乡村旅游商品,开发时集中力量开展"一村一品"活动,开发出独特性强且具有一定程度的不可替代性的商品,通过商品功能、造型、工艺、款式等方面的创新,通过规模、品牌、优质等市场战略的实施,实现市场的认同。

(四)保证经济效益可行

乡村旅游商品开发虽然其中存在着一些艺术、文化价值,但要清楚地认识到其核心是一种经济行为,要考虑市场需求量、成本效益、规模化生产以及技术上的可行性等,只有符合经济学规律的旅游商品生产才能够实现持续的发展。如果工艺水平很高,艺术价值很高,但却不可以批量生产,那么其生产就会受到限制,而一些产品生产如果达不到应有的规模,其成本就会很高,从而不具有经济学上的开发意义,其开发可行性就会大打折扣。因此,从经济角度审视乡村旅游商品设计开发是十分重要的,经济可行性是保证旅游商品实现成功开发的必要前提,甚至一些艺术效果相对较差、地方特色不是最为突出、生产优势也不是最为明显的旅游商品,由于其具有更高的市场需求量、更高的附加经济价值和经济效益而应得到优先开发。

(五)注重商品质量服务

商品质量是企业信誉的基础与保证。目前,很多乡村旅游商品质量较差,且几乎没有售后服务。因此,应该成立乡村旅游商品质量监督部门,专门监督乡村旅游商品质量,受理有关消费者购买乡村旅游商品的投诉,捍卫消费者权利,营造乡村旅游商品健康发展的良好环境。

(六)树立商标和品牌意识

乡村旅游商品应有注册商标,并制定防伪标识。同时,应培育消费者对该品牌的认可度、信任度,这同时也是企业宣传与树立品牌的过程。品牌应包括商品的品牌名称、品牌标志和商标。从形式上看,品牌应具有独特性、简洁性、便利性,使人易认、易读、易记。

三、乡村旅游商品的开发生产

(一)具备稳定的、高水平的设计队伍

商品开发,设计是基础,没有一支稳定的、高水平的设计队伍或设计团队作为保证,乡村旅游商品的创新发展是不可能实现的。

目前在乡村旅游商品设计上,已经形成了众多的设计模式,如汲取历史文化传统,挖掘发挥民间艺人才智,建立相对独立的设计单位部门;

或在相关的生产企业内部建立设计队伍;或与相关的设计院所、高校和企业联合开展设计、举办设计大赛、全面调动社会设计资源等,通过全方位的努力实现旅游商品设计的创新发展,为旅游商品开发奠定基础。为此要注意以下几个问题:

一是现有的设计人员的组织开发问题,包括在城市或在乡村生活居住的相关设计人员的识别、组织和有效地调动乡村旅游商品设计积极性问题,包括专职、兼职和设计任务性招标等形式,同时力争形成利益互动共享、职责分明、关系稳定的设计生产合作关系,包括在乡村成立专门设计机构或在企业设立设计组织部门,在相关研究院所、大学建立专门的设计创作室或建立一个协调有效的松散型协会组织等,来实现设计资源的有效开发。

二是要利用一切资源条件培养设计人才,形成乡村自己稳定的设计队伍。在乡村有大量以传统和现代手工艺制品为主的旅游商品,其创作、设计和制作需要较大的人员队伍,产品质量与生产制作人员的技艺水平密切相关,制作也是进行创作的过程,其人员素质状况直接关系到产品的质量水平,设计制作人员队伍的培养是旅游商品开发的关键。

(二)具备旅游商品开发的优秀组织

形成一支包括组织管理、设计研发、技术生产、销售服务人员在内,与相关行业配套的优秀组织。人员可以采取引进、兼职聘用、教育培训、联合已有企业部门扩充队伍等方式建立起来。这支队伍是形成旅游商品设计开发与市场价值实现的重要保证,每一个环节都不能缺乏。大力培养设计人才、生产人才、销售人才,并在相应的收入分配上形成有效的激励机制,政府、企业在人员培训上应该发挥其更大的作用。

(三)建立依托企业开发旅游商品

大量的乡村旅游商品需要企业来进行加工生产。乡村旅游商品生产的组织形式是多样的,不同的旅游商品根据生产的特点要求可建设起不同的生产加工模式,形成高效、经济、优质的生产格局。可以采取独立投资建厂,可以通过项目招标引进建设企业开发,可以与外资或本地、外地企业联合建设生产企业,也可以采取利用本地或外地已有企业代加工,一些商品还可以联合农户分散加工生产。目前许多乡村旅游商品生产采取定点企业、定点农户等,也不失为一种好办法。

(四)形成政府全方位扶持旅游商品开发的机制

政府是乡村旅游商品开发的重要环境因素。乡村旅游商品的开发需要政府作为后盾来给以大力的支持,这种支持主要表现在通过一系列的政策措施来引导、组织、扶持、规范乡村旅游商品的开发。组织人力、物力、财力集中建立设计机构和生产机构,组织展览、展销、设计大赛活动,出台税收、贷款等优惠政策,提供研发基金、规范市场秩序,在我国目前的乡村管理体制下,政府主导型的乡村旅游商品开发仍然是重要的发展模式;另外还有一种模式是生产企业设计开发模式,其开发模式也依然需要政府的有效支持。

四、乡村旅游商品的包装

旅游商品的包装是依据商品的属性、数量、形态以及储运条件和消费需要,采用特定的包装材料和技术方法,按设计要求创造出来的造型和装饰相结合的实体,具有技术和艺术双重性质。

(一)商品包装的构成要素

商品包装通常由包装材料、包装技法、包装结构造型和表面装潢四大因素构成。

1. 包装材料

包装材料是包装的物质和技术基础。包装材料的运用应充分考虑材料的文化属性,不同的材料能体现不同的地域特色和民族特色。传统的自然材料,如用纸、竹、木、脚、泥、皮革、植物的茎叶等天然材料,应成为乡村旅游纪念品包装材料的主体。制作各种包装物品要因地制宜,量材施用。传统的天然包装材料,包装时以原始状态、简单加工、精心装饰三种形态出现,同时可以选择更具有乡村地方民族特色的材料,要力争使消费者看到包装材料就能够体会到地方特色。包装材料种类很多,如纸包装、塑料包装、金属包装、玻璃陶瓷包装、木包装、纤维包装和复合材料包装等,其中以纸、竹、木、泥、植物等天然材料最能够体现出乡村自然原始的状态,再加上简单加工和精心装饰设计,可以通过包装材料渗透出浓郁的乡村自然原始气息来。

例如福建旅游商品中用竹笋壳包装茶叶、海南用椰子壳装饰纪念品、采取小包装麻袋形式包装杂粮稻米等,就使旅游商品在包装上凸显了乡村主题特色,这种包装要比常用纸质和塑料等包装材料更能体现出乡村的绿色环保特性来。全国农业旅游示范点河南省栾川县重渡沟镇开发出的用竹简作为包装的竹简米饭、竹简老酒等旅游商品,市场效益明显。旅游商品的包装具有浓郁的地方乡土特色,同时通过包装材料又赋予商品以新的文化内涵。

2.包装技术

包装在产品保护上所体现出的技术与方法各不相同,表现出诸如防潮、防水、防霉、防虫、防震、防锈、防火、防爆、防盗、防伪、保鲜、安全、透气、阻气、压缩、真空、充气、灭菌等技术类型。不同的商品要求采取的技术与方法各有不同,如水果蔬菜要求保鲜包装、工艺品要求防震包装、食品要求真空包装等。

例如,黑龙江省伊春市林区采用压缩包装形式包装木耳、真菌菇、猴头蘑等蓬松类山珍干货产品,使产品的体积大大缩小,增加了商品的便携性能,从而增加了游客的购买数量,压缩包装需要根据商品的特性在不对商品实用功能产生负面影响的前提下有选择地采用。

3.包装结构造型

包装结构造型是包装材料和包装技术的具体形式。包装结构造型是整个商品包装设计的重要部份,独特合理的包装结构往往更能够给商品增加附加价值,充分激发消费者的购买欲望,从而推动该商品的销售。

商品包装的结构造型要考虑到商品的档次、形状、重量、用途、质地以及销售对象和运输情况,商品都有自身固有的性质,如易碎、易燃、怕潮、怕震等;商品的大小、重量、品种也各不相同;商品是固体还是液体;商品具有什么销售对象与销售市场;是属于礼品还是日常用品等等,这都是在包装结构造型上所要考虑的。易碎的要防震,易潮的要密封,属一次性包装结构的要简单。商品包装结构造型设计可以超越想象空间,各种商品采用不同的形态包装,婀娜多姿地展示在商品的柜台上,精美的结构造型从不同角度映入顾客的眼帘,引起消费者的注意。因此合理的结构和美观的造型是整体包装中不可缺少的一部分。

4.包装表面装潢

表面装潢是利用包装材料、技术、结构造型并通过画面和文字美化来宣传和介绍商品的主要手段。包装的表面装潢通常由图形、色彩、文字、编排构成、商标等方面组成。它是产品转换为商品的环节,同时也是直接包裹产品和提升商品价值的装饰艺术;它的功效在于保护商品、美化商品和宣传商品。包装的表面装潢就其本质而言,是将商品的信息通过一定的形象或符号表现出来,传递给消费者,导致一系列行为,从而达到销售的目的。

(二)商品包装的设计要素

包装设计即指选用合适的包装材料,运用巧妙的工艺手段,为包装商品进行的容器结构造型和包装的美化装饰设计。从中可以看到包装设计的三大构成要素。

1.外形要素

外形要素就是商品包装展示面的外形,包括展示面的大小、尺寸和形状。其以一定的方法、法则构成的各种千变万化的形态。形态是由点、线、面、体这几种要素构成的。包装的形态主要有:圆柱体类、长方体类、圆锥体类、各种形体以及有关形体的组合,还有因不同切割构成的各种形态。包装形态构成的新颖性对消费者的视觉引导起着十分重要的作用,奇特的视觉形态能给消费者留下深刻的印象。包装设计者应该熟悉形态要素本身的特性及其表现,并此作为表现形式美的素材。包装外形要素的形式美法则主要从以下8个方面加以考虑:对称与均衡法则、安定与轻巧法则、对比与调和法则、重复与呼应法则、节奏与韵律法则、比拟与联想法则、比例与尺度法则、统一与变化法则。

2.构图要素

构图是将商品包装展示面的商标、图形、文字和色彩组合排列起来的一个完整的画面。这几方面的组合构成了包装的整体效果。商品设计构图要素商标、图形、文字和色彩运用得正确、适当、美观,就可称为优秀的设计作品。

(1)商标设计

商标是一种符号,是商品的象征形象。商标是一种工艺美术,它涉及到政治、经济法制以及艺术等各个领域。商标的特点是由它的功能、形式决定的。它要将丰富的内容以更简洁、更概括的形式,在相对较小的空间里表现出来,同时需要观察者在较短的时间内理解其内在的含义。商标一般可分为文字商标、图形商标以及文字图形相结合的商标三种形式。成功的商标设计,应该是创意表现有机结合的产物。创意是根据设计要求,对某种理念进行综合、分析、归纳、概括,通过哲理的思考,化抽象为形象,将设计概念由抽象的评议表现逐步转化为具体的形象设计。

(2)图形设计

包装的图形主要指产品的形象和其它辅助装饰形象等。图形作为设计的语言,就是要把形象的内在、外在的构成因素表现出来,以视觉形象的形式把信息传达给消费者。要达成此目的,图形设计的定位准确是非常关键的。定位的过程即是熟悉产品全部内容的过程,其中包括商品的性质、商标、品名的含义及同类产品的现状等诸多因素都要加以熟悉和研究。在设计过程中,根据图形内容的需要,选择相应的图形表现技法,使图形设计达到形式和内容的统一,创造出反映时代精神、民族风貌的设计作品是包装设计者的基本要求。

商品包装上的图片、照片或商品显露出的实物要尽可能地展示出商品的特征,并将文字表达出的主题含义和内容通过图片辅助解释、深化认识、强化刺激、提高认同。如体现地方性标志图案、商品出产的环境、商品生产的工艺与商品设计艺术等,乡村旅游商品包装上可以体现出优美的自然环境、天然绿色的原料、传统的加工工艺、手工制作技艺、鲜明的乡村特色和地方特色等。

(3)色彩设计

色彩设计在包装设计中占据重要的位置。色彩是美化和突出产品的重要因素。包装色彩要求平面化、匀整化,这是色彩过滤、提炼的高度概括。它以人们的联想和色彩偏好为依据,进行高度的夸张和变色。同时,包装的色彩还必须受到工艺、材料、用途和销售地区等因素的限制。

包装设计中的色彩要求醒目,对比强烈,有较强的吸引力和竞争力,以唤起消费者的购买欲望,促进销售。例如,食品类常用鲜明丰富的色调,以暖色为主,突出食品的新鲜、营养和味觉;化妆品类常用柔和的中间色调;小五金、机械工具类常用蓝、黑及其它沉着的色块,以表示坚实、精密和耐用的特点;儿童玩具类常用鲜艳夺目的纯色和冷暖对比强烈的各种色块,以符合儿童的心理和爱好;体育用品类多采用鲜明响亮色块,以增加活跃、运动的感觉……不同的商品有不同的特点与属性。

(4)文字设计

文字是传达思想、交流感情和信息,表达某一主题内容的符号。商品包装上的牌号、品名、说明文字、广告文字以及生产厂家、公司或经销单位等,反映了包装的本质内容。设计包装时必须把这些文字作为包装整体设计的一部分来统筹考虑。包装设计中的文字设计要点有:文字内容简明、真实、生动、易读、易记;字体设计应反映商品的特点、性质、有独特性,并具备良好的识别性和审美功能;文字的编排与包装的整体设计风格应和谐。

在乡村旅游商品包装的文字说明设计中,除按照相关要求体现出商品性质内容外,还要根据商品特点力图表达出原始、野生、绿色、环保、传统、手工、特产等内涵来,这与城市体现高科技、现代化、机械化、国际化特征的旅游商品有着本质的区别。在商品的质量标志中要说明商品所达到的质量水平,如优质产品标志、产品质量认证标志、商品质量等级标志、绿色产品标志等,这些都是旅游者对商品品质认同的重要标志。

3. 材料要素

材料要素是商品包装所用材料表面的纹理和质感,它往往影响到商品包装的视觉效果。利用不同材料的表面变化或表面形状可以达到商品包装的最佳效果。包装用材料,无论是纸类材料、塑料材料、玻璃材料、金属材料、陶瓷材料、竹木材料以及其它复合材料,都有不同的质地和肌理效果。运用不同材料,并妥善地加以组合配置,可给消费者以新奇、冰凉或豪华等不同的感觉。材料要素是包装设计的重要环节,它直接关系到包装的整体功能和经济成本、生产加工方式及包装废弃物的回收处理等多方面的问题。

五、乡村旅游商品的营销

乡村旅游业带动了乡村农副产品和手工艺品等商品的生产与营销,增加了村民收入及游客的旅行体验。但现行的乡村旅游商品的类型和品种大多难以满足游客的多元化需求,营销售卖中出现的问题也影响了游客的满意度。因此,充分认识乡村旅游商品之于乡村旅游发展的意义,优化和改进乡村旅游商品营销方式和营销策略已经成为乡村旅游商品发展的必要问题。

(一)商品销售的意义

1. 助力乡村旅游产业的发展

乡村旅游业的崛起推动了乡村经济发展和乡村建设,也带动了乡村农副产品和手工艺品的生产与销售。依托乡村旅游产业推动乡村农业产品提质增效、带动村民收入增长、促进农民就业创业已经成为乡村旅游产业发展的主要效益目标。

2. 增加农民的经营性收入

近年来,乡村旅游发展迅速,乡村旅游商品也成为农民重要的经济来源之一,因乡村旅游商品与城镇旅游商品之间有较大的差异性,吸引了大部分的城市游客,得到了特别的关注,也让当地的农民在家就能销售产品,不但能提高商品的价格,还不用担心商品滞留等一系列问题,给农民们带来丰厚的收入。

3. 推动乡村的农副产业发展

乡村旅游商品良好的销售情况将会为当地带来可观的经济收入,这笔资金一部分可能会再次投入到旅游商品生产的成本中,这样一来就需要大量的人才和资金等进行扩大再生产,需求产生的待遇、政策势必会吸引人才带着技术,企业家带着资金和设施设备来乡村对农副产品的生产进行投资,从而直接促进了当地农副产业的发展。

4. 强化游客的旅游体验

随着乡村旅游的迅速发展,生活水平的提高,居住在城镇的人们更想体验不同的生活,大多数人选择了乡村作为第一目的地,还会选择当地的一些特色、传统商品作为此次旅行的纪念品,这些商品不但能满足游客的需求,还能给游客留下较深的印象,增加游客的旅行回忆。

(二)商品营销定位策略

1. 购买对象的定位

对于乡村旅游商品营销而言,从商品的设计开始直至商品的消费使用,这整个过程都需要对市场进行深入的分析认识,要清楚谁会到乡村来旅游,谁会成为旅游商品的购买群体,在这个群体中从消费支付能力、对乡村旅游商品功能与设计艺术文化的喜好、商品要携带的时间距离等角度上进行具体的分析,只有充分了解了市场,才能够有针对性地进行商品的设计开发,采取更为有效的措施。要对市场进行较为深入的调查,了解来乡村旅游的群体从哪里来(距离)、来的是什么人(性别、年龄、学历、职业、收入、城乡、个人喜好等)、分别来多少、怎么来的(散客还是旅行社组织、集体还是家庭、自驾车还是公共交通)、来旅游的主要目的(观光、购物、度假还是其他),这些信息对于旅游商品的营销来说十分关键,需要全面的了解认识;此外,还要对旅游者关于旅游商品的需求情况进行调查分析,只有把握住市场才能够实现销售的目标,才能够有针对性地进行旅游商品的开发。

2.商品价格的定位

乡村旅游商品价格制定时要注意以下几个问题:

一是要面对大众化的主要消费群体,开发一些市场容量大且价格适中的商品,这部分商品在开发中要注意商品的价格应能够使旅游者感到物有所值,否则即便价格不高,旅游者也不会认可购买。

二是要了解旅游者的差异性需求,一部分旅游者具有较高的支付能力并有对高端旅游商品的需求,虽然总量可能不会很大,但其效益却是十分可观的,因此在有条件的情况下,开发少量高价位的高端旅游商品,也是乡村旅游商品开发中需要考虑的问题;面向老年人开发的旅游商品价格应以中低价位为主,对于白领阶层可以走个性化、质量好、工艺精的商品开发战略。

三是商品要使旅游者能够感到物有所值,不能够无所依据地使价格虚高,艺术性和纪念性较高的旅游商品与一般性旅游商品的价格在制定上有一定区别,前者有附加价值,因此可以实现价格的提升。在旅游逐步成为大众化、经常化活动的今天,旅游者对于旅游商品价格和纪念意义认识更加清晰的情况下,对于商品价格的制定应注重策略,可学习借鉴城市里超市、商场等购物场所的打折、促销等优惠措施,吸引游客。

(三)媒体宣传策略

广告宣传已经成为旅游商品走向市场必不可少的手段和方法。对于乡村旅游商品而言,可以进行市场宣传的渠道是很多的。目前我国旅游商品可以开展的商品宣传渠道包括：

1. 旅游商品交易会

参加不同层次和类型的旅游商品博览会、展示会、推介会、促销会，参加大型旅游商品交易活动，参加旅游商品设计开发大赛等。在这些活动中一方面可以让普通的旅游者对旅游商品有所了解，更为重要的是可以获得政府的认可和被授予一些具有极强广告效应的称号，也可以获得销售商的认可从而扩大销售渠道和范围，还可以通过新闻媒体得到宣传，其市场效应是十分显著的。

2. 新闻媒体宣传

通过全国及地方的电视、报刊、电台等新闻媒体宣传介绍。这些宣传方式的选择要根据商品的主体市场区域所在，市场对于媒体的感受、接触的普遍性状况等选择具有不同区域影响范围层次的媒体和媒体形式来进行宣传。目前大多数乡村旅游商品的市场宣传还应该主要集中在地方媒体上，有意识地加上一些旅游商品的内容，作为旅游宣传的一个方面进行宣传。

3. 互联网宣传

通过相关的网站或建立独立的网站、网页进行商品的介绍宣传。这一宣传方式随着网络技术的普及，宣传作用会越来越大，因为大量的旅游者在准备前往一个旅游目的地之前，往往都要先通过网络渠道了解具体情况，包括旅游商品的信息，通过网络宣传，成本低、可行性强、图文并茂、效果显著。

4. 影视节目宣传

通过影视节目宣传，如通过电视剧《刘老根》中的"翠花上酸菜"的广告语性质的台词，将我国东北地区的农家菜推上了旅游商品的行列，并走向了全国的市场，这种宣传的机会不是很多，但一旦获得成功，其效果是十分显著的。

5. 旅游线路宣传

在旅游景点和旅游线路上设置旅游商品宣传牌、灯箱广告、招贴画等,进行有针对性的宣传,由于许多乡村旅游商品地域性强,且在市场群体上又具有相对的"狭窄性",在景区进行宣传有着更加直接的意义。

6. 导游宣传

导游宣传也是旅游商品宣传的一个重要渠道。虽然目前我国旅游者对于导游的宣传存在一些戒备心理,认为导游的推介极不靠谱,但其在旅游商品宣传中仍然具有十分重要而现实的意义,导游对旅游者进行商品认识和购买的影响很大。

7. 其他宣传

另外,乡村旅游商品的宣传中还要注意通过生产场景、原料、工艺、性能的实际演示进行宣传,使旅游者对商品有更加直接的认识,进一步激发购买意愿。

(四)市场环境策略

目前,在我国乡村旅游商品销售市场中,仍然存在着诸如假冒伪劣商品、价格虚高欺诈、售后服务缺位等问题,从而导致旅游商品市场较为混乱,其结果是旅游商品的信誉遭到破坏,有的甚至影响到整个旅游目的地的市场形象,如2007年2月发生在海南三亚的游客因购物被商贩殴打的事件所引发的全国性关注就是一个鲜明的例证。在市场管理上要发挥政府的主导作用,建立强有力的管理措施,形成良性的市场运营管理机制,是乡村旅游商品实现市场销售目标的重要保证。

1. 建设大规模特色鲜明的专业乡村旅游商品市场

市场也是景点,购物也是旅游活动的重要组成部分。建立集中的大市场易于统一对商品营销的监督管理,同时又可以为旅游者节省购物时间,形成竞争透明的营销形势,便于使乡村旅游商品营销形成优质低价和良好服务水平态势,同时集中经营可以提供集约化的统一服务,会节约管理和服务成本,综合效益明显。

2.加强政府的监督管理

要建立健全相应的旅游商品生产、销售方面的管理机制和办法。要对商品生产厂家、质量、数量、品种、销售价格、售后服务等方面建立起一套完整的管理办法体系,并建立起经常性管理人员机构,组织实施监管。只有实施有效的管理,才能够实现旅游商品产销的健康持续发展。

3.建立旅游商品行业协会

通过协会建立业内自律机制,形成风险共担、利益共享,追求整体长期稳定的效益发展目标。建立同类商品生产与营销协会,从生产到销售实行联合互动机制,如果一家商品生产厂家出现产品质量问题或销售欺诈等不端行为,就可能被驱逐出相应的行业。

(五)品牌形象策略

1.开发具有区域特色的商品

创建乡村旅游商品品牌是扩大商品市场影响度的关键性举措。商品特色性不足,如何设计出特色鲜明具有创新的产品显得尤为重要。因此,在开发旅游产品的时候,在保持其原汁原味的基础上,我们还要有所创新设计,加强开发当地的民族文化和乡土风情,不断挖掘区域特色,把悠悠华夏千年传承的文化加以融合,致力于打造丰富的文化内涵与乡土风味兼并的特色旅游商品,这样才能增加旅游商品对消费者吸引力,进而有效促进当地乡村旅游业的发展。

如宁夏枸杞、伊春黑木耳、沧州金丝小枣、江门杜阮凉瓜等商品品牌效应,是经过长期的历史积淀形成的。也有的商品品牌是通过短期的努力形成的,如山西昔阳县大寨村的大寨牌旅游系列商品品牌的创建,就是一个成功的例证。旅游商品品牌形象的树立,要在保证商品质量的基础上,通过积极参加各种旅游商品大赛、博览会、促销活动、展示活动、推介会等方式进行有效的宣传来实现。

2.提高商品销售的服务水平

应对旅游商品售卖点或附近增设服务站,给游客提供路标路线等指示,提供母婴系列服务,急救措施服务等全方位服务。严格选拔导购人员,提高其综合素质水平,给消费者带来更好的购物体验感。对商品销售服务人员进行专业化的培训,加强其专业知识,专业技能和服务水平,使消费者享受上帝般的待遇。

(六)销售渠道多样化策略

经过多年的发展,乡村旅游商品的营销渠道越来越多样化。多样化的销售渠道是旅游商品更好走向市场的重要前提。以下是现今旅游商品市场上主要的销售渠道:

1. 旅游商品专卖店

在乡村旅游景区附近的城镇、村屯、旅游道路路边或景区附近建立旅游商品专卖店,用以销售乡村旅游商品。如西藏拉萨民间毛织品专卖店、江苏特产蓝印花布专卖店、鞍山首家具有地方特色的旅游文化创意自主品牌的旅游商品专营店,填补了旅游购物方面的空白。

2. 在大型商场、超市中设立旅游商品专柜

在乡村旅游发展所依托的中心城市里,在大型商场、超市等购物人群密集场所中设立专门柜台,用以销售乡村旅游商品。如黔南州旅游商品进驻广州塔开设专柜、河南省平顶山市蕴海锦园酒店为鲁山花瓷设立了旅游扶贫商品专柜等。

3. 前店后厂

这种后面是加工厂前面是销售商店的销售方法,在国内外乡村旅游商品销售中也被广泛采用,其特点主要是旅游者可以见到旅游商品的加工过程,对于商品加工原料、制作工艺、加工环境等都有直观的认识,并可以在现场品尝试用,可以对商品的口味特质、结构功能、使用方法等有更加具体的认识,同时可以保证商品生产厂家的真实性以及商品购买的及时性等。这种销售方式能够提高商品在市场上的可信度,增强商品对消费者的亲和力,并能够刺激旅游者的购买消费欲望。如法国一些历史悠久的乡村农场的奶酪制作与销售,宜兴丁蜀镇紫砂壶制作与销售采用

的就是这种模式。

4. 互动式销售

互动式销售指的是旅游者可以参与到商品的设计加工制作、包装等过程中,并会留下参与的印记和将个人的信息附加到加工的旅游商品上。如采摘蔬菜、水果,参与酿酒过程,参与纪念品制作等。无锡市每年开展的到乡村采摘活动就是这种销售类型,3月底4月初到宜兴采摘阳羡茶、6月底7月初到大浮采摘杨梅、7月中旬到阳山采摘水蜜桃、9月底10月初采摘石榴、10月到马山采摘柑橘;全年可以到宜兴丁蜀参与紫砂壶设计制作、到惠山参与泥人的设计制作等,这既是观赏体验性旅游产品,又是旅游商品销售的重要方式,既卖商品也卖过程体验,同时还获得了信誉,一举多得。这种方式在国际、国内已得到广泛认可。

宁夏乡村旅游中开展的采摘枸杞、新疆吐鲁番开展的采摘葡萄、黑龙江伊春开展的采摘野生山珍品、山东日照沿海地区开展的参与海上捕鱼、江苏苏州阳澄湖大闸蟹选捞等都是这种销售方式的实践案例,这种销售既可以打开市场销路,又可以塑造商品品牌的良好形象,提高商品品牌的市场信誉度,在一定程度上还可以提高商品的销售价格,减少商品生产销售运输过程中的成本和损耗,同时在商品销售过程中又能获得额外的附加收入,在我国广大的农村受到普遍的欢迎。

5. 网络销售

网络销售已经成为一种重要的销售方式。目前我国已经开通了众多的旅游商品网站从事销售,例如淘宝、拼多多、京东、抖音等APP平台,更有众多的网站进行旅游商品的宣传,乡村开发的或具有浓郁乡村特色的旅游商品经过网络的宣传与销售被更广泛地认识,销售渠道也得到了新的拓展。了解互联网营销相关知识,做到全方位宣传,采用线上线下双营销战略,如线上销售采用快递直达,送货上门,并保障售后服务,实现旅游商品的利润最大化。

这种销售方式的优点是旅游者可以在来到目的地之前就了解到相

关商品的信息,在旅游之后还可以通过网络购买商品,同时网络销售是一个经常性全天候的销售过程,其面对的市场也可以扩大到更广泛的人群,包括没有到过这个旅游目的地的旅游商品购买者。目前我国一些具有乡村性质的旅游商品在网络上的销售可以采取建立专门的网站,也可以加入到其他旅游商品销售网站,还可以加入到一般的商品销售网站中销售。网络销售既是旅游商品的销售方式,也是旅游商品重要的宣传方式,其在乡村旅游商品的销售中将会发挥越来越大的作用。

6. 商品大市场或商品一条街

在一个较大的乡村旅游区域范围内,可以集中建立一个大型的乡村旅游商品综合市场或商品一条街,用来集中统一进行旅游商品的销售,这样有利于统一管理并有利于游客集中购买旅游商品。如河南省以乡村旅游商品为主体的豫西特产博览中心。

7. 建立乡村旅游商品集市

依托乡村集市进行旅游商品的销售,这种集市在乡村地区广泛地存在,并成为乡村旅游商品销售的主要渠道之一。如新疆乌鲁木齐以销售民族地方性商品为主的二道桥市场、山东聊城旅游商品市场。

8. 乡村城镇、郊区路边设立商品销售摊位

在乡村商品生产地附近、在旅游者旅行路线上、在旅游景区附近的路边设立商品销售摊位,也是乡村旅游商品销售的一种重要形式。国内很多乡村旅游地会在乡村城镇、郊区路边设立商品销售摊位售卖。

9. 农户家中和生产现场

有时游客可以直接到农户家中购买农户自家加工出产的旅游商品,这样农户家就成了一些农产品和农副产品等的销售渠道,一些生产农业产品的农田、鱼塘、林地、加工产品的生产场地等也是乡村旅游商品销售的重要渠道之一。如广东湛江松糕甜品成为网红乡村旅游商品,各地游客在预定后到农户家中购买加工出产的商品。这一营销渠道在有效规范化管理的前提下,进一步促进发展是有现实意义的。

旅游业是国家战略性支柱产业,是一个地区经济能否快速发展的关键因素,而旅游商品是旅游业利润的重要来源,所以需要政府和市场有关部门的特别关注,要对旅游商品销售模式进行创新,对传统旅游商品不断推陈出新,也可以向国内外一些成功的地区学习先进的销售方法和理念,并着重打造本地区旅游商品的优势。

第四节 乡村旅游品牌化的创设

创建乡村旅游品牌是扩大乡村旅游市场影响力的关键性举措。近年来,我国乡村旅游产业获得了长足发展,其在满足民众旅游需求、促进经济社会发展等方面的重要作用得到了广泛认同。"十三五"期间,乡村旅游更是被多地确定为扶贫减困、全面建成小康社会的重要抓手,各级政府和乡村旅游地也对其发展寄予了厚望。但客观来看,我国乡村旅游进一步发展还面临着许多问题,尤其是产业整体素质不高、同质化竞争严重;不少乡村旅游地市场影响力和知名度有限,受新冠疫情、重大突发事件以及经济波动的影响,可持续性较差,经营风险高。当前,在全球范围内,旅游经济已经进入竞争全面化、需求个性化、消费品质化的时代,通过创造品牌来培育竞争优势成为旅游目的地和旅游企业提升竞争力的主要策略和源泉。

一、乡村旅游品牌化的体系构建

2016年6月20日,国务院办公厅印发了《关于发挥品牌引领作用推动供需结构升级的意见》,明确提出要支持开展品牌基础理论研究,提高品牌研究水平;要加快形成现代旅游业品牌体系,打造农产品品牌和地理标志品牌,建设康养旅游基地等,以满足民众高品质的健康休闲消费需求。尽管我国乡村旅游正蓬勃发展,但是由于常年对乡村品牌建设方面的忽视,却并未形成鲜明的品牌特色,品牌化建设不成体系。乡村旅游品牌化体系可围绕乡村旅游品牌定位、品牌打造、品牌营销以及品牌保障这四个方面进行构建。

(一)乡村旅游品牌定位

乡村旅游品牌定位是乡村旅游品牌化建设的核心。首先,乡村旅游品牌定位主要建立在对当地的地缘分析以及游客分析的基础上。地缘分析主要指对乡村旅游地区的旅游资源以及文化内涵的自我分析;游客分析又称作市场需求分析,主要涉及旅游地区对游客的吸引力以及游客对旅游地区的期望值。通过对乡村旅游地区的旅游资源以及市场需求的量化分析来提高乡村旅游市场定位的合理性和准确性,通过对游客需求的精确把握,从而更明确地开展品牌建设,以便打造出具有独特性的品牌。其次,乡村旅游品牌定位是乡村旅游资源、乡村文化内涵的一种集中体现。有强烈吸引力的品牌定位容易在游客心中树立良好的形象,有利于扩大品牌知名度、增强品牌吸引力、提高品牌竞争力,更有利于促进乡村旅游品牌发展。

(二)乡村旅游品牌打造

在乡村旅游品牌准确定位的基础之上,需要对乡村旅游品牌进行系统化、专业化打造。一是品牌名称的选取、logo的设计、口号的制定以及具有地方元素的周边产品,这些都对游客有直接的吸引力,是与游客直接进行沟通的媒介。二是品牌的打造对于乡村旅游的经济效益有着至关重要的作用,一个极具吸引力且将当地资源优势与当地文化有效结合的旅游产品,能够更有力地获得市场优势。三是打造集"吃、穿、住、行"于一体的完整乡村旅游区域特色品牌链,更有利于游客感受到当地的风土民情等区域特色。

(三)乡村旅游品牌营销

乡村旅游品牌的有效营销是提高其知名度的重要途径。首先,乡村旅游已经进入品牌竞争时代,原始的营销已经不能满足其发展的需要,只有有价值、有特点的品牌才能使乡村旅游更具市场竞争力。其次,乡村旅游品牌营销已经成为品牌发展与生存的必要措施。在如今的大数据时代,有效的将品牌营销与互联网结合,开展全方位、多渠道、多层次、多元化的品牌宣传,是乡村旅游品牌的生存与发展的强大动力。最后,乡村旅游业的持续发展势必会增加旅游市场的竞争,根据我国乡村旅游地区的品牌定位,不断地开拓营销渠道、选择合理的营销手段,是乡村旅游品牌宣传,提高品牌知名度以及游客忠诚度的重要途径。

(四)乡村旅游品牌保障

乡村旅游品牌保障是品牌建设与品牌营销成果长久发展的根本动力,主要包括品牌建设保障与品牌组织保障两方面。首先,品牌建设保障主要包括完善的配套设施、优质的旅游服务、系统化的旅游品牌管理与危机监测,通过品牌建设保障维持旅游品牌的良好形象以及其持久的市场影响力。其次,品牌组织保障是指在宏观层面也就是政策层面为品牌建设提供相关支持以及对品牌建设系统的良好运行提供保障。

三、乡村旅游品牌化建设的策略

乡村旅游地品牌化是一项系统工程,具有复杂性与长期性,面对品牌化过程中可能出现的各种问题与困难,需要各方主体提高站位,切实强化品牌意识、树立品牌理念,立足科学定位、做好规划引领,通过持续的要素投入,科学的品牌营销与管理,不断创新旅游产品、提升服务品质,协同发力,久久为功,才可以取得预期的效果。

(一)坚持以市场需求为导向

以市场需求为导向,既要重视游客需求及其变动,又要关注竞争对手的动向,还要科学分析乡村旅游地的资源特色与发展基础,综合确定品牌的目标市场。其中,游客需求分析是进行品牌化的首要工作,可以通过消费者调查,以客观的数据来了解目标游客的心理认知、行为特征与生活形态,尽可能地将乡村旅游产品的类型、功能与游客的心理需求相互匹配,引发其心理共鸣,最终促成旅游者对产品的认可以及对品牌的认同。竞争者分析要重点关注竞争者的品牌定位信息、品牌传播策略,然后确定自身品牌定位的突破点与品牌传播的侧重点。此外,要重视乡村旅游目的地或旅游企业自身的资源优势分析,使品牌的建设、成长与自身的资源、实力、战略相协调、相适应。

(二)做好品牌的科学定位

科学的定位是实现品牌化发展的基础性工作和首要任务,它为乡村旅游的长远发展指明了努力的方向。只有设计出既符合消费者需求,又具有鲜明特色、区别于竞争对手的差异化产品与形象,才有可能引起旅游者的共鸣与认同,也才能建立品牌形象、知名度与美誉度,最终产生品牌效应。乡村旅游地品牌定位应面向顾客需求,突出与竞争对手的差异,且符合自身的资源特色与基础,在具体表述上要简明扼要,在实际发展中应长期坚持、始终如一。由于省市级行政单元地域广阔、内部差异明显,因而品牌定位应从不同的尺度展开,形成一个既相互区别又相互兼容且紧密联系的有机整体。

(三)保证旅游产品和旅游服务的质量

品牌不是无本之木、无源之水,其必然以产品及其服务作为载体和依托。品牌的核心价值是建立在具体的产品和服务基础之上,其提供给游客的利益都是由旅游产品的属性转化而来,因此,产品与服务质量的好坏、高低直接关系到游客对品牌的信任,离开了好的产品、优质的服务,品牌将不复存在,品牌化更是无从谈起。以产品为核心,就是要重视乡村旅游核心产品的开发与创新,并通过优化旅游产品供给,大力提高品牌竞争力。在找准目标市场的基础上,做好游客需求调查与引导,开发设计适销对路的旅游产品;坚持实施差异化品牌策略,保持本色、突出特色,强化体验式旅游产品的开发,重视高科技的运用,努力提升乡村旅游产品的文化品位。

(四)强化品牌传播创新传播方式

发挥地方政府和旅游企业等主体的积极性,采用多种有效的手段、合适的媒介来表达品牌定位,传播品牌形象。强化乡村旅游地整体营销,善于创新多元化营销方式,以广泛开拓市场。可以在主要客源地的电视广播、旅游杂志、宣传册、海报、户外广告等传统营销媒介上开展品牌宣传,以高密度、全方位、多层次的营销宣传扩大品牌市场影响力。还可以考虑策划系列特色主题节庆活动,通过深度挖掘传统文化、乡风民俗等内涵,以展示乡村旅游地的品牌形象并形成持续吸引力。此外,在信息化时代,要特别重视品牌传播方式的创新,可以通过专业网站、微信、微博及其它手机 APP 等新媒体向旅游者提供服务信息,传播品牌形象。

(五)坚持政府在品牌创建中的主导地位

基于乡村旅游品牌的公共产品属性,政府应承担起品牌建设的主导性角色。可委托专业机构进行专业的品牌定位、品牌命名与标志设计,以打造个性鲜明的乡村旅游品牌。加大对所辖区域整体乡村旅游品牌形象的宣传推广,通过举办各种节庆、整合目的地旅游企业进行整体营销等多元化方式与手段,传递品牌相关信息,积极塑造品牌形象。通过支持协会运作的方式,推行乡村旅游品质认证制度,以提高品牌的知名度和美誉度。政府还可以发挥自身的优势,以品牌为引领,通过政策创新、资源整合,构建乡村旅游产业链,引导其朝本地化和纵深化发展,以乡村旅游专业合作组织的发展、产业运作方式的变革,形成协同机制,产生集聚效应,助力区域乡村旅游地树立鲜明、统一的品牌形象。

(六)发挥企业在品牌创建中的主体作用

发挥旅游企业、旅游经营户、旅游社区、旅游专业合作组织、政府旅游管理部门等各类主体的积极性,其中,最关键的是要发挥旅游企业的积极性。乡村旅游企业是旅游产品与服务的供给者,是品牌承诺最主要的兑现者。乡村旅游品牌化从根本上取决于旅游企业的认知、意愿、能力与行为。以企业为主体,要求乡村旅游企业应着力解决内生性问题,转变理念,摈弃短视,着眼于长远发展,从战略层面对品牌化发展进行科学规划,为长期发展注入原动力;努力提升规范化管理和标准化管理的水平,以品牌创建为导向,积极向低碳化、智慧化、特色化、个性化、精细化管理发展,向旅游者提供多样化、人性化、超值化、高品质、创新式服务,为品牌内涵提供最生动的诠释。

(七)做好品牌的日常管理与维护

成功的品牌离不开科学的管理。以品牌管理为关键,就是乡村旅游地在制定科学的品牌战略的基础上,规划以核心价值为中心的品牌识别系统,尤其要做好品牌定位与标志设计,规划实施好品牌的传播、维护、管理与创新等工作。如要对策划推出的品牌及时申请注册,积极宣传推广,加强品牌保护。在日常运营中,坚持进行全面科学的品牌调研与诊断,进行理性的品牌延伸扩张,用品牌来确保质量,用品牌来提升水准,用品牌来吸引市场。此外,要重视品牌沟通,加强品牌维护,做好品牌危机的预防与应对,科学地管理各项品牌资产,确保乡村旅游品牌的内涵与形象不断得到提升。

第五章　乡村旅游餐饮开发与运营

中国人自古就有"民以食为天"的理念,游客到乡村来旅游,除了欣赏当地的田园风光和山水美景,还会品尝各种独具风味、无公害的餐饮佳肴。乡村拥有优美的环境,热情的服务,实惠的价格,浓郁乡土气息的地道美食,这都吸引着游客来到乡村旅游,享用醇香自然的农家餐饮。

第一节　乡村旅游餐饮开发的关键

乡村旅游餐饮在保证菜品健康卫生的前提下,更应该突出"乡土性",根据市场的需求,随时调整经营策略。具体来说,乡村旅游餐饮开发的关键可从以下四个方面进行考虑。

一、原汁原味

不同于城市餐饮开发,乡村餐饮开发需要突出"乡土性",要在食物的"原汁原味"上下功夫,即在地道的乡土原材料、乡土滋味、乡土做法、乡土器具、乡土礼仪等餐饮要素上悉心准备,万不可将城市酒楼的一套餐饮模式照搬到乡村当中来。其理由主要有两点:一是游客到乡村旅游,目的是欣赏乡村的田园风光和感受乡土气息,只有原汁原味的乡土菜肴才能够打动游客,让游客流连忘返于乡村。二是城市宾馆、酒楼的做法是与其建筑、基础设施、装修档次、格局,以及专业人员的素质相配套的。华丽的餐桌摆台与富丽堂皇的餐厅相搭配,将其搬到农家餐馆就显得有点不伦不类了。况且,城市宾馆、酒楼与农村餐馆所面向的顾客群体和投资成本是不一样的,将城市的一套餐饮模式照搬到乡村,需要付出很大的成本代价。因此,乡村餐馆需要形成自己的乡土性特色,这样可以减少不必要的成本,更能吸引游客到此就餐。

二、卫生安全

(一)证件要求

乡村餐馆从业场所须具有当年有效的《食品卫生许可证》,并将其悬挂在餐馆明显处,以便相关人员监督检查。经营地点和品种应符合《卫生许可证》的相关制定。从业人员必须经过健康检查并取得《健康证》后方可上岗,患有痢疾、伤寒、病毒性肝炎等消化道传染病(包括病原携带者)、活动性肺结核、化脓性皮肤病及其他有碍食品卫生人员,不得从事直接入口食品的加工工作。

(二)原料卫生要求

乡村餐馆采购的食品及食品原料应新鲜卫生,符合有关食品卫生标准。严禁采购腐败变质、发霉、污秽不洁和超过保质期的食品及食品原料。此外,原料进货应有严格的验收制度,不仅需要有验收记录,还需要从原料到成品层层把关,实行"四不"原则,即采购员不买腐败变质的原料;保管员不验收腐败变质的原料;厨师不用腐败变质的原料;营业员不卖腐败变质的食品。

(三)贮存卫生要求

乡村餐馆贮存的食品原料可分为三大类。

一是鱼、肉、禽、蛋等易腐食品,这类食品应低温贮存在温度为1℃的冰箱中,保存期约1周。凡进冰箱的食品要经过验收,检查是否新鲜卫生,有无变质,是否冷却。切忌生熟食品原料混放,以免造成交叉污染。冰箱的卫生管理很重要,要有专人负责管理,需要对冰箱进行定期除霜,不准放药物、杂物。

二是大米、面粉以及各类干菜等易霉食品,这类食品存放于干燥的环境,防止受潮。库存粮食应使用垫仓板,切忌着地、靠墙堆放、冷库保存,以免受潮发霉。库房应经常通风,各类干菜如香菇、木耳、黄花菜等应使用货架,分类存放。

三是酱油、盐、醋、味精等调味品,这类食品原料要定期清洗盛放调味品的容器,特别注意容器清洁和密封保存好,防止生虫、霉变。

(四)烹调加工卫生要求

加工卫生。使用食品原料前,需要先对其查验,若发现食品原料有变质发霉等情况,则需要更换为新的原料。蔬菜加工要做到"一拣二洗三切",动物性食品应剔除有毒腺体和有毒鱼类。动物性食品和蔬菜应分池清洗,以防污染。

烹调卫生。食品要烧熟煮透,应重点检查油炸食品、大块肉食品有无外熟里生现象。在烹调时,厨师切忌用勺子直接试味,以防止污染。烹调时所用的工具、容器应生熟分开,盛放熟食的容器、切熟食的刀、板和抹布都必须清洗消毒后才能使用,接触直接入口食品的工具、容器和工作人员的双手消毒应符合卫生要求。特别注意冷盘凉拌菜加工好后放置的时间,一般不应超过4小时,以防食品变质。

(五)销售卫生要求

销售直接入口食品应当使用工具,禁止用手抓食品,销售时要做到货、款分开;销售熟食、卤味要做到"三专一严",即专间销售、使用专用工具和容器、专人操作,严格消毒。乡村餐馆要有洗手消毒设施,消毒液要达到规定的浓度;隔夜食品必须重新回锅煮熟才可销售。

(六)从业人员个人卫生要求

从业人员工作时应穿戴干净整洁的工作服;销售熟食应戴好口罩,销售前应洗手消毒,以确保食品健康卫生。工作时不吸烟、不涂指甲油、不随地吐痰、不穿工作服上卫生间。个人卫生做到"四勤":勤洗手剪指甲、勤洗澡理发、勤洗衣服被褥、勤换工作服。

三、适应市场

乡村餐饮作为一种别具一格的旅游产品,能否长久地经营下去,关键在于能否满足游客的口味。那么,乡村餐馆如何在餐饮下功夫,才有可能满足游客的品位或喜好呢?一般来说,需要处理好以下几个问题。

(一)谁来吃

一般来说,到乡村旅游和品尝地道的农家菜的人群主要是周边城市的游客。在"谁来吃"的问题上,乡村餐饮经营者需要弄清楚两点:首先,并非城里人都会来到乡村吃农家菜。这时就应该对有可能来吃农家菜的这部分人的数量、消费习惯、能力和特点有较清楚的了解,尽力去满足他们的消费要求,这样才能做到有的放矢。如果对游客没有一个大致的了解,一窝蜂地到处都是"农家菜",结果只能是恶性竞争,餐馆走向倒闭。乡村餐馆经营者应该有所警觉,尽量防止此类情况的发生,以免造成资源浪费。其次,乡村餐馆经营者要打造属于自家的特色菜肴,菜品不仅要有特色,更要有卖点,唯有如此,才可能吸引到更远的外地旅游者来消费。

(二)吃什么

一是吃"土味"。乡村菜肴口感好,绿色卫生,深受城里人对其"乡土味"的喜爱。要吸引游客到乡村就餐,首先,需要突出当地饮食特色,按照当地饮食传统习惯和游客的偏好来设计菜单食谱,做到定位大众化,经济实惠,每位游客都能够消费得起。其次,菜品开发要立足于本地,采用当地的特色原材料、调味品、烹调技法。菜肴使用土原料、土烹制、土成品、土吃法,呈现浓厚的乡土气息。如果餐馆开在山区,可以尽量开发蘑菇、木耳等山上的特产;如果餐馆设立在平原地区,那么餐饮乡土食材便可多多考虑田间作物的食材。总之,乡村餐馆菜肴应尽量选择在健康卫生的土菜或是城里人平时吃不到的菜上下功夫。除了饭菜要具有乡土气息,游客吃饭的环境也应当够"乡土"。一个农家小院,一排排旧方桌,几处草墩儿,几条黝黑锃亮的板凳,再加几副农家碗筷,游客在这样优美的环境就餐,会令其回味无穷。

二是吃"绿色"。与城市餐饮所不同,乡村餐饮的食材大多是来源于乡村当地,具有绿色健康的特色。来到乡村旅游的游客,除了要吃"乡土性",更要吃"绿色"。吃得"绿"是一门学问,大有讲究,比如肉要现宰现吃,虾蟹类要现捞现做,牛奶要现挤现饮,豆腐要现磨现吃,蔬菜要现摘现炒;肉要无激素的,菜要无农药的;要吃出野味、吃出自然。

三是吃"卫生"。干净卫生是餐饮行业最基本的标准和要求,是影响游客能否成为回头客的重要因素。乡村餐饮也不例外,如果就餐环境脏乱差,餐具没有经过有效洗涤和消毒,那么即使做出来的菜品色、香、味俱全,也会让游客不敢进食,望而却步。因此,乡村餐饮卫生须做到:配备专用的碗、筷、餐具消毒设备和冰箱,锅碗瓢盆等清洁有序;生熟的食品应分开制作;厨房干净整洁,有良好的通风排烟设施;厨房地面光鲜亮丽,灶台、墙面、油烟机等清亮光洁;厨房内纱窗完好无损,做到"三无"标准,即无蝇蚊、无蟑螂、无鼠迹;厨房员工必须穿工作服、戴口罩,不准在厨房吸烟;禁止使用变质食品,食品须煮熟、煮透,警惕食物中毒;餐具每日清洁,要做到无油腻、无水渍,严格消毒;自觉接受旅游、公安、卫生等有关部门的指导、检查、督促。饭菜干净卫生,就餐环境舒适整洁,游客才能吃得放心、开心,乡村旅馆才能够长久地经营下去。

(三)什么价位

乡村餐饮的菜品需要定一个合理的价位,既要让游客买账,又能够赚到利润,以使经营者有动力去经营餐馆。不同区域的经济发展和消费水平存在较大差异,所以需要结合当地的实际情况才能制定出一个合理的价位。不过在具体考虑如何制定一个比较合理的价位方案时,需要对以下几个问题进行综合衡量。其一,要了解周边餐饮中低档产品的价位,并以此为依据来制定价格。因为旅游者或城里人对乡村菜肴的价格认可度大致在这一区间。其二,要充分考虑到周围的竞争或供需状况。

如果竞争激烈、供大于求,价格就需要定在一个较低的定位;反之,如果产品具有鲜明的亮点,并且是其他餐馆所难以模仿或取代的菜品,便能卖出较高的价格来。关键是要善于寻找或发现这种特色,并打造出"仅此一家"的效果。

(四)是否便利

游客到乡村旅游,交通的便利程度会成为一个重要的考虑因素。对大部分游客来说,他们希望能够在路途上花费较少的时间,途中有良好的道路状况,这样他们到乡村旅游的积极性才会更高。就目前的情形来看,汽车单程在1小时以内的距离是大多数旅游者所能够接受的。当然,如果某地的乡村产品确有特色或名气很大,不管距离多远,也会吸引着游客前去旅游。此外,对游客来说,他们的花费不仅仅是饭菜钱,还包括往返路途中的路途费用、时间、精力等花费。

四、突出特色

(一)突出菜品特色

相较于城市餐厅的菜品,农家菜突出的特征之一便是有特色。特色就是"人无我有、人有我优、人优我特",但是要做到能够带来经济利益的特色不是一件简单的事情,因为只有能够刺激消费者购买欲的特色才算得上是真正的特色。例如,把城市餐厅供应的菜肴改个乡土气的菜名,再换个大粗碗,这在形式上也可算是一种特色,但是这种菜品的味道还是城市里的菜肴的味道,并不能够真正地得到游客发自肺腑的称赞与认可。因此,要摒弃"换汤不换药"或"新瓶装老酒"的陈旧套路,真正实现乡村餐馆特色菜肴的创新。

(二)突出菜品创新

城市游客到乡村餐馆吃饭有一个老生常谈的问题——怕点菜,为何?不同餐馆的菜品基本上大同小异,这家的招牌菜也是那家的特色菜。在刚研发新品的农家菜时期,出现这种状况并无多大妨得,但当农家菜发展到较为成熟的阶段，即在市场上有一定影响力之时，如果不能有所创新，便不会受到消费者的喜爱。因为一成不变的口味和千篇一律的菜品已很难适应现代游客的要求。当然，对于过路客而言，他们更多的是一次性消费，问题可能不太严重；对于回头客而言，他们会考虑菜品值不值得让他们再次来到这里吃饭，问题就比较严重。总的来说，一地需要有自己的特色，但一地之内的不同餐馆经营者的菜品亦应有所不同，才能吸引更多的游客到此就餐。

(三) 特色菜品的实现路径

如何才能比较好地解决特色问题呢？一般来讲主要有以下三个方面。

一是立足乡土资源。由于自然条件和区域文化差异的现实存在，不同地区总是拥有自己的一些乡土特色，如菜品原料、饮食风俗、加工技术等。只有采用天然无公害的饮食材料，才有可能做出地地道道的农家菜，让游客流连忘返于乡村。

二是适应市场竞争。乡村餐馆经营者需要认真筹划，以此形成自家的特色，这样才能战胜竞争对手。常言道："知彼知己，百战不殆。"换句话说，也就是"人无我有，人有我优，人优我强"。在市场竞争中，"优势"不等于"胜势"，如果发挥不当，现有的"优势"将不成为优势或大打折扣。例如，有些地方的食材是田间地头种养出来的，品质一流，但是做菜时使用的调味料却是"劣质"的，可想而知，这样的菜品会令游客厌恶。

三是培育核心竞争力。所谓"核心竞争力"就是竞争对手难以替代的竞争能力。在乡村餐饮业中，核心竞争力表现为食材、环境、服务、价格等不同方面的优势。培养核心竞争力，关键在于提升经营者的管理能力和市场营销水平。首先，经营者要注重对员工的培养，让他们全心全意为游客服务，提供优质高效的服务。其次，经营者要善于把握市场动向、跟进竞争对手动态、明确经营目标，制定出合理的经营方案，提升竞争力。例如，物美价廉是农家菜的特色和优势所在，但如果经营有道、宣传有力，再加上优质的服务水平，则很有可能采取优质优价的市场定位。

第二节 乡村旅游餐饮的服务技能

在开展乡村旅游餐饮服务的过程中,服务人员拥有良好的服务技能,能够让顾客获得满意的体验,促进乡村旅游餐饮的发展。下面从托盘、摆台、餐巾折花、上菜四大方面来介绍乡村旅游餐饮的服务技能。

一、托盘

(一)托盘的种类

依据托盘的制作材料,可分为塑料托盘、木质托盘、金属托盘和胶木托盘;依据托盘的形状,可分为长方形托盘、圆形托盘、椭圆形托盘和异形托盘;依据托盘的规格,可分为小型托盘、中型托盘和大型托盘。

(二)托盘的用途

不同形状和规格的托盘有不同的用途,大号方形、椭圆形托盘和中号方形托盘,一般用于托运菜点、酒水和盘碟等较重的物品;大号圆形和中号圆形托盘,一般用于斟酒、展示饮品、送菜分菜、送咖啡冷饮等;小号圆形托盘,主要用于递送账单、收款、递送信件等;异形托盘,主要用于特殊的鸡尾酒会或其他庆典活动。

(三)托盘的操作方法

轻托。轻托又称胸前托。通常使用中、小托盘,用于斟酒、派菜及托送较轻的物品,所托物品重量一般在5kg以内;重托。重托又称肩上托。通常使用大型托盘,用于托送较重的菜点、酒水及收拾餐具和菜盘等,所托物品重量一般在5~10kg之间。

二、摆台

摆台就是为顾客就餐摆放餐桌、提供必需的就餐用具的工作,它包括餐桌的布局、铺桌布、安排席位、摆放餐具等。摆台摆得好坏会直接影响服务质量和餐厅的面貌。摆放的餐台要求做到台形合理,席位间隔得当,符合传统习惯,小件餐具等的摆设要整齐一致,配套齐整,既方便顾客用餐,又有利于席间服务。

摆台可细分中餐摆台和西餐摆台两种类型。各餐馆均有独特的摆台方式,所以不可能完全统一一种摆台形式。考虑到乡村旅游餐饮更多涉及到中餐,这里便只介绍中餐摆台。中餐餐台通常摆放的餐具包括骨碟、瓷勺、勺垫、筷子、筷子架、牙签盅、各种中式酒杯、烟灰缸等。

(一)摆台要求与标准

1. 摆台要求。工作人员在摆台前,应先对双手进行清洗消毒,对所需的餐具进行检查,禁止使用破损的餐具。

2. 摆台标准。餐具的摆放要相对集中和配套齐全;摆放时间隔一致,做到整齐划一,符合审美标准;做到既清洁卫生,又有艺术性;既方便顾客使用,又便于工作人员服务。

(二)摆台需要的餐具

以10人座位宴会台面所需物品为例,10人宴会用餐摆台所需餐、饮用具及物品如下:台布1块、餐巾10块、骨碟10~12个、筷子10~12双、筷子架10个、勺垫10个、勺子10~12把、牙签盅2个、酒杯10个水杯10个、烟灰缸5个。

(三)餐具摆放的规则

1. 摆骨碟。将餐具码好放在垫好餐巾的托盘内(托盘应防滑,也可以垫餐巾),左手端托盘,右手摆放。从正主人位开始按照顺时针方向依次摆放。碟与碟之间距离相等,碟距桌边1 cm。正、副主人位的骨碟应摆放于台布凸缝的中心位置。

2. 摆勺垫、瓷勺。勺垫摆在骨碟的正前方,勺垫边沿距骨碟边沿1 cm,勺垫的中心置于骨碟的中心线上。瓷勺摆在勺垫的中央,勺柄朝右。

3. 摆筷架和筷子。筷架应放在骨碟的右侧,与勺垫的横向中心为一条线,注意造型、图案。如果是动物造型,头应朝左摆放。筷子放在筷架上,筷子图案或字要朝上对正(筷子套同样),筷子末端距离桌边1 cm,筷身距离勺柄末端1 cm。

4. 摆公用碟、公用勺、公用筷。公用碟应放置在正、副主人席位的正前方,碟边距葡萄酒杯底托2 cm。公用勺放在靠桌心一侧,公用筷放在靠桌边一侧,勺柄朝左,筷柄向右,成为对称形,勺与筷中间间距1 cm,筷子离公用碟部分两端相等。10人以下摆放两套公用餐具,12人以上应摆4套,其中另外两套摆在台布的十字线两端,应呈十字形。顾客人数少,餐桌较小时,只在正、副主人位置餐具前摆放公用筷架及筷子即可。

5. 摆酒具。葡萄酒杯杯柱应对正骨碟中心,葡萄酒杯底托边距勺垫边1 cm;白酒杯摆在葡萄酒杯的右侧,杯口与杯口距离1 cm。酒具的花纹要对正顾客。摆放时,酒杯应扣放于托盘内。操作时,手取拿酒杯的杯座处,不能触碰杯口部位。

6. 摆牙签盅。牙签盅应摆在公用碟的右侧,右不超出筷柄末端,前不超出碟边外切线。

7. 摆放水杯及餐巾。将叠好的餐巾折花插入水杯中,摆放于葡萄酒杯的左侧,3套杯的中心应横向成为一条直线,水杯的上口距葡萄酒杯的上口1 cm。将餐巾折花的观赏面朝向顾客。

8. 摆放烟灰缸。从正主人席位右侧开始,每隔两个座位摆放一个,烟灰缸前端应在水杯的外切线上,架烟孔要朝向两侧的顾客。

9. 围椅。围椅从第一主人位开始按顺时针方向依次摆放,椅座边沿以刚好靠近下垂台布为准,餐椅之间距离均等。

10. 摆菜单。一般10人以下摆放两张菜单,摆放于正、副主人位的左侧。平放时菜单底部距桌边1 cm,立放时菜单开口处分别朝向正、副主人。12人以上应摆放四张菜单,并呈"十"字形摆放。

11. 大型宴会应摆放台号。台号一般摆放在每张餐台的下首,台号朝向宴会厅的入口处,使顾客一进餐厅便能看到。

摆台效果要求:台面各种餐具、用具摆放整齐一致,布局合理、美观,间距均等,摆放位置准确,花纹图案对正,台面用具洁净、无破损。

三、餐巾折花

餐巾是宴会酒席中必备的保洁用品,也是台面摆设的艺术装饰品。它既能起到保洁作用,防止菜肴、汤汁、酒水溅落玷污衣服,又能起到美化席面、渲染气氛的作用,同时还可以标志宾主席位,便于入座。

(一)餐巾的种类

1. 按餐巾的质地,可分为棉织品和化纤织品。棉织品餐巾吸水性较好,去污力强,造型效果好。化纤织品色泽艳丽,透明感强,如一次造型不成,可以二次造型,但吸水性差,去污力不如棉织品。

2. 按餐巾的颜色,可分为白色与彩色两种。白色餐巾可以调节人的视觉平衡,并能安定人的情绪。浅暖色餐巾,色调温和。给人以兴高采烈的感觉,可以烘托用餐气氛,增强游客的食欲。

3. 按餐巾的折叠方法与摆设,可分为杯花和盘花。杯花一般需插入杯中才可完成造型,取出杯子即散形;盘花成型后不会自行散开,可置放于盛器或台面上。

4. 按餐巾花外观,可分为植物、动物、实物造型三大类。

(1)植物类造型:根据植物的造型折制的有月季、荷花、梅花、牡丹、水仙花等品种;根据植物的叶、茎、果实造型折制的有荷叶、竹笋、玉米等品种。

(2)动物类造型:此类包括鱼虫鸟兽,其中以飞禽为主,如孔雀、鸽子、海鸥等。动物类造型有的塑其整体,有的取其特征,形态逼真,生动活泼,是餐巾折花中重要的一类。

(3)实物造型:此类花型是模仿日常生活中各种实物形态折叠而成。常见的有花篮、折扇等。

(二)餐巾折花的选择原则

1. 根据宴会的规模及性质选择花型。

2. 根据宾主席位的安排选择花型。

3. 根据顾客的身份、风俗习惯选择花型。

4. 根据花式菜单内容选择花型。

(三)餐巾折花的基本技法

餐巾折花的基本技法包括折、叠、卷筒、翻拉、捏、穿、攥、掰八大部分。

(四)餐巾折花的摆放要求

1. 分清主次位,突出主位。

2. 将餐巾折花最佳观赏面朝向客人。

3. 将近似的花型错开摆放。

4. 恰当掌握杯花的深度。

5. 餐巾折花的摆放距离要均匀、不能遮挡餐具。

6. 注意整体的协调性。

四、上菜

考虑到乡村旅游餐饮更多涉及到中餐,所以这里只介绍中餐上菜。

(一)上菜的顺序

上菜的顺序一般为:第一道凉菜、第二道主菜、第三道热菜、第四道汤菜、第五道甜菜,最后上水果。由于中国各区域菜系众多,上菜顺序并不完全相同。如广东地区,习惯于先上冷菜,再上炖汤。安徽某些地区,第一道菜是甜品开胃甜汤,鱼在最后一道汤的前面上。但在山东宴席上,鱼这道菜是作为大菜上的。

(二)上菜的方法

餐馆上菜是有讲究的,首先要选定上菜的位置,上菜过程中要遵循"轻、准、正、平"原则:"轻"即是菜盘端到游客桌面上要轻放,不可重碰;

"准",上菜前服务员要在餐桌上挪出空位,以便将要上的菜准确落位;"正",菜上席时要针对主人席摆正位置;"平",菜盘拿在手上要稳稳当当,不能将菜品中的汤汁洒落出来。

上菜时,正确的端盘方法:用大拇指紧贴盘边,其余四指扣住盘子下面,拇指不能碰到盘子边的上部,更不允许留下手印或者手指进入盘中,这样不卫生、不礼貌。上鱼、鸡、鸭等带头带尾的菜肴时,一般将头朝向右侧,胸脯部位朝向主人。大型的艺术拼盘要将其正面对准主位。这样的摆放方式就是俗话说的"鸡不献头,鸭不献掌,鱼不献脊"。

(三)上菜速度和节奏

一般来说,在酒水刚好斟完之时,便是第一道菜(指热菜)的上菜最佳时间。紧接着上余下的菜品,以让游客能够及时用餐。当餐桌上有了四、五道菜以后,此时,如果不是游客催着要上菜,那么上菜则需放慢速度,以免出现盘上叠盘的现象。

第三节 乡村旅游餐饮的服务规范

乡村旅游餐饮做好服务规范,提供一个干净卫生、热情待客的用餐环境,让游客感到宾至如归。

一、餐厅的清洁卫生

餐厅是客人的就餐场所,经营者必须为游客提供卫生干净的就餐环境,做到无灰尘、无污迹、无杂物。做好基本的卫生工作,是餐厅首要的任务,它不仅关系到餐饮经营的信誉,更关系到游客的身体健康乃至生命安全。

(一)餐厅清洁卫生工作的内容

餐厅的清洁卫生工作主要有下列内容:

1. 餐桌、工作台等处的残留物和污迹要及时清理。

2. 沙发、餐桌、餐椅等家具和餐厅固定装置的擦拭除尘、除污。

3. 地面、墙面、门窗、灯具及装饰物的除尘、除污。

4. 花花草草的清洁与养护。

5. 除虫灭害。

(二)餐厅清洁工作要求

1. 清洁的时间。餐馆主要清洁工作安排在上午和夜间两个时间段进行。

2. 及时清洁。客人在用餐完后,需要及时清洁桌面,有时候客人在用餐的过程中不小心将菜品汤汁洒落地面,也需要进行清洁,保证就餐环境的干净整洁。

3. 清洁剂、清洁工具和清洗方法的选用要得当。餐厅是客人进食的地方,有时可能清洁工作会在客人用餐较少的时间进行,因此,清洁工具、清洗方法和清洁剂的选用尤为重要。选用的抹布、拖地的拖把等清洁工具要小巧、清洁、美观,让客人看了舒服,并且对我们的卫生放心。使用的清洁剂没有特殊刺激性的异味,不影响客人就餐和身体健康。

二、餐前准备及检查工作

餐前准备是餐厅营业前的一项重要工作。一般包括餐厅卫生清洁工作、菜品食材准备、进餐用具的准备和员工精神风貌的准备,以保证餐厅干净卫生、环境优美、餐具齐全,桌面整洁有序、无灰尘和污渍。

餐厅检查是对餐厅准备工作的全面检查。主要包括楼面的检查、厨房的检查以及员工仪容仪表的检查,确保在接待客人之前,餐厅的用品和设备能达到良好的状态,保证员工都能以积极向上的精神风貌投入每天的工作当中。

三、餐厅用餐服务规范

谈到餐饮,可能很多人第一印象会想到菜品味道如何。实际上,除了美味的菜品,服务人员良好的工作态度也会深深影响着游客到餐馆就餐。因此,餐馆经营者应重视为客人留下良好的第一印象。下面介绍迎宾服务规范。

(一)迎宾服务

若想让来乡村旅游的游客成为餐馆的回头客,餐馆相关服务人员需要对游客笑脸相迎、致问候语,规范站姿,仪容仪表整洁,身体无异味,处处体现出对游客的尊重,让游客充分感受到我们对客人的真诚欢迎。另外,还需注意接待环境的整洁和美观。如地面的卫生、垃圾的处理等都应做到整齐清洁、规范有序,这样不仅使客人感到赏心悦目,重要的是营造出了热情迎宾的整体氛围,给远道而来的客人留下好的印象,让游客由此喜欢到乡村旅游。

(二)用餐服务规范

1. 引客入座

在每天餐馆开餐之前,服务员应提前到岗,做好卫生清洁、设备检查等相关工作,以饱满的精神状态迎接客人。当客人进入餐馆,要主动问候客人,微笑待客,将客人引至餐桌边,引客入座,及时为客人送上茶水和菜单,为客人斟好茶,让客人感受到餐馆的周到服务。

2. 点菜服务

餐厅的产品即菜品、酒水和服务。城市里的游客来到乡村餐馆就餐,可能并不太了解餐馆的特色菜品,并且游客对餐饮产品的要求较高。一般来说,游客来到乡村餐馆就餐,他们会对田间地头的野菜和农家自产的、天然无害的杂粮感兴趣,因为这些食材原料能够让游客吃得卫生和健康。因此,餐厅服务员要"投其所好",善于向游客介绍本餐馆的特色产品,如介绍自家鱼塘养殖的水产品、自家种植的杂粮、蔬菜和水果等等。当游客吃到这些乡土产品时,相信会感到味道鲜美、口感极佳,感到快乐和满足。

点菜服务是一门技术活,需要注意的事项有以下几点:其一,了解当天厨房所能供应的菜品,根据客人的数量合理地为客人进行菜肴推荐。其二,根据游客的年龄和口味进行推荐菜肴,及时询问游客有无忌口。其三,点菜完毕,与游客及时确认所点的菜品,以免出现遗漏和错误。

3. 上菜服务

乡村餐馆上菜也是有讲究的,做好上菜前、上菜中以及摆菜的相关工作,能够让游客大饱口福和眼福,有个舒畅愉悦的心情,尽情品味农家菜。

(1)上菜前的注意事项

一是上菜前注意检查餐具是否完整无破损和干净清洁,若发现有污渍、破角、裂纹的餐具,应立即进行更换。二是上菜前使用干净卫生的勺子、筷子检查菜品中有无异物,严禁用手指直接翻动菜肴或用嘴吹走菜肴中的杂物。三是对凉菜要给予特别的注意,严防给客人送上变味、变质等不符合卫生要求的菜品。尤其是在气温回升的春季和炎热的夏季,一定要重视食品的卫生,防止病从口入,对客人的健康负责,确保饮食的安全。

(2)上菜中的注意事项

一是上菜时要时刻注意菜品的卫生,避免在菜盘上留下指纹,让游客吃得放心。二是在上菜的过程中,要注意哪个位置最适合上菜,尽量避开小孩儿和老人,以防烫伤游客。带有汤汁的菜,更要注意端平托盘,轻拿轻放,不要把菜汤散落到客人的身上。三是上菜时,若出现菜肴质量问题,应主动道歉,虚心听取客人对菜品的意见和建议,争取将菜品做得更好。

(3)摆菜的礼仪

在上菜过程中要注意摆菜的位置,讲究菜肴摆放的图案美和颜色美。

第一,将主菜摆在餐桌中间。

第二,摆菜时使菜肴与客人保持适当的距离,尽量照顾到多数就餐的客人。

第三,将特殊风味的菜肴摆在主宾的面前。

第四,每上一道菜品,服务员都需先撤掉空盘,并对餐桌上的菜肴进行位置调整,让餐台始终保持美观和整齐。

4.酒水服务

在乡村餐饮服务接待中,一般而言,客人对酒水的要求并不会过高,但需特别注意杯具的干净卫生。这不仅是餐饮接待卫生安全的基本要求,更是对客人的尊重。因此,切忌给客人上破口、带裂纹和有污迹的餐杯。

现在很多乡村餐馆都使用一次性的杯子,这样不仅显得卫生,还可以减少杯具清洗、消毒的工作量,让客人喝得放心。虽然一次性杯具使用起来便捷,但还需要注意使用时的卫生,密封和保存好未使用的一次性杯具,防止未用的杯具被污染。

5.撤换进餐用具

按照餐饮服务的规范,服务员需要及时巡台,在征得客人的同意下,及时为客人撤下空盘、脏盘等进餐餐具,并根据实际情况换上新的进餐用具。通常在以下几种情况下需要撤换餐具:

第一,在客人用完凉菜之后,准备上热菜之前;

第二,上甜点和水果之前;

第三,餐盘内残骨过多或有纸巾等杂物之时;

第四,菜盘中的菜肴剩余不多,更换小菜盘。

6.结账送客

结账送客是餐馆服务的最后一个环节。当客人享用完农家餐品后,便进入了结账环节。客人离开时,需要温馨提醒客人带好自身的随身物品,同时仔细检查餐桌周围是否有客人遗留的物品,如发现确实有,应立即归还客人;若客人已经离开,不能马上交还,应暂时替客人原貌保存物品,以便客人回到餐馆认领;或者有客人的联系方式,便可联系客人回餐馆认领相应的物品。在送别客人离去时,需要感谢客人对餐馆的光临,祝福客人一路顺风和平安,欢迎客人再次光临。

四、餐厅服务接待用语

餐厅服务接待工作时时离不开语言,优美、礼貌的语言会给客人以温暖和尊重。餐厅服务工作在语言的使用上具体可以分为基本服务用语和餐厅服务用语。下面重点介绍常用餐厅服务用语。

(一)迎接人礼貌用语

当客人进入餐馆时,服务员可以使用以下礼貌用语:

——您好,欢迎光临!

——您好,请问几位呢?

——请往这边走。请跟我来。

——请稍等,我马上为您安排。

——请您先看一看菜单。

(二)点菜服务用语

为客人点菜时,服务员可以使用以下礼貌用语:

——您好,请问现在可以为您点菜吗?

——这边需要酒水吗?我们餐厅有……

——请问,您还需要什么吗?

——我向您推荐……

——您订的菜是……请问是这些菜品吗?

(三)上菜礼貌用语

为客人上菜时,服务员可以使用以下礼貌用语:

——现在可以为您上热菜吗?

——您好，现在要上菜，小心烫。

——不好意思，让您久等了，这道菜是……

——真抱歉，让您久等了。

——请问，您还需要什么吗？

（四）餐间服务礼貌用语

餐间为客人服务时，服务员可以使用以下礼貌用语：

——菜全部上齐了，请您慢慢享用。

——我可以撤掉这个盘子吗？

——对不起，打扰您了。

——请问，您还需要什么吗？

（五）结账送客服务用语

餐后为客人结账并送客时，服务员可以使用以下礼貌用语：

——这是您的账单，一共……

——这是找回的钱和发票，请您查收，谢谢！

——非常感谢您的宝贵建议。

——再见，请慢走，欢迎您再次光临。

五、餐具常用消毒方法

餐具的消毒方法是多种多样的，需要根据不同类型的餐具进行消毒，具体有以下几种常见的餐具消毒方法。

（一）高温消毒法

此种方法便是将清洗过的餐具放置于100℃的沸水中煮15～30分钟。适用于陶瓷类餐具的消毒，但不适合玻璃器皿的消毒。

（二）蒸汽消毒法

此种方法便是将清洗过的餐具放置到蒸汽箱中蒸15分钟即可。与高温消毒法所不同，此方法适用于各种餐具的消毒。

(三)浸泡消毒法

此种消毒方法便是使用餐具消毒剂进行消毒,选用的消毒剂必须是经卫生行政部门批准的餐具消毒剂,其中"84"消毒液是比较好用的一种。使用浸泡消毒法,应时不时更新消毒液,不可长时间反复使用。餐具消毒完毕后,还应使用流动水洗去餐具上残留的消毒剂,保证安全。

(四)烤箱消毒法

如红外消毒柜等,温度一般在120℃左右,将清洗干净的餐具放置于消毒柜中消毒15~20分钟即可。

当然,最简便易行的消毒方法是把清洗干净的餐具放入锅内,完全浸泡在水中加热,待水煮沸后,再保持2分钟左右,即可达到消毒的效果。消毒过的餐具不能再用抹布擦,防止再次污染;要将消毒过的餐具放入橱柜中,或用纱罩罩起来,以防止蚊虫、蟑螂和老鼠进入。

总的来说,消毒完餐具后,还应检查餐具洗涤和消毒的效果,若不符合相关卫生要求,则需要再次进行洗涤和消毒。

第四节 乡村旅游餐饮的经营与管理

乡村旅游餐饮需要经营和管理,具体包括日常管理、价格管理和人员管理三个方面。

一、日常管理

(一)厨房管理

1. 硬件配置

参照卫生部推行的食品卫生量化分级管理准则,结合乡村餐饮的实际情况,乡村餐馆在硬件设施方面可以分间或分区设立粗加工区、切配区、烹调加工区和就餐区。若乡村餐厅规模比较大,便可分间设立。反之,规模较小者可分区设立。

(1)粗加工区。乡村餐馆的粗加工区可设立3个洗菜池和1个洗拖把池,3个洗菜池分别用于肉类、水产品、蔬菜的清洗,以防止细菌交叉污染。

(2)切配区。乡村餐馆的切配区可配备切配台、切配工具、冷藏和冷冻设施。

(3)烹调加工区。乡村餐馆的烹调加工区应做到设备齐全,可配备烹调设备、排油烟设备、餐具消毒柜、保洁柜和餐具洗消水池。为了保持乡土性,在保证干净卫生的情况下,以农家土灶为佳。

2.基本标准

(1)厨房排烟设施。厨房建议采用自然的风窗,且应与夏季主导风向基本一致,以此保证厨房油烟能够顺利排出,不四处扩散、不污染餐馆。在充分利用自然风的前提下,还必须使用换气扇等通风排烟设施,以保障油烟能够真正地排出厨房。

(2)厨房消防设施。一般来说,相较于城市而言,乡村的消防意识较为薄弱,一旦发生厨房失火事件,往往很难掌控火势。因此,乡村餐馆同样需要配备灭火器、黄沙等消防措施,以便能够及时应对火灾,做到及时处理。

(3)厨房墙面装饰。厨房的墙壁应该干净整洁,无裂痕破损,易于清洗,以免藏污纳垢。为了方便清洁厨房,如果有条件的话,厨房墙面乃至天花板最好贴瓷砖。

(4)消毒设备。乡村餐馆讲究干净卫生,这样才能让客人吃得放心。因此,厨房需配备专门的餐具消毒设备,如专用的消毒柜。为客人提供经过严格消毒的餐具,能让客人尽情享受农家菜。

(5)冰箱冰柜。乡村餐馆的原材料需要保鲜,因此,厨房需要配备专门具有冷冻、冷藏功能的冰箱和冰柜,防止天气炎热,气温高,原材料和食品腐烂变质,浪费食材。

(二)原料管理

乡村餐馆所需要的食材除了可以自产自销外,还可以与当地的专业种养殖户建立关系,保持长期的采购合作关系。这样的好处有三方面:一是现采购现销售,原料足够新鲜,具有原汁原味的优势;二是同处一个乡村,采购距离近,方便快捷,节约运输成本;三是不仅能够满足餐馆的原料供给,还能够带动村民农副产品的销售,实现合作共赢。采购的原料需要经过严格的验收才能够入库。验收要讲究效率,做到迅速、准确,主要工作是检查原料是否存在质量与数量上的问题,若发现没问题,则可入库;若发现有问题,则须与商家如实说明情况。仓储主要用来保存足够的食材原料以及各项餐馆日常用品,以保证餐馆每日正常运营。

(三)卫生管理

1. 食品卫生管理

食品卫生管理直接关系到客人的身体健康,乡村餐馆应秉持对客人负责的态度,严格要求员工树立食品卫生意识,要求员工按照科学的方法来保证食品的卫生。

(1)保持食品卫生要点

食材在制作成菜品前,应彻底清洗干净,储存场所和器具容器都应保持干燥卫生。尽快处理食材,然后烹饪供食,客人尽快食用,以享受原汁原味的菜肴。在食材的选用上,尽可能选用新鲜的原料,保持极佳的口感。

盐、醋、糖等调味品有阻碍食材上的细菌繁殖的作用,可以适当使用。

包装容器要注意密封保存好,以防止在储藏的过程中受到水分、昆虫、尘埃等污染;食品外包装不宜太厚,以免因散热不良而导致食品腐烂变质、细菌大量繁殖。

(2)食品卫生要求

食品是否卫生,重要的衡量标准之一是看其是否变质。变质的食品会滋生细菌,含多种有害物质,不能食用。乡村餐馆要注意禁止出售变质食品,以免引起客人身体不适,危害客人身体健康,造成客人投诉,影响餐馆声誉。

2.场所卫生管理

场所卫生管理是保证餐馆环境卫生的重要工作,餐馆场所卫生做得好,能够让客人赏心悦目,吸引客人继续到此餐馆消费。因此,餐馆内各个场所都需要保持整洁,为客人提供一个舒适的就餐环境。

(1)墙壁、天花板、地面

墙壁、天花板应采用光滑、不吸油水、浅色的材料进行建造。内墙应易于清洗,各种电器线路和管道均应合理架设,减少安全事故的发生和便于工作人员对墙面以及天花板的清扫。

地面应采用耐久、平整的地砖铺设,必须经得起反复洗刷,受高温影响不易变形,一般以防滑无釉地砖较为理想。如果地砖过于光滑,必要时可铺设防滑垫。

墙壁、天花板、地面应及时清洁,做到干净整洁和无异味,避免滋生蟑螂、老鼠等病媒生物。

(2)下水道及水管

有污水排出或需用水冲洗地面的场所,如炉灶、粗加工间、厨房洗涤间等,均需设置单独的下水道和窨井,窨井直径不能过小,以免在寒冷的季节因油垢冻结而引起窨井堵塞。

饮用水管应具有防倒流装置,非饮用水管应有明显的标识。饮用水管和污水管分别安装,禁止两种管道交叉安装。

(3)通风、照明设备

厨房应安装抽油烟机、抽风机,以便能够顺利排出在制作菜肴时所产生的油烟以及空气中的湿度和不良气味,防止油烟和水蒸气弥漫厨房,进而污染食品和炊具。

楼面应设有空调,随时调节餐馆内的气温,为客人营造舒适的就餐环境。厨房应有通风设备,保持空气流动,以调节温度。

在重要场所安装防爆灯具,或使用防护罩,以防万一灯泡因各种原因爆裂时玻璃碎片伤人或散入食物内。

(4)洗手池设备

病菌无处不在,工作人员的双手是传播病菌的重要媒介,餐馆应当在最容易使手沾上病菌的地方安装洗手池,如卫生间附近、厨房内等等。洗手池应配备多种设备,如冷热水、洗手液、纸巾、烘干机等等。洗手设备应每日进行检修、打扫,及时补充清洁用品。

(四)安全管理

餐饮业的安全不仅包括财物安全,还包括人身安全。乡村餐馆的安全管理,主要包括防火、防爆、防台风、防地震及停水、停电等天灾人祸事故,需要工作人员准确处理得当,保障顾客与员工的生命安全。所以了解和学习相应的安全管理知识,防患于未然,以便发生安全问题时,能够做到临危不乱、及时和有效地应对。乡村餐馆的安全管理种类繁多,但具体可以分为以下几种类别。

1. 防火措施

厨房在制作菜肴的过程中,使用火种频繁,是火灾发生的最重要场所之一。稍有不慎,极易引起火灾。当然,引起火灾的原因是多种多样的,如瓦斯漏气、电线老化、油料外泄、未熄灭的烟头等等。一般防火的注意事项有:

(1)工作时切勿抽烟,未熄灭的烟蒂禁止带入餐馆。

(2)易燃易爆等危险物品轻拿轻放,远离火种。酒精、瓦斯、钢瓶、汽油等,不可放置于炉具或电源插座附近。

(3)用电切勿同时使用多项电器,以免超过负荷,致使电线过载,引发火灾。

(4)发现电线老化、过载冒烟时,应迅速切断电源,切勿用水泼洒,以防漏电伤人。

(5)制作菜品时,应当时刻跟进,以免发生火灾。

(6)油锅起火时,应立即关闭炉火,除去热源,并将锅盖紧闭,使之缺氧而熄。锅盖封闭不严时,就近将发酵粉或食盐倒入,使火焰熄灭。

(7)平日可用肥皂水检查瓦斯管及接头处是否有漏气现象,所用瓦斯管应以金属制品代替橡胶制品,可防虫咬或鼠咬。

(8)每日工作结束时,应及时关闭电源及瓦斯、热源等各种开关。

(9)平时要加强员工消防宣传力度,灌输员工救灾常识。

2.火灾的应变措施

(1)店内着火,应立刻关闭瓦斯及电源开关。如火势不大,可用灭火器灭火,切勿惊慌失措。

(2)电线走火,首先立刻切断电源,切勿用水乱泼,以免蔓延火势,并尽量采取隔离空气的方法灭火。

(3)瓦斯漏气,尚未酿成火灾,应立即切断瓦斯开关,打开门窗以便透风,并快速切除火源、电源,等待瓦斯散尽再开电源,以免发生爆炸。

(4)一旦瓦斯泄漏引起火灾,灭火方法为:①断绝瓦斯气源;②断绝空气供给;③降低周围温度;④用泡沫灭火器灭火。

(5)如火势过于凶猛,无法熄火,应立即拨打119报警,并打开餐馆的安全通道,让客人有序地离开餐馆。店内工作人员要保持头脑清醒,维护好秩序。

3.防止食物中毒措施

食物中毒会严重危害来餐馆就餐的客人的身心健康,因此,厨房要把关好菜品,防止客人食用后食物中毒。从食物中毒的种类来看,大多是由于细菌引起的食物中毒,其原因是对食物处理的方法不当所造成的,其中以冷藏不当为主要致毒原因。从发生时间来看,大部分食物中毒发生在夏秋季节,高温、潮湿的环境有利于微生物生长繁衍。从原料来看，主要是蛋品、乳品、肉类等高蛋白食物。

食物中毒主要有两方面。一是食物受到细菌污染，细菌产生毒素致中毒。这种类型的食物中毒是由于细菌在食物上繁殖并产生有毒的排泄物，客人吃了此种食物后，容易产生不良反应。要特别注意细菌滋生的毒素不能通过嗅觉或色泽鉴别出来，辨别不了食物是否变质。二是食物受致病细菌的污染。由于这类细菌喜欢附着在在食物上，并且能够大量繁殖。因此，食用了此种食物就会引起食物中毒。此外，食物中毒还有化学物质的污染和食物本身具有致毒素等原因。一般要注意：加工菜品原料时，马铃薯发芽和发青的部位应去除干净；禁止出现未煮熟的四季豆、扁豆和食用鲜黄花菜、未腌透的腌菜、苦杏仁等。

4. 防止一般意外事故发生

（1）意外事故的种类

①滑倒及摔倒。餐馆地面有湿水、汤汁或食物、通道存在障碍物等都可致人滑倒和摔伤。

②扭伤。搬重物，清洁卫生不慎，搬运姿态不佳等，都可能造成扭伤。

③烫伤。不小心触碰到滚烫的东西，如炉子、热开水、热汤、热食、热盘子。

④割伤。不当地使用刀叉、尖锐的器皿或厨房用具。

⑤触电。碰触破损的插座、插头、电线或不当使用电器设备等。

⑥其他意外事故，如机械伤害、食物中毒、瓦斯中毒等。

（2）如何防止意外事件的发生

①清理干净地面上的污渍、汤汁或食物。

②清除在通道、储藏区及进出口的障碍物。

③确保桌子椅子稳固。

④培训员工正确的搬运货物技巧。

⑤正确使用各项电器设备方法。

⑥更换有缺损的餐具或设备。

⑦定期检查用电安全。

⑧去除装潢物、家具及工作台的尖角外缘,或加装一些保护性物品。

⑨定期检查插座、插头、电线、电源开关,万一有破损,应立即请专人修理。

⑩刀叉等尖锐用具及厨房器具正确使用及储存。

二、价格管理

(一)菜单定价考虑因素

如何定价一道菜品,不仅需要考虑制作此道菜品的食材成本,还需要外界其他因素的影响。因此,乡村餐馆在为菜品定价时,需要考虑材料成本、人员费用、场地租金等多种有形的成本。除此之外,为了使菜肴更具市场性,不能忽略顾客的心理和同业的竞争等因素。

1. 同业竞争

乡村餐馆可能会面临同一地区内具有相同类型菜品的餐馆的挑战。乡村餐馆应先对竞争对手的菜单了如指掌,并了解其热销的菜品与定价状况,然后采用菜品差异法来吸引更多的客人。

2. 心理因素

定价定得巧妙合理,能够增强客人购买的欲望。例如,标价100元的商品不如标价99元的商品卖得好。

(二)菜单的定价原则及策略

1. 菜品定价原则

菜品价格的制定必须考虑原料成本、人力资本、市场需求及客人的满意程度,既要灵活,又要稳定。每次菜品的调价幅度不能过大,最好不超过10%。菜品的价格要得到客人的认可和接受。

2. 菜品定价策略

乡村餐馆应根据成本、利润与长久的经营理念来考虑菜品定价,使定价既能够让客人接受,又能获得可观的利润。具体而言,乡村餐馆可以参考以下三种定价策略,如表1所示。

表1 定价策略

序号	价位	具体说明	备注
1	低价位	为了促销新产品,或为了出清存货,实现资金周转,把菜单价格定在比总成本低的价位,大大提高市场的接受率。	需要保证菜品质量。
2	合理价位	客人能负担得起,在餐饮企业有利润的前提下,以餐饮成本为基数,加上某特定倍数而制定出来的价格。	食物成本比例应确定一个标准,如40%,意思是希望所有食物的成本约占销售总额的40%。
3	高价位	有些餐饮企业会把菜单的价格定得比合理价位高出许多,甚至成为"天价",其主要目的有两点: (1)其产品独特,市场上无竞争对手,销售者可趁机赚取高额利润。 (2)本身知名度高、信誉高,于是将其主要顾客定位在人口金字塔的顶端,并迎合这些顾客的价值观念,体现出来餐馆就餐的客人的身份地位。	在执行定价策略时,需配合高品质的产品及完善的服务,使顾客更能欣然接受。

（三）菜品定价方法

乡村餐馆需要对菜品进行定价,那么如何定价呢？以下是餐饮企业经常使用的定价方法,可供参考。

1.成本倍数法

在考虑菜品定价时,首先需要考虑食材原料、员工工资及其他费用这三项因素。因此,最经常使用的菜品定价法是成本倍数法。下面是成本倍数法的示例：

若某道菜的材料成本为30(元),工资成本为5(元),则主要成本额为：$30+5=35$(元)。设定主要成本率为60%,则主要成本率的倍数为：$100\%\div60\%\approx1.66$(倍),则售价=主要成本额×倍数=$35\times1.66\approx58$(元)。

此种菜品定价方法简单易算,通俗易懂,但除了需要考虑原材料和员工成本费用外,乡村餐馆还有其他的花销,如水电费用、维修费用、日常用品费用等等,因此,成本倍数法只是一种参考的定价法,并非完全符合实际的定价。

2.利润定价法

利润定价法即是用预期利润和食物成本合并来计算的。下面是利润定价法的示例,供读者参考。

假设预估食物销售量为30000元,操作费用(不含食物成本)为20000元,预期利润为1500元。

步骤一：预估食物成本为$30000-(20000+1500)=8500$元

步骤二：定价的倍数为$30000\div8500\approx3.53$(倍)

步骤三：每道菜售价的计算过程如下。

倘若牛排的成本为8(元),售价=食材成本×定价倍数,则牛排的售价为$8\times3.53\approx28$(元)。

此种菜品的定价方法将利润估算为成本的一部分,以确保获得利润。

3. 跟随定价法

与其他两种定价法相比,跟随定价法操作比较简单。它是指参考其他同类餐饮企业的定价水准,再对自己的餐饮菜品进行定价。

三、人员管理

乡村餐馆想要长久经营下去,除了利用原汁原味的菜品来吸引客人外,还需要建立一支令顾客满意的员工队伍。乡村餐馆的服务人员应具有以下几方面的素养。

(一)敬业乐业的品质

乡村餐馆从业人员要热爱自己的职业,端正工作态度,勤奋认真工作,虚心学习,掌握服务技能,为客人提供优质的服务,赢得客人的信赖。

(二)自觉的纪律观念

乡村餐馆从业人员要树立自觉遵守餐馆纪律的观念,认真贯彻各项规章制度,营造良好的工作氛围和团队理念。

(三)良好的服务形象

乡村餐馆从业人员要在每天工作前,整理好仪容仪表,以最佳的精神状态投入到每日的工作当中,服务好前来就餐的客人。

(四)讲究礼节,礼貌待客

乡村餐馆从业人员要学会以礼待客,真诚待客,这样能够让客人受到尊重,伴随愉快的心情进行就餐,对这家餐馆留下良好的印象。

第五节 乡村旅游特色菜品的开发

乡村旅游开发特色菜品,给游客一种新菜品的体验,能够吸引更多的游客到此旅游和就餐。下面从菜品开发的基本原则、菜品创新的实现途径以及乡村旅游特色菜品的开发三方面来介绍。

一、菜品开发的基本原则

(一)重视口感

研发新菜品,要充分考虑客人的口感,只有使顾客感到好吃,而且越吃越想吃的菜才会有生命力。

(二)注重营养

注重营养是指新菜品要具有卫生、营养和健康的特点。厨师在设计创新菜肴时,要遵循营养配菜的原则,设计出健康美味的菜品,吸引顾客前来就餐。

(三)关注消费者

大多数游客来到乡村旅游,他们最希望吃到的菜品是什么种类?这就需要精准分析和预测游客的喜好,研究游客的消费价值理念,以便设计出满足游客所需的菜品。

(四)易于操作

新菜品的制作过程应简单易行,尽量减少工时耗费。一来可以降低经营成本,二来可以满足顾客的时效性要求。

二、菜品创新的实现途径

菜品创新要使顾客满意,需定价合理,物有所值;色、香、味、形俱全;卫生健康,有营养。菜品创新可以从以下几方面进行考虑。

(一)食材创新

乡村拥有很多无公害、原生态的菜品食材,要充分利用好这些食材,制作出城市餐厅所罕见的菜肴,以突出原料创新菜。

(二)烹饪技法创新

根据食材的属性选择不同烹饪技法,在烹饪的过程中,注重菜肴的色、香、味、形,突出菜品的营养价值。作为厨师,需要不断研究新的烹饪技术,不断创新菜肴,满足顾客要求。

(三)中西餐结合创新

中西餐各有各的特色,有些菜品可以结合中西餐的两种元素,既具有本乡的主味,又具有西餐的别味,令顾客陶醉。

(四)挖掘古菜价值

古菜别有一番风味,具有重大的价值。例如谭氏官府菜、蜀王菜、成都公馆菜、三国菜等至今都被人们所喜爱,相关餐厅生意火爆,因此更要下功夫挖掘各式各样的古式菜品。

(五)菜单创新

菜单同样具有创新的形式,例如有图形的菜单、实物鲜活的菜单等等,这些精美的菜单能够使顾客心明眼亮,引起顾客的食欲。

三、乡村旅游特色菜品的开发

(一)开发绿色菜品

广大乡村拥有许多绿色原料,如山珍、河鲜等,需要充分发挥其"野、绿、鲜"的独特优势,在保持原有风味和营养成分的情况下,在厨师高超娴熟的烹调技艺下制作成绿色菜肴。这样的菜肴朴实又营养、健康又美味。

(二)开发菜品品种范围

广大乡村饮食文化各有特色,各具风采。乡村饮食文化资源多种多样,地区和民族色彩浓厚,深深吸引着游客前来就餐,体验不同的饮食文化。从广义上来说,菜品是包括"饮"和"食"两方面的,因此,在开发菜品时，可以按照饮食体系进行构思，从"喝""主食""副食"以及"点心"等各大板块进行菜品的研发。在研发的过程中，要注重突出地区和民族特色，突出乡村饮食的自然性与地域性。

（三）开发体验性菜品

体验性饮食旅游是指游客亲身参与饮食活动，或深入乡村家庭体验生活，或动手制作某种商品，或参加各种饮食民俗风情文化活动。在体验性饮食旅游模式下，游客可亲自参与到菜品的制作，与当地居民建立深厚的依恋情感，收获成就感，真正当一回"乡村人"。这种模式有利于游客再次到此游玩，在制作菜品的过程中，游客会感到身心愉悦，放松自我，褪去工作后的劳累。在条件允许的旅游地，可在厨师的指导下，从原料采集、加工乃至菜品上餐桌，这一系列过程，全让游客自己制作，以加深对乡村特色餐饮菜品的体验。

（四）开发特色主题餐

乡村餐饮文化具有多样性，如特色菜品、家常小菜、甜点小吃等等。开发各具特色的主题餐馆，能够让游客有选择的余地，吸引游客前来就餐。餐馆应体现民族与地方特色，弘扬各地独一无二的饮食文化，注重乡村餐馆菜品原汁原味的特征。乡村餐饮保持自然本味能够博得游客的盛赞，如位于热带雨林的海南保亭黎族，开发的"雨林黎家"养生主题餐厅，主推养生菜品，将大自然与养生主题很好地结合了起来。

第六章 乡村旅游市场开发与运营

在需求导向的时代,乡村旅游企业要不断地招徕游客以创造利润。探求游客的需要,开发客户群体,提供他们所需要的产品和服务,满足他们的旅游需求,成为旅游经营的关键要素,因此要注重旅游市场开发与运营,不断地提高旅游经营管理水平。

第一节 乡村旅游市场开发

21世纪以来,乡村旅游产业呈现蓬勃发展态势,日趋成熟。

一、乡村旅游市场营销主体

乡村旅游经营涉及到众多利益主体,不仅包括政府、旅游专业合作社或旅游协会,还包括旅游公司、农户和旅行社。每个主体都有责任为乡村旅游出谋划策,宣传推广,推动乡村旅游良性发展,建设美丽乡村。

(一)政府

在乡村旅游营销推广方面,政府及当地旅游主管部门充当首要角色,发挥主导作用,通常实施两种营销战略。

1.促销战略

促销战略是政府及旅游主管部门针对潜在游客,介绍旅游目的地的形象,提供一些必要的信息内容,鼓励游客积极地通过各种有效方式与

旅游目的地联系,实施一系列促销方案和手段。具体包括以下四个方面内容:

(1)制定旅游景区的宣传口号。旅游景区的宣传口号能够让游客易于了解旅游目的地的形象。通过口号来反应旅游目的地的形象定位,再通过传播口号的形式,有利于景区形象的有效普及与推广。政府旅游主管部门可以发挥各平台优势,公开征集宣传口号活动,并组织专家进行口号的评审,最终选出新颖鲜明且接地气的宣传口号。大力宣传与推介口号,促进旅游景区的知晓度。如2016年河北省旅游发展委员会组织口号征集工作,选出京西百渡休闲度假区的主题口号,并发挥各种传媒力量,进行大力推广和宣传,获得市场的广泛认可。

(2)整合旅游景区的视觉表征。旅游景区的视觉表征主要包括视觉景观与视觉符号系统两大类。旅游目的地视觉景观形象设计包括通道、目标区域、节点、边沿、地方标志物等要素,而视觉符号系统则包括目的地名称、吉祥物、标徽、字体等。单单依靠市场的力量,不能够做到统一旅游景区的视觉表征。因此,需要充分发挥政府的力量,在旅游景区的形象定位和总体规划的基础上,统筹和引导各旅游企业进行形象定位,最终整合形成统一的旅游目的地形象。

(3)规范旅游景区的社会行为。游客除了对乡村旅游景区的原生自然景观的感知外,还包括对旅游景区公众行为的感知。这种感知主要来自于对当地人的态度与行为、旅游从业人员的服务态度和水平、其他旅游者的行为。因此,政府要对旅游景区的社会行为进行规范与限制,营造游客满意的氛围,加深游客对该旅游景区的良好印象。具体可以从以下措施进行作为:一是从法律层面而言,制定行业规范与相应的法规政策,规范和约束从业人员的服务行为;二是通过社会公德加强旅游景区相关知识教育,增强正面影响,建立良好的旅游景区环境。近些年来,为了规范乡村旅游景区的服务水平,各省、市纷纷制定了《乡村旅游点服务质量等级划分与评定》,以此达到改进和提升乡村旅游服务质量的目标。

(4)注重旅游景区的形象传播。政府通常通过一系列促销活动,如旅游宣传品、旅游广告、旅游公共关系、举办旅游展会和网络营销等方式,积极宣传和推广旅游目的地形象。

2. 支持战略

政府实施支持战略的主要对象是当地乡村旅游经营企业和行业协会或行业组织。政府通过施加一系列的影响,协助企业、协会或组织朝着拟定的方向和目标发展。支持战略主要包括以下四个方面的内容:一是协调及整合旅游资源要素;二是增进旅游业内部各产业间的联系与互动;三是为中小型规模的旅游企业或组织提供参与国际旅游合作的机会;四是通过举办各种重大节庆赛事活动,为乡村旅游搭建各种交流平台。

(二)行业协会

行业协会在营销推广过程中扮演着重要的角色,其主要职能是做好相关的配套协助工作,完善乡村旅游产品体系。

比如乡村旅游资源调查;乡村旅游服务质量的评估;充分挖掘乡村旅游的特色与核心吸引力;协助当地其他相关部门设计和研发乡村旅游产品等等。

(三)乡村旅游经营者

在众多乡村旅游主体中,乡村旅游经营者是最直接、最有效的营销推广主体之一。乡村旅游经营者可以借助网络等平台,挖掘潜在游客,积极主动开展营销。联合分散的乡村旅游经营者进行促销,形成规模效应,促进乡村旅游的整体发展。

第二节 乡村旅游顾客市场分析

乡村旅游营销包括诸多方面,是一项复杂的系统工程,需要统筹各种乡村资源,周密策划乡村旅游。

一、乡村旅游客源市场

乡村旅游客源市场是多种多样的,不同客源的游客对旅游需求的选择是不一样的,以下介绍几种常见的客源市场,以便乡村旅游经营者能够根据其需求特点制定相应的策略。

(一)亲子游客源市场

亲子旅游是以儿童需求为导向,以家庭为旅游单位,父母和孩子共同参与到增加情感交流的旅游活动。亲子类旅游能够让孩子在旅游的过程中体验大自然的美妙,探索和发现外部世界,获取有益身心发展的丰富经验,同时还能够增进父母和孩子之间的情感互动。这类市场主要以3~12岁的儿童为主,乡村旅游经营者要根据儿童的特性来设计形式多样的活动来吸引游客,同时牢牢将环境和食品卫生的安全置于首要地位。

(二)青少年客源市场

青少年市场分为青少年学生和现代青年市场。青少年学生市场以认知学习为主要内容,一般是家庭或学校安排的远足或夏令营活动。青少年通过体验乡村生活,开阔眼界,增长见识,培养吃苦耐劳的优秀品质和团队合作的精神。针对此类市场,旅游产品开发者应以户外活动的体验性、教育性与知识性为主要内容,比如科普大讲堂和团队农事竞赛等等。

而对于现代青年人,他们追求新鲜刺激,渴望体验与生活环境具有强烈反差的异域风情。因此,对于青年乡村旅游市场,应开发原生态、具有探险性的旅游活动以及竞技性比较强的游憩活动,如潜水、骑马、射箭和漂流等。

(三)中老年客源市场

中老年游客到乡村旅游的主要原因是有乡愁情怀,为了回归自然或寻根怀旧。他们偏好独特的乡土气息,热衷于具有年代感的老物件,特别是那些经历过上山下乡插队经历的中老年人,他们怀有十分强烈的"知青情结"和"怀旧情结"。他们久居城市后回到乡村,再次体验乡村劳动,回味无穷。对建筑及历史文化有兴趣的中老年旅游者,可开发古居民建筑和传统村落旅游。

(四)都市居民客源市场

都市居民久居城市,所处的生活环境面临着空气污浊、交通拥堵、食品安全的威胁,渴望到山清水秀的乡村得以休憩片刻,愉悦身心。他们偏好清新自然的生态环境和干净安全的绿色食品。因此,针对此类市场,美食美景以及农事体验活动是乡村旅游营销的关键。

(五)城市精英客源市场

这类群体具有高学历、高收入和高职位等三高特征,是从都市居民中分化出来的高端市场。他们倾向于体验蕴含丰富人文气息的旅游产品和原始生态的古朴环境,注重旅游环境的天然性和舒适性。因此,针对此类市场,乡村经营者在营销时,应提供高端优质的旅游产品。

二、乡村旅游客源分布分析

(一)顾客从何而来

调研了解乡村旅游的目标市场,分析出目标顾客,找出他们的共同特征,有的放矢地开展宣传促销活动。

1.重视市场调研

乡村旅游经营者在制定营销策略时,需要进行充分的市场调研,但是市场调研是中、小型乡村旅游企业经常忽视的一项工作,这些企业更多的是依靠经验和直觉来判断和分析市场,有时候这些判断确实快速且准确,但是最好的营销决策是经过充分的市场调研、经营者的直觉和判断三者相互结合而实现的。

(1)市场调研的作用。做出有效的营销决策,需要进行科学的市场调研,不经过事先的市场调查分析而开展的促销不利于企业的可持续发展。市场调研具有多方面的作用,包括可依据调研结果制定符合游客需求的市场营销计划;及时调整营销计划;发现新的目标市场。

(2)锁定目标客户。旅游市场主要调查目标市场游客、同业竞争者和利益相关者三类对象。所采取的调研方法主要有访谈法和问卷调查法。访谈法操作简单,回收率高,可以针对当地乡村居民、政府相关部门,采用面对面访谈、线上访谈等方式进行深入交流。问卷调查法包括纸质问卷和线上问卷两种形式,调研者根据所要调研的内容,制定一份调查问卷,发放给游客填写,内容可包括填写者基本情况、花费情况、出游方式、停留时间等,需要特别注意调查游客的旅游需求。

(3)收集市场信息。收集市场信息的渠道主要有:一是市场竞争对手的信息;二是利益相关者,如旅行社、票务代理公司、旅游公司、酒店、旅游购物店等;三是行业协会,如观光农业协会、旅游协会、饭店业协会等;四是社会公开的统计数据资料;五是旅游局、水利局、农林局等政府相关部门;六是其他商业组织和团体。乡村旅游企业收集市场信息的方法有:一是企业的一线员工与顾客接触中收集市场信息;二是从行业人士聚会活动、销售代表处或互联网上获得有用信息;三是到当地风景区、游乐场所、竞争企业开展调研。

2.目标市场、市场细分与市场定位

根据市场需求变化和特点,运用市场细分的原理,找准目标市场人群,乡村旅游经营者才能制定有效的市场策略和营销方式。因此,需要了解目标市场、市场细分和市场定位这三个市场营销的基本概念。

(1)目标市场。目标市场指乡村经营者在整体乡村旅游市场上,选定某些细分市场作为营销对象。乡村经营者经过全面考虑,最终选出具有强大的市场潜能和持久性盈利能力的目标市场。作为乡村经营者需要分析游客需求,锁定特定的客户群,如儿童、青少年、老年人、家庭、情侣等,根据他们的特点制定出合理的旅游策略。

(2)市场细分。旅游目标市场很庞大,需要根据潜在游客的不同特征和需求进一步划分为细小的市场。例如,游客旅游方式的选择是不同的,有人喜欢自驾车旅游,有人喜欢骑自行车旅游,有人喜欢徒步旅游,乡村旅游经营者可根据自身的定位和市场现状,锁定自己的目标市场。市场细分有利于锁定目标群体进行宣传,吸引他们来消费。

(3)市场定位。市场定位指乡村旅游经营者根据在市场上所处的位置,针对旅游者的偏好,塑造出与众不同的、印象鲜明的形象,从而在旅游市场上确定适当的位置。集中所有力量主攻一个市场群体,这就是市场定位。

3. 谁是我们的消费顾客

了解谁是主要的消费者,才能够保证营销取得理想的效果。乡村旅游产品的消费者主要有以下几类:

(1)怀旧复古者:这类消费者对于乡村景观、人际关系与价值观念十分怀恋,却又无法在现代都市生活中实现,于是,便寄情于保存有怀旧古风的乡村旅游产品。

(2)乡俗好奇者:长久生活在都市的居民,会怀着一颗好奇、憧憬和想象之心,想要到乡村探索当地的少数民族村寨、民俗风情乡村、原始部落等文化。

(3)崇尚自然生态者:这些人酷爱乡村地区的大自然生态之美,悠闲地品味湖光山色,感受露珠从树叶上滴落的宁静,静观自然景物的变化,是他们最大的乐趣。

(4)反城市价值者:这些人长久生活在城市,对乡村的自然环境与文化有向往之情,是乡村旅游产品的重要消费者。

总的来说,乡村旅游消费者多种多样,从游客年龄结构来看,青年人、背包族所占的比例在逐年上升;从客源主体看,最稳定的客源是受教育程度较高,经济条件较好的城市中等收入人群;从旅游目的来看,观光客在减少,度假、考察的比例在逐年提高;从游程来看,以短线旅游为主,在乡村旅游地逗留的时间在逐渐延长;从国际市场需求来看,我国乡村旅游中环境优美、民族文化韵味浓郁的类型更受偏爱,如皖南的西递、宏村,云南元阳梯田。

(二)如何吸引顾客

通常而言,乡村吸引顾客最直接和有效的方法是宣传促销。乡村旅游具有规模偏小、分散经营的特点,因此,要采取适合的促销技巧和策略,提升投入与产出的性价比。

1. 宣传促销方法

从促销技术方法来看,包括直接营销、品牌营销、社区营销、口碑传播营销、事件营销、体验营销、整合营销、合作营销、网络营销、公益营销、内部营销等十一种策略;从促销策略来看,包括广告、人员推销、营业推广、公共关系与宣传等四大策略。根据市场的实际情况,采取不同的促销策略和方法。

2. 旅游宣传品制作

旅游宣传品分为纸质和多媒体两大类,是促进旅游促销的重要媒介。考虑到纸质宣传品对乡村旅游更为重要,这里着重介绍纸质宣传品。

(1)宣传品的作用

一份宣传品即是一张"名片",可代替乡村旅游从业人员的大量解说。游客、媒体记者、旅行社在咨询当地乡村旅游相关的信息时,索要一份宣传品作为参考资料,可以很快速地了解乡村旅游地的相关信息。

(2)纸质宣传品的种类

常态性宣传品包括:旅游手册、贺年卡、书签、信封、折页、明信片、信纸、价目表、手提袋等；阶段性宣传品包括：针对某一节庆活动制作的宣传品、季节性或临时性的宣传品。

(3)宣传品的主要内容

折页：简要介绍、设施介绍、活动内容、景观文图、服务项目、周边景点、交通路线图、服务电话、地址、网址、信箱、标志、价目表。

书签：精美的图片、简洁的文字、宣传口号、标志、联络方法。

手册：除了需要具备折页的内容外，还需要更为完整的内容介绍。

信封、信纸：标志、地址、电话、口号标语。

明信片：简洁的文字，精美的图片，通信联络方法，宣传口号，企业名称和标志，景点邮票、邮戳。

价目表：房价、餐饮、门票价、套装行程及优惠价、联络方法，价目表应区分散客和团队不同对象。

(4)宣传品制作原则

在当今的乡村旅游中，旅游手册各式各样，种类繁多，那么如何做到与众不同，博得大家的眼球呢？这需要独具一格的封面设计、精心巧妙的排版、图文并茂的精美印刷、新颖的开本、简洁的风格等各方面的完美结合。

3.旅游招贴设计

招贴即是海报或宣传画，通过张贴在乡村各地的公共场所，达到宣传的目的。招贴需要新颖的构思、简洁精炼的标题和广告语，这样才能吸引游客的注意力。与其他广告相比，旅游招贴具有画面布局大、艺术性丰富、远视效果强烈等优点。

4.网络营销

游客到乡村去旅游之前，登录乡村旅游的相关网站，查询相关旅游信息，并可以在网络上实时预订。

(1)开发旅游网站。通过互联网技术，借助丰富多彩的网页向游客提供信息，展示和销售旅游产品。首先是网站的设立，包括域名申请、机房设置、页面设计功能、服务器等设备购置,动画制作、图文内容准备、视频上传、广告招商等具体开发工作。其次是网站宣传推广,增加网站点击率。可以通过以下方式增加网站点击率:交换链接推广,与其他网站进行广泛的互惠链接,引导浏览者登录;借助媒体力量,付费推广网站内容;与百度、谷歌等知名网站采取商业合作,使得游客搜索"旅游"等关键词能够让该网站排名靠前。三是运行与维护,聘用专人负责,包括网站的日常维护以及信息的及时更新。

(2)网络广告。作为全新的广告形式,它的表现效果甚至超过传统平面和电视广告。在网络营销技术中,网络广告的使用频率最高。可以结合自身预算,根据网站的点击率和知名度来确定广告投放网站。

(3)网络合作。合作平台可分为四大类:一是网易、新浪等综合性网站;二是携程、华夏等旅游专业网站;三是乡村旅游网、政务网等政府与行业组织的网站;四是搜索引擎。合作途径可以是邀请采访报道、建立超级链接、共办活动等多种形式。

5.口碑营销

口碑营销是指旅游者以口耳相传的方式将旅游体验和感受传递给其他人,并影响其是否到该地旅游。这是一种古老又有效的市场营销方法,其具有很多优点,包括可信度高、针对性强、准确性高,不足之处在于传播面较窄、传播速度慢。

三、乡村旅游顾客购买行为分析

旅游市场营销人员要在激烈的市场竞争中获胜,需要满足游客的消费需求,销售游客喜欢的产品,才能获得利润。为了更好地选择旅游产品供给以及制定营销策略,旅游企业需要了解和掌握旅游者的一般消费心理和购买行为。

(一)旅游者购买行为的概念

旅游者购买行为指的是旅游者在进行购买、消费、评估、处理旅游产品时的行为表现。行为科学家科特·莱文认为,旅游者购买行为是旅游者个人特点、社会影响因素及环境因素的函数。其中,旅游者个人特点包括个人特性和心理特性。个人特性包括年龄、职业、生活方式、经济状况和自我观念等,心理特性包括动机、学习过程、感觉、信念和态度等。社会环境影响因素包括家庭、社会阶层及文化因素等。

(二)旅游者购买决策过程分析

旅游企业在开展市场营销活动之前,不仅需要了解游客的购买行为和影响因素,更重要的是需要对游客的购买决策过程进行深入分析,对游客每个阶段的消费心理与行为特点采取合适的介入措施,引导消费者合理消费,为乡村旅游企业赢利。

1. 购买角色的识别

旅游决策的形成过程往往由诸多人共同参与。各成员扮演着倡议者、影响者、决策者、购买者和使用者等不同角色。

(1)倡议者主要是首先提出购买某一旅游产品的人。他们一般性格活泼,信息灵敏,易于接受新鲜事物。

(2)影响者是对最终决策具有一定影响的人。一般来说,如果影响者对倡议者的观点持支持赞成的态度,那么就容易促成决策者做出购买的决定。

(3)决策者是指对旅游产品购买掌握决定权的人。他们决定是否购买、购买何种产品、何时购买、何地购买等。

(4)购买者是指具体操作预订或购买的人。他们对旅游营销人员更有直接的意义。

(5)使用者是实际消费旅游产品的人。他们体验旅游产品后的满意度以及对产品的评价会影响家庭以后的旅游决策。

识别各种购买角色在旅游企业的市场营销过程中将起到重要作用,可以帮助旅游企业设计、开发产品和开展有效的促销活动。

2.旅游者购买决策过程

旅游者产生旅游动机后,需要经过一定的购买过程才能完成整个旅游产品的购买活动。分析旅游者的购买过程,了解旅游者在购买过程各阶段的思想和行为,可以使旅游企业采取适当措施有效影响和引导旅游者的购买决策,从而实现有效的产品销售。

(1)需求的识别。旅游者对旅游产品的需求可能来源于旅游者内在的生理活动,也可能来自外部环境的影响,或是内外两方面的综合影响。乡村旅游经营者需要弄清楚游客的需求,这些需求如何引导游客选择某种特殊的旅游产品,并把这些因素纳入营销计划当中。

(2)信息的收集。旅游者的某些需要可以通过常规购买行为得到满足,因为所需信息已被旅游者通过以往的收集而掌握。但是还有一些需要根据以往的经验,无法做出对满足需要的对象的选择判断,因此,需要收集相关的各种信息。旅游消费者获得信息的来源很多,内部信息很大程度上是来自以前购买某种旅游产品的经验和感受,外部信息主要有以下四种:

①个人来源:家庭、邻居、朋友、同事等。

②商业来源:广告、经销商、推销员、包装物和展览等。

③公共来源:旅游版的社论、大众传媒、消费者评选机构。

④经验来源:包括试验性使用等。

(3)方案的评估。旅游消费者运用各种信息得到几种可供选择的旅游产品后,一般会将这些信息进行整理,进一步对比分析和评估。在评估和选择的过程中,营销者应重视以下几个方面:

①产品属性。旅游者在购买旅游产品时,不仅要考虑质量和价格,更要比较同类产品的不同属性。

②属性权重。产品属性的相对重要性因人而异,旅游者并非对产品的所有属性都感兴趣,而只是对其中的几种属性感兴趣,他们对属性分析后,就会建立自己心目中的属性等级。

③价格。旅游产品的价格是旅游者在产品选择中最基本的评估标

准之一。

④品牌声誉与形象。旅游者常把旅游品牌名称作为旅游产品质量的指标。他们会将各种旅游企业或其产品品牌的声誉与形象进行分析比较,一般会对名牌产品、著名企业给予更高的评价。

由此可见,旅游企业营销人员要明确自身旅游产品的突出属性,分析了解这些属性在旅游者心目中的权重以及旅游企业的品牌形象。

(4)购买决策。购买决策是旅游者购买行为过程中的最后阶段和关键阶段。在这以后,旅游者才会产生实际的旅游行为。旅游者经过比较、分析和评估等一系列流程以后,便会产生是否购买的决定。然而旅游者购买决策的最终确定,还受到他人态度和环境这两个因素的影响。

购买意图指的是游客决定购买何种旅游产品、消费金额、消费时间和地点等。他人态度主要是指游客家人或其他相关人的态度,这是影响购买游客决策的主要因素,如妻子有购买农产品的意图,受到丈夫的反对,妻子就可能改变购买农产品的意图。环境因素主要指游客的收入情况、旅游费用等可预测因素,以及失业、自然灾害等不可控因素,这些因素都会影响游客的购买决策。

第三节 乡村旅游销售及推广

互联网时代,乡村旅游不再局限于传统的销售及推广方式,可利用互联网信息传播等优势,扩宽销售渠道,推行智慧营销策略。

一、乡村旅游产品组合策略

乡村旅游产品组合,即是乡村旅游企业经营各种各样的乡村旅游产品的组合,它主要包括三个因素:产品线的宽度、深度以及关联度。这三个因素的随机组合构成了多样的乡村旅游产品组合。乡村旅游产品的组合策略实质上就是针对目标市场,对产品组合的宽度、深度以及相关项进行选择、决策的一种方法,使得乡村旅游产品组合达到最优效果。

（一）扩大组合与缩小组合策略

扩大旅游产品组合是指扩大产品组合的宽度,扩大乡村旅游企业的经营范围,增加旅游产品数量,扩充乡村旅游产品组合相关性大的旅游产品种类。乡村旅游企业可以经营种类繁多的旅游产品,同时推向多个不同的旅游市场。例如某个乡村旅游企业经营乡村度假旅游、生态观光旅游、田园生活体验旅游、土特产购买旅游等多种产品,并以灰领阶层市场、白领阶层市场、金领阶层市场以及老年市场等多个旅游市场为目标市场。采取组合策略,不仅可以满足不同阶层市场的需求,还有利于扩大乡村旅游产品在整个旅游产品中所占的市场份额。

缩小旅游产品组合指的是缩小旅游产品的宽度,使之成为较窄的产品组合。缩小经营范围,达到小而精的状态,实现旅游产品供给的专业化,同时淘汰已经过期或过时的旅游产品。乡村旅游企业可以锁定目标市场,向某些特定的市场提供所需的产品,例如专门向金领阶层提供乡村度假旅游产品,向老年人提供怀旧乡村旅游产品,向女青年提供乡村土特产购买等旅游产品。

（二）产品差异化和产品细分化策略

旅游者的年龄不同,学历背景不同,工作类型不同,因此他们在选址乡村旅游产品时的出发点与期望也是不同的。乡村旅游企业经过调查分析,能够满足某一类层次旅游者的旅游需求,但是要全面满足各个层次旅游者的需求是很有难度的一件事情。乡村旅游企业可以发挥自身独特的优势,找准与自己相匹配的某一类客源市场,选取最适合这部分市场需求特征的产品组合作为自己的服务产品,如对青少年提供乡村生活体验旅游产品,对青年妇女提供土产购买旅游产品,对老年人提供乡村怀旧旅游产品,对白领阶层提供远离工作压力的乡村休闲旅游产品,对金领阶层提供乡村度假旅游产品等。

二、乡村旅游价格策略

旅游产品价格的高低在一定程度上决定着旅游者的购买意愿,价格策略是当前旅游市场上多数旅游者比较关注的营销方式之一,因此在市场竞争日益激烈的今天,价格营策仍然不失为重要的营销手段。

(一)低价竞争策略

旅游市场低价竞争策略能够满足游客追求低价的心理预期,但旅游企业的收入并不会因为低价竞争策略而大大减少。旅游企业通过降低某个主要消费项目价格的方式(如门票),引导客人进行二次消费,通过客人购买其他产品和服务的方式来弥补降价损失(如在降低门票的同时要求客人必须参加自费的晚会节目)。此外,企业也可以采取淡季降价的方式来吸引游客消费,表面看价格确实下降许多,但带来了更多的客流量,旅游企业的实际收入反而呈现增长的趋势。

(二)满意定价策略

满意定价策略是指旅游产品定价既不高又不低,既能吸引旅游者消费,又能使旅游企业有盈利,以达到旅游者和旅游企业双赢的一种营销策略。这种定价策略适合于各种旅游产品以及延伸产品营销,适用性较强。当然想要找到一个令旅游企业和游客都满意的价格点着实不易,需要对旅游市场需求、产品成本以及同行的产品进行全面的分析才能够得出一个双方都能够满意的价格。

(三)取脂定价策略

取脂定价策略是指采用高价迅速回收投资,力求较快取得收效的一种策略。根据促销强度的大小,取脂定价策略可划分为高价促销和高价低销策略,采取此策略须具备下列条件:第一,顾客对该旅游产品具有某种偏向性,价格弹性较小;第二,顾客并不了解旅游产品的特征和性能;

第三,旅游市场容量相对有限,或者现实的顾客较少。这种策略的优点包括以下几方面:价格高时获利多,有利于增强企业盈利;价格高有利于开展价格竞争并掌握主动权;价格高代表旅游产品优质,满足旅游者追求高端大气上档次的消费心理。不可否认,这种销售策略也有不足之处,旅游产品定价过高不利于市场的开拓,同时还会妨碍新产品的推广。除非具有资源垄断性的企业,否则一般的企业不敢贸然采取这种定价策略。

三、乡村旅游营销渠道策略

旅游产品分销渠道长度、宽度以及选择的中间商能够影响产品销售的业绩。一般而言,中间渠道多,虽然成本高,但能够吸引更多的游客,从而促进销售业绩的提升。相反,如果渠道越短,成本越低,销售业绩则会下降。总的来说,乡村旅游产品大多数采用零售渠道销售模式,减少中间商赚差价,虽然能够节约成本,但是产品销售主要靠游客口碑来带动,宣传力度的深度和广度都不够。因此,乡村旅游企业可以结合自身独特的产品定位和市场定位,选择有较强传播能力的合作团队协助销售,如委托专业旅行社,利用其源源不断的客源优势,增强乡村旅游企业的营销效果。

四、乡村旅游智慧营销策略

智慧营销又被称为网络营销,主要是指在网络环境下销售产品和服务的一种营销模式。目前智慧营销运用到乡村旅游产品销售中尚处于起步阶段,很多地方是利用农产品销售网络发布乡村旅游接待信息。但伴随乡村旅游的发展和互联网技术的普及,智慧营销方式融入到乡村旅游产品销售是大势趋势。

(一)智慧营销的特点

1. 智能化

智慧营销可以采用大数据获得用户的相关信息,对用户的购买爱好、购物行为进行统计和分析,找出规律,方便我们寻找目标客户,增强销售的准确性。

2. 无时空限制

智慧营销采用远程办公的方式,无论何时何地,经营者可与世界各地的商品生产人员、销售人员、消费者在线互动,实现全球在线订货和实时交易。

3. 低成本

(1)无需店面租金成本。网络营销仅仅需要一台在网络上的网络服务器,或租用部分网络服务器的空间即可与顾客进行交易。

(2)销售成本低。网络营销具有良好的促销效果,经营者只需要负担较低的广告促销费用,而且利用多媒体技术可以把旅游商品完整地展示在旅游者面前,既可以主动散发,又可以随时接受旅游者的咨询。

(3)结算成本低。智慧营销所采用的网络销售系统允许购买者进行线上或移动支付,能够实现网上的实时结算,既方便了旅游产品购买者又降低了旅游产品供应商的结算成本。

(二)乡村旅游产品智慧营销方式

随着互联网技术的普及,乡村旅游业需要运用智慧营销手段,开发乡村旅游产品智慧营销模式,提升乡村旅游营销绩效。可以从以下几方面建立智慧营销模式。

1. 建立智慧营销网络

建立智慧旅游网络是当前旅游城市化智慧工作的新趋势,智慧旅游网包括智能检测系统、智能分析处理系统和智能化管理系统,整个智慧旅游网投资不菲。对于普通乡村旅游企业而言,在官方或非官方的智慧旅游平台展示自己的产品,消费者通过观看网站进行咨询和预定,这样的智慧营销网络的花费并不会太贵。乡村旅游企业只需配备相应的网上设备,租赁第三方服务平台,挑选专人负责网络营销,即可开展网络营销工作。

2.确定销售信息内容

建立好网页或网站后,重要的是如何吸引旅游者,因此网页或网站所展示的信息内容很关键。网站内容应当包括当地乡村旅游资源信息、主要接待农户介绍、乡村特色餐饮信息、乡村土特产介绍、乡村民俗活动介绍等方面;乡村旅游咨询、旅游攻略等信息;旅游相关信息包括旅游目的地乡村的天气状况、路况等;提供客人预订和查询服务等。总的来说,乡村旅游产品网站的内容要丰富,图片要精美,版式要对旅游者有吸引力。可以采用付费的方式由推广公司对网页或网站进行推广,提升宣传力度。

3.确定网络预订流程

对于销售者和购买者而言,利用互联网购物显得越来越便捷,旅游者在现实中购买旅游产品的流程与在网上购买旅游产品已经没有太大的差别。

旅游网站面对的是各种各样的网上旅游者,因此,旅游网站向客户提供的可供选择的支付方式应该是越多越好。一方面,每种支付方式都有其不同的转账周期;另一方面,每种支付方式都有一定的客户覆盖率。

(三)自媒体营销方式

自媒体是与社会机构媒体、传统官方媒体相对应的一种传媒途径,是公民通过现代网络信息平台,发布个人观点的载体形式,主要载体是微信、论坛、微博、博客等。通过自媒体进行营销,运营得好,也可以取得较好的营销效果。自媒体营销主要有以下三种方式:

1.微信营销

微信营销是目前流行的自媒体营销方式之一。业主通过注册微信账号,建立起自己消费者群或者朋友圈,将产品信息发布在消费者群或者朋友圈进行在线营销,也可以通过手机下载网店,注册后即可开通网上商店,直接向网友推销旅游产品。

2.微博营销

微博是当下新兴的信息传播平台,拥有大量的用户,受到不同人群的追捧,成为当下较流行的销售渠道之一。微博营销者通过将产品信息发布在平台上,吸引微博粉丝进行购买。微博受到发文字数的限制,因此多以发布介绍产品的链接网址为主。在开展微博营销之前,经营者应当建立独立的APP链接,或者建立自己的产品网站或网页,提供在线支付和在线咨询服务,方便消费者咨询产品相关信息以及购买产品。

3.论坛营销

网上论坛具有开放性和受众多的特点,借助论坛推销自己的产品也是一种营销方法。值得注意的是,论坛营销内容往往会与论坛主题不符合,从而引起网友对产品内容的忽略,甚至反感。营销者应当精心策划,通过营造具有"震撼""震惊"效果的宣传信息,达到吸引大众兴趣的效果,才能较好地实现营销的目的。

总之,乡村旅游产品智慧营销使乡村旅游产品从展示、宣传、预订到销售都有新的营销平台,有助于提升乡村旅游产品的销售水平。智慧营销模式应是今后乡村旅游营销发展的大方向,值得学习借鉴。

第七章 乡村旅游从业人员培养与管理

乡村旅游从业人员为游客提供相应的服务,活跃在乡村旅游服务的第一线。具体而言,乡村旅游从业人员主要包括旅游景区的导游讲解人员、住宿和餐饮企业的服务员、售票员等。培养好乡村旅游从业人员,能极大促进乡村旅游业的繁荣发展。

第一节 乡村旅游从业人员的培养

培养良好的乡村旅游从业人员,提高其职业素质和道德修养,为顾客提供满意的服务,促进乡村旅游业的可持续发展。

一、乡村旅游从业人员的服务技能与要求

(一)从业人员必备职业素养

1.遵纪守法,廉洁奉公

作为乡村旅游业的代表,乡村旅游服务人员处在接待旅游者的第一线,必须要遵守《旅游涉外人员守则》《员工守则》和《岗位规范》等纪律规定,按规定向游客提供服务,维护游客的合法权益。同时应当加强职业道德建设,做到廉洁奉公,反对并抵制行业不正之风和腐朽的精神污染。

2.热情友好,游客至上

乡村旅游服务人员对待游客要不卑不亢、热情友好,始终谨记为游

客服务的宗旨。总的来说,乡村旅游服务员工应牢记以下三条规则:其一,游客是上帝;其二,永远不要对游客说"不";其三,游客永远都是"对"的。只有这样,才能真正地做到:热情友好,游客至上。

3. 文明礼貌,注重服务

乡村旅游服务人员对待游客要礼貌友好,要具备良好的服务态度,避免让游客有陌生感和距离感。对游客不仅要做到微笑服务,还要热情、和蔼、诚恳、耐心。在乡村旅游活动中,乡村旅游服务人员对游客的合理要求要尽量满足;对待游客的不合理要求,要耐心委婉地沟通;对游客的批评,要诚恳接受;对游客的建议,要虚心听取;对游客的习俗,要予以尊重。

4. 钻研业务,提高技能

钻研旅游业务和提高服务技能是旅游从业人员热爱旅游事业、全心全意为游客服务等道德原则的具体体现,更是爱岗敬业意识的体现。乡村旅游从业人员必须不断钻研业务、提高服务技能,才能以规范化、标准化的服务和娴熟的操作技艺,提高游客满意度,增强竞争能力,提高企业的服务质量和工作效率,适应旅游业发展的需要。

(二)客房服务技能与要求

1. 客房的清洁整理

(1)客房清洁的内容和服务程序

为了给来到乡村旅游的游客更好的住房体验,乡村住宿要制定卫生操作程序,实行标准化和规范化管理,打造出让游客满意的客房。客房的清理有以下内容和服务程序:

①敲门进房

服务员在进入客房前,必须敲门示意,得到客人同意后才可进入房间。敲门有讲究,先轻敲三下房门,然后表明自己是客房服务员的身份,待客人准许后方可进入房间。若3~4秒后客房内无人回应,则需要再轻轻敲房门三下并报名。重复以上三次操作后,客房内仍然无人响应,则可以用钥匙打开房门。进入房间后,房门禁止关上。如果此时客人在房间,则需要马上向客人礼貌性地表明身份,询问客房主人能否进行房间打扫。如果进房后发现客人正在睡觉,或在卫生间等情况,应立即向客人致歉,并迅速退出房门,且关好房门。

服务员在打扫整理客房前,需将"正在清洁牌"挂在门锁把手上。在整个清扫的过程中,房门需敞开。如房间有异味,则需要开窗通风,喷洒空气清新剂。值得注意的是,服务员在清扫房间时,应当遵循"清扫一间,打开一间房门"的原则,不得同时打开多间房门,以免客人物品被盗窃。

②整理用品

将房间里的垃圾、烟灰缸里的烟灰倒入垃圾桶,清理纸篓,然后将烟灰缸放到卫生间内。倒烟灰缸时,必须检查烟头是否熄灭,不可将烟头倒入马桶内。同时注意如有废电池等对环境有污染的物品和剃须刀片等尖利物品应单独处理。

撤出客人使用过的茶杯、冷水杯、餐具、肥皂等用品。清理住客房内垃圾杂物时,未经过客人的同意,不得将客人的酒水饮料、剩余食品以及其他用品撤出房间。

将棉被折叠整齐,放于电视柜内或壁橱内。

逐条撤下用过的床罩、枕套、毛毯和床单,放进工作车,并带入相应数量的干净床单和枕套,按照要求更换床罩、枕套、毛毯和床单等棉织品;补充文具用品、卫生纸、肥皂等日用品。需要注意的是,撤离床单时,需要检查床单是否夹有客人的物品,以免弄丢客人物品。

③做床

做床可参照星级饭店西式床的做法,但也不必全套照搬,可以结合乡村旅馆实际情况进行灵活改动。

一些饭店对传统的西式做床进行了改进并受到了客人的欢迎。有的饭店取消了这种做床方式,改用丝棉被铺床,这不仅使铺床速度加快,而且可使客人入睡时更加舒适。

④清洗卫生间

卫生间是客房容易脏乱的地方,其是否清洁美观,是否符合规定的卫生标准要求,关系到客人对乡村旅馆的满意度。因此,服务员要特别注重对客房卫生间的清扫,给客人留下满意的体验。

清理垃圾并撤出客人用过的一次性日常用品,如沐浴露、洗发液、肥皂等等。再用清洁剂对洗面盆、浴缸、马桶、云石台面进行清洗,然后用花洒放水冲洗,确保清洗过后光鲜亮丽。

用专用的抹布擦洗洗面盆、浴缸、马桶以及镜面和浴帘,确保表面无水渍。

用干布擦干卫生间的水渍,除马桶水箱蓄水外,其他物体表面都应是干燥和干净的。

清洗客房卫生间时,必须要准备专门的清洁工具和清洁剂,对不同的设备进行清洗时,找到相应的清洗工具和清洗剂进行清洗。清洗过后的卫生间,需要达到干净整洁、干燥和无异味。

⑤抹尘

抹尘时,需要抹去客房内物品的灰尘,需要按照顺时针或逆时针依次将房间各家具和用品擦拭干净。在抹拭的过程中,需要遵循"先上后下、先里后外、先湿后干"的擦拭原则,360°抹拭,不留死角。

抹拭好的物品,需要按照原来的位置放回去,摆放整洁有序。一些特殊家具则需要用干布抹,如镜面、电视机、灯泡等等。

在抹家具和日常用品的时候,需要检查该物品是否有损坏。若有损坏,则应当在相应的记录本上做好记录。

抹布要分开使用,即要用不同的抹布抹房间和卫生间,注重卫生,同时也不得使用客人的"四巾"做抹布。

⑥补充客房用品

仔细查看客房需要补充的物品,按照规定的位置放好,需要注意的是,补充的物品不要有遗漏,物品的商标要正面摆置,对准客人。

⑦吸尘

吸尘要从客房里面向客房外面吸,要先吸房间的灰尘,再吸卫生间的灰尘,进行房间内无死角吸尘。需要注意的是,若地板上有水,则需要先擦干水,再进行吸尘,以防止触电,发生意外事故。

⑧检查

吸尘完成后,整套客房清洁的工作便顺利完成。此时,服务员需要对房间进行全面的检查,包括房间是否干净整洁、物品摆放是否整洁有序、窗户是否都关上、电源是否有关闭。检查无误后,取下"正在清洁牌",锁好房门离去。最后需要填写相应的清洁记录表。

(2)客房日常清洁的注意事项

保证客房的通风与日照。乡村一般空气湿度较大,加之很多都是平房,地气潮湿,很多来自城里住惯了楼房的游客难免会不习惯,所以要保证客房的通风和日照,给游客一个舒适的居住环境。

防治蚊虫。乡村空气湿度大,夏季容易滋生蚊虫,蚊虫叮咬游客,也容易传播疾病,很多客人对这一点很在意。要避免蚊虫对乡村旅游住宿服务质量的不良影响,首先要保证客房内外的环境卫生,消除蚊虫滋生的情况;其次要在室外喷射杀虫剂等,尤其是蚊虫滋生的死角;最后采取室内措施,如安装纷门、纱窗,在客人床铺加装蚊帐,提供蚊香、防蚊液等。

布件的卫生。客房内的床上用品,绝对不能出现头发、污渍等,床单、枕套、被罩等布件严格做到每客一换、每客一消毒。

2.客房接待服务

(1)迎接服务

游客经过长途跋涉,抵达乡村旅游客房后一般比较疲劳,需要尽快安排入住,稍作休息。客房服务员在接待客人时,需要做到热情礼貌、微笑服务、主动问好,在征得客人同意的情况下,主动帮助客人提行李至客房,并介绍房内设施设备的使用方法。

(2)入住服务

客人入住后,需要为其提供服务,包括常规性服务和针对性服务两大类。

常规性服务是指为客人提供日常的服务工作,做好客房清洁卫生,确保客人安全,给客人以舒适和温暖之感。如租借物品服务、送水服务、整理房间等。针对性服务是在了解不同客人的旅游动机的基础上,采取个别化的服务方法,以便为客人提供服务。住宿期间的客人,要严格执行已制定的服务规范和标准。客房服务员切实提高服务质量,发现质量问题及时给予纠正,避免重复发生。

(3)送客服务

一是行前准备工作。服务员应掌握客人离店的准确时间,核查客人交办的事是否逐一完成。主动征询客人的意见,提醒客人收拾好行李物品并仔细检查,不要遗忘在房间。

二是送别。客人退房时,要热情真诚地道别。对老弱病残等弱势人群,要护送至大门或上车。

三是善后工作。客人走后,服务员要迅速、彻底进房检查,仔细查看客人有无遗留的物品。若发现遗留物品时,需要联系客人及时取回物品。若发现客房物品有丢失、设备有损坏,也要立即上报,请客人赔偿或付账。最后做好客人离房记录。

3.客房常见问题及处理

(1)客人使用违章电器。客房服务员应礼貌地向客人明确说明在房内使用违章电器的危害。如客人需要在房内用餐,告知客人餐厅可以提供用餐服务。及时将情况通报上级。

(2)客人不在房内而电话铃声响。客房服务员不应该接听电话,原因有三:一是客人租下这间房间,房间的使用权归客人;二是考虑维护客人的隐私权;三是避免误会。

(3)按正常程序敲门进入房间,发现客人刚好从床上起来。客房服务员需要立即向客人道歉并马上退出房间,注意不要喋喋不休地向客人解释进房原因,以免造成客人的不方便。

(4)客人醉酒。立即通知上级,邀请一位同事帮忙安置客人休息,切忌单独搀扶醉酒客人进入房间;将垃圾桶放在客人床边,备好一定量的卫生纸、漱口水;在征求客人意见后,泡一杯热茶给客人;密切注意房内动静,以防房内物品受损或因客人吸烟而造成火灾;做好相应的记录。

(5)在整理房间时客人回来。首先应有礼貌且微笑地请客人出示房卡,以确定这是客人的房间;应向客人表示是否稍后再整理房间;如继续整理,应尽快为客人整理好房间,以便客人休息。

(6)客人反映床单不干净。马上向客人道歉;入房仔细察看;不管床单是否干净,均应及时更换新的床单。

(三)餐饮服务技能与要求

餐饮服务即是以一定的规范标准为客人提供必要的帮助,尽可能满足他们的消费需求。餐饮经营者首先需要根据"一等价钱,一等货"的原则,提供的服务与消费者的支付水平相对应。其次要遵守相关的法律法规要求,特别是注重食品卫生安全方面的制度性要求。农家菜经营者在服务上,要展现农家菜的日常风格,体现农家的生活情趣。反观当下,很多餐饮经营者将城市里的高档餐馆的做法照搬到乡村来,这种刻意的模仿,花费较多,游客也不一定喜欢。总的来说,农家菜经营者应在符合相关法律法规的要求下,保持或体现农家生活的气息,减少不必要的服务规范即可。

1.服务人员的基本要求

在餐饮经营中,餐厅服务人员的服务水平对经营的成效有很大的影响。对乡村餐馆经营者而言,以城里高档餐馆的标准来严格要求自己的服务员,既没有必要,也很不现实。总的来说,乡村餐馆的服务人员应达到以下的基本要求:

一是身体健康,注重仪容仪表、个人卫生,动作灵活,服务热情、语言流畅、善于与客人交流;二是熟悉餐馆所供应的菜肴,包括品种、价格、特色等要素,能解答客人咨询的的相关问题,掌握餐饮服务技能,熟悉餐馆运作的程序;三是掌握一定的乡土文化知识,对周边地区的事物有一定的了解。除此之外,最好能掌握基本的急救知识和技能,一定程度上保障客人的安全。

2.服务技能与规范

(1)桌面整洁。餐桌要保持整洁,桌面上可以选择铺一次性桌布;若是老式的木桌,桌面又比较平整光滑,也可以不用铺桌布。

(2)餐具摆放整齐。每位客人需要用到的基本餐具包括:筷子、小碗(盘)、水杯(酒杯)、汤匙、手巾纸。客人共用的物品有牙签桶、公筷、烟灰缸、调料(酱油、醋等)、火柴(打火机)。摆放餐具时,可以将筷子平放在小碗(盘)里,汤匙放在小调味碟上并置于小碗的左上方,如果不用小调味碟,也可将汤匙放在小碗、盘里。水杯(酒杯)置于小碗(盘)右前方即可;餐具之间的空隙以便于取用为度,不要分得太散,也不要靠得太紧;客人使用的餐巾纸,可以一桌放一个餐巾盒供客人自由取用,也可以叠起来插在水杯(酒杯)中。

(3)点菜。客人坐定后,应将点菜单递给客人,以供客人挑选。在客人选择菜品时,可以适当地向客人推荐特色菜肴。对于客人提问菜肴的相关问题,服务员需要耐心解答。在客人点好菜以后,需要向客人复述一遍所点菜肴的品种、数量、价格,核实无误后,再进行下单和制作菜肴。

(4)餐桌服务。上菜的位置一般相对固定,菜肴一般从主客对面客人所坐的位置上桌;用托盘上菜,需要端稳菜,端菜时手指不要触碰到食物;如果是带转盘的圆桌,放稳菜肴后,将菜肴转至主客面前;如果是传统的方桌,则将主客面前的菜肴移出一个空位来放新菜;如果上整只的禽、鱼类菜肴,应将其"头"对着主客;当客人桌数较多时,上菜时要与客人的单据核对下,避免上错菜;上菜时,在征得客人的同意后,将用过的空盘子撤下来。

(5)结账。客人用餐完毕,先请客人核对账单,确认无误后再进行结账,并开具发票。

3.服务中应注意的问题

在餐饮服务过程中,难免会因为一些偶然因素而引发意外事件,故相关工作人员应具备较强的处理突发事情的能力,以及防患于未然的具体对策。这里就如何处理一些具体的问题作简要介绍。

(1)意外事端。遇到客人突发疾病或遭受意外伤害时,无需忙乱,应冷静处理,切不可自作主张。在旅游者有同伴时,应以其同伴为主处理事端;当旅游者没有同伴时,则应采取其认可的措施进行处理;如果旅游者已不能对事情做出回应,则应立即呼叫110或120求救。

(2)儿童接待。当旅游者中有孩童时,除了提供儿童座椅的基础服务外,还要特别关注他们的安全问题,如发现孩童离开父母视线时,要立刻将他们带回其父母的身边,温馨提醒他们的父母不要让孩童自由行动,以免走失。另外,不要随便给他们吃东西以及与他们玩耍,以免发生意外事故。

(3)客人醉酒。客人在用餐时,应注意其饮酒量,如有必要,在适当的时候以适当的方式提醒客人不要喝醉。不可否认,即便如此,醉酒的事情也难免发生。当客人喝醉时,应尽可能提供帮助,但帮忙要注意好分寸,具体如何处置要尊重其同行者的意见和要求。

(4)客人提意见。在餐饮服务中,客人提意见是正常的事情。对待客人的意见甚至指责,首先应表现出解决问题的诚恳态度;其次要虚心认真地倾听客人的诉求,听完客人的诉说后,重复客人所说的要点,确保没有听错信息;当事实得到双方认可后,要理性地界定双方的责任。如果是经营者有错在先,则需要诚恳地道歉并协商解决问题的方案。如果是客人误解或弄错了,也要以和善的态度谅解客人。对一些确实蛮不讲理的客人,也无需一味迁让,有必要的话,还可以利用法律来维护自身的合法权益。

(四)导游服务技能与要求

乡村旅游从事导游服务的人员主要是从事乡村旅游接待的旅行社委派的导游人员、乡村旅游景区和旅游项目的导游讲解人员等。

1.乡村旅游导游人员的主要职责

(1)安排旅游活动。根据旅游接待计划,按照规划好的形成,安排旅游团(者)在当地的旅游活动。

(2)做好接待工作。落实旅游团(者)在当地旅游景区的接送服务,以及食、住、行、购、娱、游等各项服务。

(3)导游讲解。负责旅游团(者)在当地参观游览中的景区讲解,积极主动向游客介绍当地旅游资源,解答游客的疑惑,传播独特的地方文化。

(4)维护安全。维护旅游团(者)在当地旅游过程中的人身安全和财物安全,做好应急救护措施和安全提示工作。

(5)处理问题。妥善处理与旅游相关服务各方面的关系,以及在接待旅游团过程中可能出现的各类困难。

2.乡村旅游导游人员服务技能

(1)多方面的知识

导游人员需要向游客介绍当地名胜古迹,因此要较为充分地了解当地的民俗文化,综合素质要求较高。具体来说,乡村旅游导游人员需要具备以下知识。

一是旅行常识。旅行常识主要包括交通知识、海关知识、卫生防病知识、通信知识、保险知识等。导游人员要处理和解决好旅游过程中遇到的各种问题和突发事件,因此,掌握旅行常识非常重要。

二是政策法规知识。导游人员需要在国家的政策法规的指引下开展相应的工作,即国家的政策法规是导游人员工作的指南。导游人员必须掌握有关的法律、法规知识,牢记国家的方针、政策,了解旅游者的法律地位,切实维护他们的权利和义务。

三是本地文化知识。导游人员要做到上知天文、下知地理,对本地及邻近省、市、地区的风土人情、旅游景点、民间传说、历史典故等了如指掌,并对国内外的名胜古迹有所了解,这就必须学习和掌握民族、风俗民情、历史、地理、宗教、文学艺术、建筑、风物特产、园林等知识。

四是心理学知识。导游人员的服务对象是各式各样的游客,导游人员必须随时随地了解游客的心理活动,根据不同游客的不同心理,有针对性地提供个别化服务。因此,掌握必要的心理学知识就非常重要。

(2)过硬的综合能力

导游人员接受带团任务后,就要独立组织游客参观游览景区活动,并且要独立处理带团过程中出现的突发问题,独立做出相应的决定。因此,导游人员具备创新能力和独立工作能力是十分重要的。具体来讲,导游人员需要具备以下三种能力。

一是组织协调能力。导游人员接受任务后,需要根据旅游合同来安排旅游活动,严格执行旅游接待计划,这就要求导游人员具备较强的组织和协调能力,要求导游人员在安排和组织各项活动时讲究策略,从而保证旅游接待计划顺利实现。

二是与人打交道的能力。导游人员的服务对象是层次不同、性格各异的游客,这要求导游人员必须具备较强的交际能力和一定的公共关系学知识,能够灵活地处理各种问题,搞好各方面的关系。导游人员学习一定的公关交际能力,将有利于导游服务质量的大大提高。

三是解决和处理问题的能力。旅游活动处于动态发展的过程,在旅行过程中出现或多或少的意外事故是在所难免的,导游人员需要保持头脑清醒,果断处理事情,根据实际情况随机应变,才能较好地处理事故。

(3)较高的导游技能

导游人员的服务技能对导游服务质量的优劣起着关键的作用,导游人员只有具备高水平的服务技能,才有可能提供高质量的导游服务。知识、语言、服务技能构成导游服务的三要素,三者的有机结合才称得上是高质量的导游服务。导游人员要努力学习和掌握丰富的导游相关知识,并不断反思和总结,形成自己独有的导游方法和导游风格。

(4)良好的身体素质

导游人员工作任务多,压力大,困难多,常常要爬山涉水,连续不间断地工作,体力支出很大,非常辛苦。因此,导游人员应具有强健的体魄和持久的体力。健康的身体是开展导游工作的前提。

(5)过硬的心理素质

导游人员在工作过程中,需要处理一些突发事件,因此,这就要求导游人员应做到善解人意、心胸开阔、细致耐心,并具有良好的调整游客情绪的能力、观察能力和感知能力、沉着冷静与有条不紊的处事能力、自我心理平衡能力和身心承受能力。

二、乡村旅游从业人员的形象设计

(一)语言规范

开展乡村旅游服务,原来土生土长的、说惯了当地话的村民要面对来自全国各地的游客,需要学习语言知识,掌握语言技巧,提高语言交流能力,用优美的语言,实现无障碍的交流。乡村旅游服务人员掌握一定的服务语言礼仪,不仅可以加深乡村旅游产品在游客心目中的好感,还会对乡村旅游产品的营销起到桥梁作用。

1. 使用普通话

乡村旅游从业人员面对全国各地的游客,需要学普通话、讲普通话。普通话是公共服务行业的服务用语、不同方言地区人们的交际用语、党政机关的公务用语。如果乡村旅游从业人员或当地村民不会讲普通话,可能会增加与游客之间的沟通障碍,给游客带来不好的旅游体验;可能无法为游客提供十分满意的服务,甚至可能因为交流困难,使游客产生误解,引起不必要的矛盾。

2.适当使用方言

在强调讲普通话和文明用语、规范用字的同时,我们也需要充分利用好那些带有浓郁乡土特色和民俗风味的当地俗语和历史典故,这些充满民间智慧的结晶对游客具有十足的吸引力。在漫长的历史演变中,有些用字和传统方言已经成为了解当时社会历史原貌的活化石,被知识分子视为人类宝贵的历史文化遗产,对于这些优秀传统文化,乡村旅游的工作人员有责任进行抢救、挖掘和宣传推广。

3.使用礼貌用语

人们常说:"良言一句三冬暖,恶语伤人六月寒。"可见以礼待人是很重要的。礼貌用语的最佳表现是语言文雅,语调亲切甜润,音量适中,语速和缓,语句流畅。多使用礼貌用语,如"请""您好""谢谢""欢迎光临""你好""你需要帮助吗""请走好""请稍等""对不起""麻烦您"等。礼貌用语是拉近人与人之间距离的语言表达,能够赢得游客的好感和尊重,使游客觉得舒心和温暖。

(二)着装规范

服装能够反映出一个人的职业、审美情趣和文化修养,乡村旅游服务的对象是来自四面八方的旅游者。乡村旅游从业人员的着装要大方得体、轻便实用、美观整洁,最好能体现出民族风情和地域特色,使游客眼前一亮,感受到美感。乡村旅游从业人员的着装应注意以下几点。

1.着装要整体协调

要与所处的季节、场合相协调。一般乡村旅游从业人员的服装要有春、夏两种,一种是在春秋季节气候凉爽时穿着,可以厚实和宽松一些,便于保暖和在气温较低时增加毛衣等衣物;另一种是在夏季气候较热时穿着,要单薄透气、柔软、吸汗。服装要与身份、职业、岗位相协调。

2.合理搭配服装色彩

根据自己的特点和场合的需要,选择适当的服装色彩,并进行合理搭配,最终呈现着装得体的效果即可。服装色彩的选择,不仅要考虑到身材体形、肤色等因素,还必须注意服装本身色彩的和谐搭配。

3.选择合适的服装款式

乡村旅游从业人员服饰的款式包括一般服饰和特色服饰。一般服饰就是常用的服饰,包括男士西装、中山装等套装,女士套装等职业装。特色服装是指具有地方特点和民族特色的服装。乡村旅游从业人员的着装,应尽量汲取当地民俗或民族的元素,形成自己的特色服饰。如服装面料极具地方特色的丝绸、棉布、麻布、蜡染等服饰;如长袍马褂、短衫、斜对襟的传统服装;如带有花图案、鸟兽虫鱼的图案和福禄寿喜的图案特色服饰等。本民族、本地域的特色文化内涵融入到特色服饰中,各民族逐步形成了独特的服饰系列。

(三)体态规范

乡村旅游从业人员在开展服务时,要注意自己的动作和姿势,做到站有站相,坐有坐相,讲话和动作不卑不亢、落落大方。

1.正确的站姿

第一,直立、站好。站是等候,是观察,以便随时为游客提供服务。在站的过程中,身体不能往后靠,以免给人一种松散和疲倦的感觉。

第二,身体重心保持平衡,垂直向下,重心点应放在两脚中间,不要向左或向右倾斜。

第三,头正,双眼直视前方,余光环顾服务区域的四周,面带微笑,嘴巴稍闭。

第四,肩平,挺胸、收腹、立腰,适当放松,呼吸自然。

第五,男性站定时双脚稍许分开,女性站姿则双脚后跟并拢,脚掌微分开,呈"V"字形。

要注意纠正不良的站姿,如弯腰、驼背、双腿弯曲、不停地抖动;一个肩膀低,一个肩膀高;斜靠在墙上,与其他人互相勾肩搭背,把双手插在衣服口袋里或腰间等。

2. 正确的坐姿

第一，入座要轻稳，不要动作幅度过大、显得匆忙或发出很大声响。

第二，女性入座时，如着裙装双手将裙从后向前拢一下再坐，以免裙装褶皱；坐下后上身挺直、双肩平齐、双手交叠置腿中且靠近小腹，两膝并拢，小腿垂直地面，呈"丁"字步；也可以采用后点式，即两小腿后屈，脚尖着地，双膝并拢。

第三，男士入座时，挺胸、双肩齐平，双手置双腿上或交叉置小腹处，小腿垂直地面，两脚开45°；也可以采取前交式，即小腿前伸一脚处，两脚踝交叉。

要注意纠正不良的坐姿，如双腿过于打开，或直直地伸向前方；落座后前倾后仰，或者歪歪扭扭，显得非常懒散；抓耳挠腮、腿脚不停抖动等。

3. 正确的蹲姿

第一，下蹲拾物时，应自然、得体、大方，不遮遮掩掩。

第二，下蹲时，两腿合力支撑身体，避免滑倒。

第三，下蹲时，应使头、胸、膝关节在一个角度上，使蹲姿优美。

第四，女服务人员无论采用哪种蹲姿，都要将腿靠紧，臀部向下。且上身不要过于前倾，避免内衣外露。

要注意拾取低处物品时不能只弯上身、翘臀部，而应采取正确的蹲姿。

4. 正确的行姿

第一，头正、双目平视前方、嘴唇微闭、收颌、表情自然平和。

第二，双肩平齐、不要摆摇，双臂前后自然摆动，臂摆幅度30°～40°；手自然弯曲。

第三，挺胸收腹、重心前倾。

第四，走线直、脚后跟先着地，步履轻盈。

第五，步幅适度，以一脚长度为宜，步速平稳，如果需要，可小步快走。

要注意纠正不良的行姿,如驼背、低头、晃肩、大甩手、走八字步、左顾右盼、扭腰摆臀、怒目凝眉、脚底擦地、忽快忽慢,在上下台阶时一跨几级。

5.适当的手势

手势是人们交往时不可缺少的动作,也是一种常用的"身体语言"。旅游服务工作中,手势的使用要准确、规范、恰当。得体的手势,可增强感情的表达,起到锦上添花的作用。例如,为游客引路指明方向或介绍某人时,应掌心向上,四指并拢,大拇指张开,以肘关节为轴,前臂自然向前伸直。指示方向时,面带微笑,切忌用手指来指点。与游客握手应遵循"尊者为先"的原则,以右手与人相握,握手时注意力度适中。

6.点头与鞠躬

当游客走到面前时,应主动打招呼,点头问好。点头时,目光要看着游客的面部;当游客离去时,身体应微微前倾,敬语道别。

(四)仪容仪表

乡村旅游服务人员良好的仪容仪表是讲究礼貌礼节的体现,是尊重游客的体现,是自尊自爱、具有良好修养的体现。从业人员良好的仪容仪表也给游客一种安全、卫生、放心的感觉。仪容仪表斯文雅气,端庄大方,会给游客美感,而且易于使自己赢得游客的信任。

1.仪表

仪表是指个人的外表,一般包括人的容貌、个人卫生、服饰和姿态方面。服务人员的衣服要注意保持衣服袖口、领口处清洁,整齐干净。衣服的扣子要扣好,衬里不外露出,不要挽袖子卷裤腿。男、女服务人员均以深色皮鞋为宜,袜子颜色要略深皮鞋颜色。

2.仪容

仪容是指个人的容貌,它是由发式、面容以及所有未被服饰遮掩、暴露在外的肌肤构成的。女服务人员的头发不可长到披肩,必须化淡妆,不准佩戴首饰,不准留长指甲、涂指甲油,不准使用刺激性的香水;男服务人员不留长发,后面的头发不长到衣领,不留胡须,要修面。同时要注意眼睛的清洁和身体的无异味。

第二节 乡村旅游人才培养的途径和方法

乡村旅游要实现可持续发展,则需要培养好人才。乡村旅游人才的培养可以从地方政府、人才保障制度、高校和培训机制四大方面有所作为。

一、地方政府促进乡村旅游人才培养

地方政府是当地乡村旅游的主管机构,在推动乡村旅游人才培养方面,能够发挥积极的全局规划优势。地方政府应当结合乡村旅游特色进行高素质重点人才引进。随着经济转型的深化,乡村旅游走出了自己的特色发展模式,不仅使地方品牌被全国甚至世界熟知,同时也对地方财政做出了巨大贡献。因此,对于旅游人才的要求也不断提高。传统乡村旅游人才管理已经无法满足新型的旅游服务需求,地方政府应与时俱进,加大对综合性旅游人才的引进,通过具备先进管理理念和实践经验等综合素质人才的乡村旅游管理,能够较好地实现现代化乡村旅游模式的创新发展。地方政府在引进高素质旅游人才过程中,可以使用较有吸引力的激励措施以及丰富新颖的工作形式来吸引更多的旅游人才参与到乡村旅游管理当中。除了从外界吸引旅游人才,地方政府还应当重视乡村本土旅游人才的培养。地方政府应当加大本地旅游投入,鼓励更多的乡村居民参与到本地旅游发展当中,从而形成良性的旅游产业链。

二、人才保障制度促进乡村旅游人才培养

乡村旅游管理应当建立完善的人才保障制度,解决旅游人才的后顾之忧,促进乡村旅游向着科学化管理和制度化管理迈进。在制定乡村旅游管理制度时,应当对旅游人才的居住、交通、薪酬等各方面做出明确的制度规定。考虑到乡村旅游具有一定的季节性,因此,对于薪酬制度的设计,可以采用工资与年终奖相挂钩的形式,避免乡村旅游人才收入无法保障的问题,基本工资应当符合当地的经济条件。对于乡村地区交通不便等问题,可以通过建立职工宿舍以及通勤班车等方式,提高乡村旅游人员工作的便利性,吸引城市中的高端旅游人才参与乡村旅游发展建设。

三、高校促进乡村旅游人才培养

一直以来,我国大专院校都是培养高素质人才的摇篮。在培养乡村旅游人才目标中,大专院校应当发挥自身的教育优势,完善旅游专业教学体系。在大专院校旅游专业课程设置方面,应当增加乡村旅游的教学内容,提高学生对于乡村旅游和乡村经济发展的深入认识。另外,大专院校还应当充分利用社会资源,开展校企合作办学,为旅游专业学生提供社会实践的平台。通过校企合作方式,旅游专业学生能够及时了解乡村旅游发展情况,并通过将课堂所学运用于社会实践当中,增强旅游专业学生毕业后的岗位适应能力。

四、培训机制促进乡村旅游人才培养

乡村旅游是我国旅游业发展的必然趋势,因此,培养乡村旅游人才,应当具备前瞻性和长远性。我国旅游管理部门应当积极组织社会上开展形式多样的乡村旅游人才培养活动,鼓励社会上开办专业化的乡村旅游培训活动。例如,乡村旅游地可以组织以乡村特色旅游为主题的人才竞赛等,鼓励更多的人参与到乡村旅游产业当中。除此之外,我国还应

当重视培养乡村旅游人才的职业技能。通过鼓励社会资源发挥作用，搭建高效的社会培训基地。培训基地的乡村旅游人才培养目标是以全面服务于本地旅游产业为宗旨，创建具有地方特色的旅游培训项目，提高乡村旅游人才的实践能力。社会培训基地还可以根据乡村旅游对人才的特殊需求进行有针对性的培训，例如，开设专门针对特色旅游项目的导游课程，或者针对乡村旅游中酒店经理的课程等，提高乡村旅游人才的专业化知识技能。

第三节 乡村旅游从业人员的管理

乡村旅游的服务提供者是广大一线员工，服务是乡村旅游的精髓。顾客对服务满意，企业才有可观的利润。因此，要求员工具备较优的服务意识，较高的服务技能。员工管理在乡村旅游企业经营中起着至关重要的作用，员工的服务质量决定着企业的经济效益。乡村旅游员工管理是指通过员工人力资源的计划、招聘、选拔、培训和发展、业绩评估、制定工资和福利制度等一系列活动，提升员工的满意度，向企业提供优质的员工，有效发挥员工团队工作的效率，实现员工和乡村旅游企业的共同发展。

一、乡村旅游从业人员的招聘

为了保证员工招聘的有效性和规范性，提高招聘的效果，乡村旅游企业的员工招聘可以参照以下的基本程序开展。

（一）确定招聘需求

开展招聘活动前，需要确定招聘需求。在不同时期，企业对员工有不同的需求,例如,在企业发展初期,企业希望拓展型的员工与企业元老共同打拼;在企业成熟期,则可能需要有责任感、独特技能的员工;在市场转型期或竞争日益激烈时期,则可能需要招聘有远见、能够为企业转型或应对竞争提供先进思想观念的员工。

确定招聘需求的主要工作是准确把握企业对各类员工质量和数量两个方面的需求。此种需求的展现具体分为以下步骤:首先,根据企业各部门业务拓展的需求、人力资源规划调整的需求、员工队伍递补的需求等实际工作的需求体现出来。其次,具有招聘需求的部门填写招聘需求表。一般来说,招聘需求表包括招聘岗位及部门、工作内容及权限、所需人员的要求等内容。再次,结合企业的人力资源规划,旅游企业的人力资源部对招聘需求表进行审核,汇总招聘需求信息,提出招聘参考意见,上报主管部门进行审批。

(二)选择招聘渠道

招聘渠道是确定选聘对象的来源,企业人员的招聘渠道主要分为内部招聘和外部招聘两种。内部招聘主要是指通过内部晋升、工作调换、老职工重聘等方法进行。外部招聘,也称社会招聘,是企业在创建初期,或是产业调整、转型需要大批专业技能人才时,通过外部招聘渠道来招聘企业所需人才。一般来说,学校、人才交流市场、猎头公司等都能够很好地满足企业外部招聘的需要。

因为不同的招聘渠道在招聘人员、招聘费用、招聘效果和准入机制方面都有不同的特点,所以企业人力资源部门在制订招聘计划时,需要根据招聘渠道的不同特点和招聘的对象、招聘预算,选择适合企业招聘需求的招聘渠道。

(三)制订招聘计划

制订招聘计划主要是由人力资源部门根据上级主管部门审批通过的招聘需求制订相应的招聘计划,是企业人力资源规划的重要内容。良好的招聘计划能够为企业招聘到切实所需的优秀人才,有效填补企业的职位空缺。此外,这种计划也能够为企业的后续招聘活动提供参考依据,保证招聘的科学性和有效性。招聘计划的内容主要包括:招聘规模、招聘渠道、招聘时间、录用标准、招聘预算。在招聘计划的整个制作过程中,要充分尊重现有的法律法规和就业政策,避免出现性别歧视和语义含糊不清等问题。例如,我国《劳动法》明确规定:"妇女享有与男子平等的就业权利。在录用职工时,除国家规定的不适合妇女的工种或者岗位外,不得以性别为由拒绝录用妇女或者提高对妇女录用的标准""劳动者就业,不因民族、种族、性别、宗教信仰不同而受歧视"。此外,《企业法》、《残疾人保障法》、《女职工劳动保护规定》、《私营企业劳动管理暂行条例》等都对企业招聘录用有不同的规定。

(四)实施招聘计划

实施招聘计划,即根据招聘计划来组织应聘者进行初试、复试、录用、培训与安置的工作。实施招聘计划的方法主要有两种:一种是招聘业务内延化,由企业内部人员升职、调岗完成,或者通过员工介绍等形式。一种是招聘业务外向化,将招聘工作委托给职业招聘代办机构、人才市场或劳动市场、猎头公司等。实施招聘计划要根据之前确定的招聘渠道来选择合适的招聘方法。

二、乡村旅游从业人员的培训

旅游企业重视对员工的培训,才能够应对旅游行业日趋激烈的竞争。

但是,培训是一项系统性和操作性很强的工作,要想达到良好的培训效果,就要保证整个培训系统有条不紊地进行。

(一)确定培训需求

确定培训需求是整个培训程序的开始,决定着培训的内容和方向,为监控培训过程提供评价标准,以保证培训的质量。同时,培训需求分析是对职工、工作目标和企业三者培训需求的综合分析,是对未来工作要求和技术的预测。合理的培训需求能够节约培训成本,有利于增强员工对培训工作的认同和支持。可以通过观察法、面谈法、问卷调查法等多种方法确定培训需求。

(二)制定培训规划

培训规划是对整个培训流程的设计,其主要内容包括:

1. 培训目的。明确培训的具体目标,阐明培训活动的框架和方向,指明培训的目标群体。

2. 培训内容。一般包括工作的技能、态度的提升、团队建设等方面,最主要的是能够切合实际工作需要,满足培训需求,提升员工的工作绩效。

3. 培训方法。根据培训目标和培训方法的特点,确定合适的培训方法。

4. 培训资源。一般包括人、财、物等培训资源的规划和筹备。

5. 培训成本预算。培训成本预算为开展培训提供财力支持,也是后期培训监控和评估的依据。

6. 培训评价标准。培训评价标准是依据具体的培训内容和培训方法而定,大致包括对工作技能的提升作用,对员工工作态度的改善程度,对企业绩效的贡献等方面。

(三)组织培训实施

培训实施是实现培训目标的操作性环节,这个阶段需要做的工作有:

1. 培训前的准备工作

(1)培训通知。通知培训对象具体的培训时间和培训地点。

(2)后勤准备。根据培训的内容和方法,确定培训场地、培训类别、培训行政服务人员,落实相应的培训资金支持。

(3)确认培训师和培训教材。培训师资力量的高低决定着培训的质量,应根据培训师的专业素养和培训的要求,合理确定培训讲师和培训教材。

2. 培训的开展

培训的开展指培训课程的讲授过程,包括知识与技能的讲解、课堂活动的管理、学习成果的测试等环节。需要注意的是,为了确保培训的有效性,需要做好培训过程的总结与反馈,确保充分利用培训资源,达到培训的目的。

(四)评估并反馈培训效果

做好培训效果的评估与反馈的工作,有利于及时地发现培训实施过程中的问题,并总结培训经验,从而提高今后培训开展的效果,使培训内容和培训方法更符合企业发展的需求。评估培训效果,应客观地考察培训目标、内容、方法,培训教师和教材,受训员工培训后的绩效,培训时间和培训场地等。具体的培训评估指标应该涵盖受训员工对技能操作能力、工作态度和工作积极性、培训收益成本比、培训理论的反应水平等。

三、乡村旅游从业人员的绩效考核

(一)绩效考核内容

在实际考评过程中,各旅游企业的规模、所处的环境以及员工的素质都存在差异,旅游企业绩效考核的具体内容取决于其绩效考核的目的和管理能力。此外,考评的内容还与员工的职位层次有关,基层工作人员职权有限,其绩效考核多侧重于工作行为和工作过程;管理型人才的工作有很强的灵活性和艺术性,其绩效考核多侧重于工作结果。

为了保证绩效考核的客观性和全面性,绩效考核一般包括员工的工作能力、工作业绩、工作态度、工作潜力等方面的内容。

1. 工作能力

工作能力是旅游企业员工在工作中所发挥的与实际工作相关的能力,主要包括四个方面:相关基础知识、常识;工作经验、协调能力、职业素养;工作技能、技巧;体能等。例如,旅游企业中导游是该行业特有的专业型人才,其语言表达能力和服务质量直接影响到企业的整体形象,对旅游产品的销售有着重要的作用,在考核导游工作能力时占有重要的地位。

2. 工作业绩

工作业绩是指员工履行工作职务的工作成果与工作效率，是旅游企业员工绩效考核中最基本的考评内容，是对员工完成工作的数量、质量和速度方面的考评。其具体的考评内容与员工工作的职务、工作目标、复杂程度有关，比其他考评内容更能反映工作人员的工作效率。例如，对于导游的工作业绩考核，最重要的就是年带团数量。

3. 工作态度

管理心理学认为，工作态度是个人对所处工作环境中各种人物和事物的认识、评价及其倾向性，会影响一个人的工作行为。作为绩效考核内容的工作态度，如工作热情、工作主动性、工作积极性、职业道德水平、出勤率、对企业的忠诚度等，都对员工绩效水平有重要的影响。例如，导游具有很强的流动性，导游人员的管理难度大。因此，可以根据其接到的投诉、表扬次数，以及私自接团、虚报带团费用的数量来考评导游的工作态度。

4. 工作潜力

由于个人的教育背景、兴趣爱好、工作经历等因素的不同，以及工作机会不均、招聘误差、职业生涯规划不合理等问题，致使某些具备某种工作潜力的职员，在现任的工作岗位上得不到合适的机会施展才华。根据细致的职务要求和评价标准来判断员工的工作潜力，可以有效发挥员工的特长，提高员工的工作满意度，增强员工的工作动力。这对企业的发展和员工的职业生涯规划都具有重要意义。

（二）绩效考核方法

绩效考核的方法有多种多样，下面具体介绍几种主要的绩效考核方法。

1. 排序考评法

排序考评法是绩效考核中比较易行的考评方法，主要是由上级主管根据考评目的和考评内容，将考评对象按绩效总体表现的优劣顺序排列名次的方法。排序考评包括选择排序和简单排序两种方法。选择排序也称交错排序,是简单排序的推广形式,是在同类考评对象中挑选最好的和最差的,然后再在剩下的员工中挑选最好的和最差的,依次类推,将全部考评对象按优劣顺序进行排列,这种方法有效地避免了考评者容易忽略中间群体的现象。简单排序是最简单的,它是按照工作能力、工作业绩、出勤率等绩效考核内容,对同类考评对象按照绩效的好坏依次排序。

2. 目标管理法

目标管理法是将旅游企业的工作目标从上往下层层分解,让每一个岗位都有具体的工作目标,以及与之对应的绩效目标,让下属的工作目标充分融进部门目标和企业战略目标之中。通过检测员工的工作绩效,找出工作中存在的不足,不断地加以改正,从而保证员工的工作目标与组织目标相匹配,如此一来,不仅激励员工提高工作积极性,还有利于保障企业工作目标的顺利实现。此种方法适用于考评工作独立性和主动性较强的员工,如项目管理人员、旅游产品销售人员等,一般不适用于考评流水作业的员工。

3. 评级量表法

评级量表法指的是根据具体的绩效考核内容设计若干绩效指标组成绩效等级量表,考评者根据员工的实际绩效选择考评对象所属考评等级。这种量表能够以数量化的形式呈现所要求考评的绩效内容,操作便捷,易于掌握。人力资源部门可以根据员工得分较低的绩效内容,开展有针对性的培训和指导,培养企业所需要的人才,有效性很高。美中不足的是这种方法在考评中容易犯趋中误差。

四、乡村旅游从业人员的薪酬

(一)旅游企业员工薪酬的构成

根据定义,薪酬主要由以下几个部分构成。

1. 基础工资。这是薪酬的主体,是确定退休金的主要依据。基础工资通常由职务、岗位及工作年限决定。

2. 奖金。这是根据员工个人业绩或企业的经济效益状况给予的额外薪酬。

3. 津贴。这是工资的政策性补充部分,如对劳动条件恶劣的地区及工种的津贴、有专业技术职称的人员给予职称津贴、给予国家规定的价格补贴等。

4. 福利。一般员工都能享受福利,如企业的文化体育设施、食堂、医疗保健、托儿所、优惠住房等。

5. 保险。这是指企业为员工在受到意外损失或失去劳动能力,以及失业而提供的补助,包括失业保险、工伤保险、医疗保险、养老保险等。

(二)旅游企业薪酬设计流程

旅游企业通过建立一套完整而正规的程序来健全薪酬方案。薪酬设计一般有以下七个基本步骤。

1. 制定薪酬原则和战略。设计薪酬时,首先应该明确组织的总体发展战略和职能发展战略。在各项战略的指导下,确定薪酬战略,体现组织的总体发展要求。

2. 进行工作分析。在组织结构设计的基础上进行工作分析,编写工作岗位职务说明书,形成清晰的工作说明书体系和组织结构图,这是进行薪酬设计的前提条件。

3. 进行工作评价。工作评价是薪酬设计中最重要和基础的环节。根据工作分析的结果进行工作岗位评价,衡量组织内部各项工作与职位的价值,建立各项工作价值间的相对关系,以便使薪酬制度满足内部公平性的要求。

4. 市场薪酬调查。进行市场薪酬调查,了解本地区、本行业的薪酬状况,尤其是竞争对手的薪酬现状,从而设计出具有竞争性的薪酬体系,保证组织薪酬制度的外部公平性。

5. 薪酬结构设计。薪酬结构设计是将组织中各项工作职位的相对价值与对应的实付薪酬之间确定一种线性或非线性的联系的过程。它可以使工作职位的薪酬水平一一对应相应价值。组织往往根据自身战略发展的要求,参照劳动力市场的供求情况以及市场同行业的数据来确定薪酬结构。

6. 确定薪酬等级和标准。确定薪酬等级是将工作评价以后得到的相对价值相接近的一组职务或工作编入同一等级,每一工作等级所对应的薪酬水平都有一个幅度,即每个等级有一个起薪点和顶薪点,这样整个组织就可以组合成若干个薪酬等级。

7. 薪酬方案的实施、评估和控制。确定好薪酬方案,就要严格地加以执行并落实。当然,在实施过程中还要不断听取各级员工的意见,评估系统的公平性,及时修正方案中不合理的地方,使薪酬方案更加合理完善。

五、乡村旅游从业人员的福利

企业中的福利不胜枚举。除了法律政策规定的福利以外,每个企业还可以提供任何有利于员工发展的福利项目。下面是企业中经常选用的一些福利项目。

(一)公共福利

公共福利是指法律规定的一些福利项目,主要有以下几种。

1. 失业保险。失业是市场经济发展的必然产物。为了使员工在失业时有一定的经济支持,企业应该为每一位正式员工购买规定的失业保险。

2. 医疗保险。企业必须为每一位正式员工购买相应的医疗保险,确保员工患病时能得到一定的经济补偿。

3. 伤残保险。在工作过程中,员工会因为种种意外事故受伤致残。企业应该按规定为每一位正式员工购买伤残保险,确保员工在受伤致残失去劳动力时得到相应的经济补偿。

4. 养老保险。员工年老时,将失去劳动能力,因此企业应该按规定为每一位正式员工购买养老保险。

（二）个人福利

个人福利是指企业根据员工的需要和自身的发展需要选择提供的福利项目，主要有以下几种。

1. 养老金。又称退休金，是指员工为企业工作了一定年限，到了一定年龄后，企业按规章制度及企业效益提供给员工的金钱，可以每年提取，也可以每季度或每月提取。如果企业已为员工购买了养老保险，养老金可以相应减少。

2. 储蓄。又称互助会，是指由企业组织、员工自愿参加的一种民间经济互助组织。员工每月储蓄一定的金钱，当员工发生暂时的经济困难时，可以申请借贷以渡过难关。

3. 辞退金。辞退金是指企业由于种种原因辞退员工时，需要支付给员工一定数额的金钱。一般来说，员工在本企业工作时间的长短决定辞退金的多少，聘用合同中应该明确规定。

4. 住房津贴。住房津贴是指企业为了使员工有一个较好的居住环境而提供给员工的一种福利，主要包括：为员工的住所提供免费或低价装修；为员工购买住房提供免息或低息贷款，全额或部分报销员工租房费用；根据岗位不同每月提供住房公积金；企业购买或建造住房后免费或低价租给或卖给员工居住。

5. 交通费。交通费主要指上下班为员工提供交通方便，主要包括：企业派专车按一定的路线行驶，上下班员工到一些集中点去等候车子；企业派专车到员工家接送其上下班；企业按规定为员工报销上下班的交通费。

6. 工作午餐。工作午餐是指企业为员工提供低价或免费的午餐，有的企业虽然不直接提供工作午餐，但可以报销一定数额的用餐发票。

7. 人寿保险。是指企业部分资助或全额资助的一种保险，员工一旦死亡，其家属可以获得相应的经济补偿。

（三）有偿假期

有偿假期是指员工在有薪酬的前提下，不来工作时的一类福利项目，主要有以下几种。

1. 病假。有的企业只要上级管理者同意即可，有的企业要求员工出示医生证明，但一般较长的病假需出示医生证明。

2. 事假。各企业的事假不尽相同，主要包括丧偶假、父母丧假、婚假、男性员工的太太产假、搬迁假等。有时员工为了个人私事而调休不作为事假。

3. 脱产培训。脱产培训既是一种福利，又是企业对人力资源投资的一种商业行为，尤其是该培训项目对员工有明显的直接好处时，更显示出福利的特点。

4. 节假日。除了我国规定的法定节假日外，如春节、元旦、国庆节等，有些企业还有一些节假日，如妇女节、青年节、圣诞节、元宵节等。

5. 公休。公休是指经有关管理人员同意，员工根据企业的规章制度，在一段时间内不来上班的一种福利。探亲假也可以看作是一种公休。企业一般根据种种条件，规定员工每年有一周至一个月的公休。

6. 旅游。旅游是指由企业部分资助或全额资助的一种福利，企业可以根据自己的实际情况制定旅游时间与旅游地点。

（四）生活福利

生活福利是指企业为员工的生活提供的其他各类福利项目，主要有以下几点。

1. 心理咨询。现代企业中员工难免会出现心理问题，企业可以为员工提供各种形式的心理咨询服务。例如，开展心理健康讲座；长期聘用心理顾问；设立心理咨询站等等。

2. 法律顾问。企业可以聘用法律顾问为员工提供法律服务，也可以为员工聘请律师而承担费用。

3. 托儿所。往往在两种情况下企业建立托儿所会深受员工的欢迎：

一是有幼儿的员工多,又很难解决托儿问题;二是暑假期间。

4. 托老所。由于老龄化趋势的不断发展,员工的父母年老体弱,需要人照顾的现象会很普遍。因此,有些企业根据实际情况的需要开始设立托老所,以帮助员工更安心地工作。

5. 子女教育费。子女的教育越来越受到现在员工的重视。为了使员工的子女能接受良好的教育,企业根据自身的情况制定相关的政策,提供员工的子女教育费用,吸引更多的优秀人才到企业就业。例如,可以每月提供一定数额的经济支持;可以全额报销子女教育费用;可以为员工子女进入优秀学校提供赞助费;不同的岗位有不同的待遇;可以为员工子女出国深造提供国际旅费或奖学金;可以为员工子女进入优秀学校而设立奖金等等。

第八章　案例学习与借鉴

为推动乡村旅游持续健康发展，国家发展改革委会同文化和旅游部在全国范围评选出一批乡村旅游发展的典型案例。这些典型所总结的经验做法以及发展模式，有效结合本地乡村旅游发展实际，围绕乡村旅游基础设施和配套服务设施建设，融合乡村旅游和相关产业实现特色化、差异化、多样化发展，可复制可推广，在全国范围内具有借鉴意义。

第一节　乡村旅游民宿品牌化的打造

利用乡村闲置农宅发展高端精品民宿，政府制定相关的支持、培育、引进等配套政策，打造具有知名度和吸引力的民宿集群，形成以民宿体验为着力点，三产融合发展的乡村旅游综合业态。该模式以民宿为核心体验产品，围绕旅游元素形成丰富的乡村旅游产品体系，借助地区资源、地区协会或民宿联盟，形成强有力的区域力量，从而培育具有明显地域特色的乡村旅游产品品牌，创造多元化的旅游体验。广东省广州市米埗村通过发展精品民宿特色产业引领，发展乡村旅游开辟乡村振兴新路径。

一、米埗村基本情况

良口镇米埗村位于广州市从化区北部山区，近年来，米埗村紧紧把握实施乡村振兴战略机遇,充分发挥区位优势,依托优美自然环境,大力推进特色小镇建设,盘活乡村"沉睡"资源,因地制宜打造岭南风貌凸显的高端民宿群,激发乡村产业活力,促进农村一、二、三产业融合发展,推动乡村旅游提质增效,培育乡村发展新动能。米埗村6家不同特色的民宿改造完成开业,整体规模达到52间房左右,改造建设了稻田乡村休闲茶吧、乡村青年创业中心、土特产中心、竹工艺创作工作室、碾米坊、竹影休闲广场、绿道休闲长廊,合作建设了生态设计工作室,初步形成了以米社·莫上隐为代表的高端民宿产业集群。据统计,2018年米埗小镇已接待游客20余万,主要为珠三角区域游客,以及部分中国香港、中国澳门和外国游客。2018年,村民人均纯收入达到3.5万元,集体收入达到100万元。

二、主要措施

(一)抓人居环境整治,提升生态宜居水平

全面开展"三清理、三拆除、三整治",认真落实河长制,制度化、常态化开展"珍爱家园"、全民动员活动、"小手拉大手"共建家园活动等,通过领导挂点督导检查、村干部带头打扫卫生,带动全体村民对房前屋后、田边水渠和村道、社道、绿道等区域,进行常态化环境治理,保持村社环境卫生整洁,不断提升村庄生态宜居水平。根据从化区在全省率先出台的农村建筑工匠管理办法,米埗村积极组织参加全区农村建筑工匠培训班,在培育规范化农村建筑工匠队伍的同时,有效加强了对村民建房的规划和管理。

(二)抓建筑风貌管控,凸显岭南乡村特色

坚持统一规划布局、统一风貌设计、梯次推进旧村微改造。重点通过以奖代补政策、金融惠农服务和村企合作等方式,以旧村微改造为主要手段,在坚持"不搞大拆大建、不搬迁原住村民、不增加建设用地"原则的前提下,以"绣花"功夫对村容村貌进行整体改造提升,凸显岭南乡村

风貌,实现生产生活生态相融合。按照统一规划,米埗村旧村微改造工作主要分三期开展,其中第一批主要是已进驻民宿及党群服务站周边区域;第二期主要是村入口灌渠、绿道周边连片区域;第三期是把旧村微改造工作覆盖全村。

(三)抓产业发展布局,聚焦发展特色民宿

米埗村坚持加强与从都国际会议中心、香港赛马会从化马场等高端商旅项目资源的优势互补,加快盘活乡村闲置低效资源,大力发展以田园、稻香、休闲、文创、康养为主题的高端精品民宿,打响米埗高端民宿品牌。同时,根据从化区在全省率先出台的《促进民宿业发展实施意见》,由米埗村高端民宿业主牵头组建了广州市首个民宿行业协会,并立足全区民宿发展总体布局,聚焦发展中高端民宿的定位,精准强化民宿品牌建设和人才培养。

(四)抓沉睡资源盘活,强化村民组织能力

米埗村采取"公司+农民合作社+村民"的乡村民宿产业发展模式,提升村民在市场经济中的组织化水平,在全省率先成立了第一家以民宿为主的农民专业合作社,并由合作社负责统一流转村民闲置房屋、山地、稻田等资源资产,转租给企业改造后开办民宿,统一打造高端民宿产业集群,实现与村域范围内的从都国际会议中心协同增效、相得益彰的错位发展格局。

(五)抓共建共治共享,推动实现共同富裕

创新基层治理形式,充分利用线上"仁里集"基层治理一键通云平台、党建微信群,以及线下党群服务中心、民主法治议事大厅等,推动小镇民主决策、科学运营。成立米埗民宿集群小镇管委会,由镇、村、社、企业、村民代表共同参与,在米埗民宿集群发展过程中,共商、共议、共管、共治,保障民宿产业良好发展秩序。拓展村民增收渠道,建立村民与村集体、合作社、民宿企业利益共享机制,鼓励民宿企业返聘村民参与民宿经营管理,鼓励村民利用自身特长和闲置资源依托民宿经济大力开展创新创业，通过"租金收入＋工资收入＋合作社分红＋经营性收入"等多个收入渠道，实现户户增收、人人增收的共同富裕愿景。

（六）抓基层党组织建设，发挥战斗堡垒作用

积极引导村党组织发挥"统揽全局、牵头抓总"的作用，选优配强"领头雁"，选举年富力强的新支书，并选派镇政府优秀青年干部任驻村第一书记，切实增强基层党组织的战斗力、凝聚力。建设新时代文明实践站，以群众喜闻乐见的方式大力开展新时代文明实践活动。制定党支部固本强基作战图和党建引领乡村振兴作战图，持续深入开展党群"连心桥"行动，落实"走村不漏户、户户见干部"的党员干部联系群众机制，由党员干部带头拆违建、搞卫生、发展民宿。开发利用红色资源，激励党员干部群众凝心聚力推动乡村振兴。

三、专家评语

2019年以来，米埗村根据民宿群改造规划，对稻喜湾的帐篷区域与从化温泉广场的帐篷进行整合连片，为每年的帐篷节与从化山地马拉松（国际赛）提供更好的场地与服务。修复更多荒置的农用耕地，打造田园综合体，将土地资源进一步转化为资本。另外，将村里闲置或倒塌的土房进行改造与修复，形成新的观光旅游点。

米埗村是通过打造高端民宿群实现旧村改造的典型案例。采取"公司＋农民合作社＋村民"的乡村民宿产业发展模式，充分利用线上"仁里集"基层治理一键通云平台、党建微信群，以及线下党群服务中心、民主法治议事大厅等基层治理平台，推动小镇民主决策、科学运营。通过建立管理有效、分配合理的利益联结和治理运营机制，在共建共治共享方面做出良好示范。

第二节　党建引领和乡村旅游发展

习近平总书记在参加十三届全国人大一次会议山东代表团审议时就曾强调:"要推动乡村组织振兴,打造千千万万个坚强的农村基层党组织,培养千千万万名优秀的农村基层党员干部,深化村民自治实践,发展农民合作经济组织,建立健全党委领导、政府负责、社会协同、公众参与、法治保障的现代乡村社会治理体制,确保乡村社会充满活力、安定有序。"

乡村基层党员切实发挥先锋模范作用,让党员带领乡村旅游业的发展,带领群众致富,帮助群众增收,以实际的效益来引导群众走上致富之路。四川省成都市战旗村通过党建引领发展乡村旅游,走向乡村振兴。

一、战旗村基本情况

成都市郫都区唐昌街道战旗村原名集凤大队,1965年在兴修水利、改土改田活动中成为一面旗帜,更名战旗大队。新成立的党支部,在学习大赛的活动中,成为一个先进集体,村庄民众克服困难、鼓足干劲,改为"战旗村"。村党委下设党支部6个,党小组13个,有党员163人。2019年,村集体资产达7010万元,集体经济收入621万元,村民人均可支配收入3.24万元。先后荣获"全国军民共建社会主义精神文明单位""全国文明村""中国美丽休闲乡村""全国科技示范村""中国幸福村""全国乡村振兴示范村""全省'创先争优'先进基层党组织""省级四好村""四川集体经济十强村""四川十佳生活富裕村"和省、市"新农村建设示范村"等荣誉称号,并于2019年3月成功创建为国家4A景区。

2018年2月12日,习近平总书记视察战旗村,高度评价了战旗村各项工作,指出"战旗飘飘,名副其实",并寄予乡村振兴要"走在前列,起好示范"的殷切嘱托。同年10月,经地方推荐和专家审核,农业农村部将战旗村推介为2018年中国美丽休闲乡村。2019年7月,入选首批全国乡村旅游重点村名单。2020年4月,战旗村获得2019年度四川省实施乡村振兴战略工作示范村荣誉称号。2021年4月,被四川省委城乡基层治理委员会评为"四川省首批乡村治理示范村镇"。

二、主要措施

火车跑得快,全靠车头带。自1965年战旗村党支部成立以来,始终紧跟党中央的政策调整,在各级党委的指导帮助下,从抓粮食学大赛、发展乡镇企业、企业改制、新农村建设、股份化改革,到"拆院并院"、土地改革、三产融合,形成了产业、生态、人才、组织和文化五大振兴协调互动的模式。

(一)党建领航筑强堡垒

坚定以习近平新时代中国特色社会主义思想武装头脑、指导实践、推动工作。把支部建在集中居住区、合作社、民营企业,依托农民夜校、智慧党建平台全面加强党员群众教育管理监督,带领全村深化改革、发展产业、整治环境、淳化乡风,村党组织成为群众信赖的主心骨。2018年2月,得到习近平总书记"这里的'火车头'作用,做得很好"的高度评价。

战旗村坚持村党委"核心引领"作用,建立以党组织为核心,自治组织、集体经济组织、便民服务组织、社会组织协同配合的"一核多元"基层治理机制,充分发挥党组织的政治引领功能,带动自治法治德治有机结合、同向发力,形成了友善淳朴、守望相助、开放包容的村风村貌。

秉承"组织建在产业上、党员聚在产业中、农民富在产业里"的理念,坚持村庄规划先行、依法民主治村、依靠产业兴村,筑造基层战斗堡垒,创新推行"三问三亮"党建工作机制,一问自己入党为了什么,二问自己作为党员做了什么,三问自己作为合格党员示范带动了什么。要求党员亮身份、亮承诺、亮实绩,做好"六带头"(带头宣传党的政策、带头顾大局谋长远、带头树立契约精神、带头遵守公序良俗、带头做好自家环境卫生、带头创业增收致富)。充分发挥党支部的战斗堡垒和党员的先锋模范作用,把发展壮大村集体经济、提高村民收入作为首要任务,实现村民增收致富。

(二)党建领航改革兴村

党的十八大以来,战旗村坚持以农业供给侧结构性改革为主线,按照上级部署,深入实施农村集体产权制度改革、耕地保护补偿制度、农地流转履约保证保险制度、集体资产股份制、农村产权交易等"五项改革",敲响全省农村集体经营性建设用地入市"第一槌",推动资源变资产、资金变股金、农民变股东,实现资本下乡、人才进村、市场主体再造。优化生产体系,按照建基地、创品牌、搞加工的思路,探索新业态新模式,做强做优绿色产品品牌,建成绿色有机蔬菜种植基地1800余亩,集聚企业16家,吸纳就业1300多人,全面提升现代农业附加值。先后培育出榕珍菌业、满江红、战旗等省、市著名商标品牌3个和"天府水源地"有机品牌,榕珍菌业年产值上亿元。创新互联网思维,搭建"精彩战旗"特色产业在线服务大厅,把订单农业、精品农业、体验农业、线上交易有机结合,大力推行农产品网上交易。十几年来,战旗村以党建为引领,紧跟国家的土地整理政策,实现整个村庄的集中,盘活了土地资源,为实现有规模的生态产业化和产业生态化打下坚实基础。

(三)党建领航产业富民

战旗村按照"产业兴旺、生态宜居、乡风文明、治理有效、生活富裕"的总要求,坚持产业富民,发挥妈妈农庄等项目带动作用,打好陶艺坊等乡村十八坊传统文化牌;联通城乡两头、农业内外,以新品种、新技术、新业态提升产出效益;引入现代企业制度,释放村集体经济红利,走共同富裕道路。坚持生态先行,关闭5家污染企业,实施土壤有机转化和高标准农田整治1000亩,建成柏条河生态湿地,持续保持优美宜居环境;建成"乡村十八坊"和"党建馆、村史馆、天府农耕博物馆、郫县豆瓣博物馆"等场馆,聚商气、汇人气等,成功创建国家4A级旅游景区,2019年接待游客110余万人次,实现农、商、文、旅融合发展。

三、经验与启示

(一)全面解放思想

思想是行动的先导,要想突破瓶颈,就必须解放思想。在发展乡村旅游的过程中,解放干部群众思想是重中之重,也是走好乡村旅游发展之路的第一步。首先村级党组织干部要提高思想认识,破除"官本位"、封闭保守、不思进取等思想,树立为民服务、担当有为的理念;其次就是要做好一般党员的思想工作,所有党员挂牌"亮身份、亮承诺"。通过党员的示范引领,进一步解放群众思想,为乡村旅游发展开一个好局。

(二)强化双向培养

发展乡村旅游缺的就是有能力的人、有资本的人。党员都是村中优秀的分子,但是在发展旅游产业上,不管是知识还是技能上肯定存在诸多的不足,所以要组织他们培训学习种养技术、电子商务等技能,并为他们提供一定的政策、资金、技术、平台等支持,鼓励他们先行先试,培植乡村旅游发展"样板",引领其余村民加入乡村旅游发展队伍;而在乡村旅游发展过程中,也会涌现出一批带动能力强、有知识、有技能、有经验的优秀人才,把这批人作为党员重点发展对象,对吸引更多的优秀人才和群众投身乡村旅游事业起到更好的作用,取得"1+1>2"的效果。

(三)推动联建共促

实施村级党组织联建,强村带弱村,统筹产业发展,统筹人才、技术支撑,以强村的先进经验补齐弱村发展短板,做大做强区域产业,使之成为发展乡村旅游的支柱产业;指导已有的合作社、企业成立党支部,实施村企党组织联建,整合资源,有效解决土地流转、资金缺乏、动力不足等问题,充分发挥龙头引领作用,帮助和引导更多群众参与到乡村旅游发展中来,齐心协力共同打造美好家园。

四、专家评语

把支部建在集中居住区、合作社、民营企业，依托农民夜校、智慧党建平台全面加强党员群众教育管理监督，带领全村深化改革、发展产业、整治环境、淳化乡风；优化经营体系，引入京东云创平台；引入现代企业制度，释放村集体经济红利。

第三节　脱贫致富与乡村旅游发展

乡村旅游是近 10 年来比较火的一种旅游方式，它们就像雨后春笋般出现在人们的眼前。乡村旅游的兴起和发展，对我国改变农村二元结构，推动城乡一体化战略产生了积极的推动作用。很多乡村旅游地实现转型和体制升级，实现旅游乡村、产业乡村，带动了乡村人口的回流和收入的大幅增加。其背后的经营管理模式和创意发挥着独特而显著的作用。黑龙江省双鸭山市小南河村通过第一书记带动贫困村发展乡村旅游，实现脱贫致富。

一、小南河村基本情况

饶河县委、县政府从全面建成小康社会的大局出发，从探索推进乡村振兴新需要出发，发挥第一书记的"能人外力"优势，在三年时间里，从穷到"花钱等救济，吃饭靠天收"到"绿水青山是金山银山，冰天雪地也是金山银山"，通过走旅游与产业互补互促的路子，一个村庄悄然改变。

小南河村坐落在《乌苏里船歌》中唱到的美丽的大顶子山下，与四排赫哲族乡东西相望，在民间素有乌苏里船歌船头船尾之称，但却是全县有名的贫困村。小南河村有 226 户村民,因为是坡地、小气候,一直以种植玉米为主要收入来源,多年来的玉米保护价,让农民养成了靠天吃饭、冬闲半年、随遇而安、不思创业的思维模式。小南河村第一书记驻村后,带领村两委摸索出独具小南河特色、效果凸显的乡村旅游发展模式,调动全员参与,促进小南河村脱贫致富全面发展。

二、主要措施

(一)能人引领,变"要我致富"为"我要致富"

1. 规划引领定思路

小南河村因为穷,仍然保持着比较原始的木刻楞房子,这些在村民眼里不起眼的"破烂",第一书记却透过摄影人的独特视角发现了商机和财富。并最终确立了以大顶子山景区为背景,以饶河大美湿地为依托,以小南河独特关东民俗资源为特点,打造"民俗摄影旅游基地",发展特色乡村旅游的总体思路。从全域旅游的大视角,及时制定了《小南河民俗村整体改造规划》,确立了下一步民俗旅游村升级改造等文旅项目和小型生产加工项目建设,带动村集体经济发展和农民脱贫巩固提升,按项目规划引导实施。

2. 党员干部齐带头

村两委不等不靠,立即行动,深入村民家中做思想工作,对于观望户、反复户、懒散户不厌其烦、耐心细致地帮助解决疑惑。借资购置仿古花布、年画、窗花等装饰品以及红灯笼赠送给沿街百姓,打造了传统老作坊和两条比较古老街道作为摄影旅游基地雏形,建立网店,销售当地农副产品及蜂蜜等。村两委班子成员,翻磨盘、钉爬犁、挂灯笼,烘托出特性鲜明的老关东氛围,用行动来感染村民参与。

3. 经济效益"来说话"

利用摄影人的资源,通过微信平台等媒体宣传,以特有关东文化,吸引了首批省外游客和大量周边县区、农场游客前来观光。同时,以《两天三万元,我们村的"互联网+"》为题,在村里的微信群宣传通过微店2天在网上销售3万元的蜂蜜,先期运行的"农家乐"饭店也见到了效益,最多的一家年增收入近10万元。通过效益的引导、真情的感召,使越来越多的党员、群众参与进来。

(二)协会代管,变"粗放管理"为"自我管理"

1. 明确专业分工,提高组织化程度

协会设立农家乐餐饮部、旅游部、种植部、养殖部、文艺部、销售部和摄影宣传部7个部门,公开推选群众公认能人担任协会会长和各部门负责人,会员按照专业特长和发展需求分别编组,各部门分工明确,职责清晰,既独立工作又相互配合,实现了对会员有效管理。

2. 建立规章制度,促进规范化建设

制定旅游协会章程、管理制度和工作制度,出台相应的标准,提升农民纪律规矩意识。如餐饮部统一全村"农家乐"卫生标准和价格,建立准入标准和信誉评价惩戒制度。种植部为配合农业观光旅游,对种植向日葵和油菜花海进行统一规划,各部门之间建立利益联结机制,村两委与协会工作互融互促,在管理上坚持民主、公开,最大限度激发党员干部群众创业热情。

3. 统一模式管理,提升专业化水平

把村内分散16家"农家乐"实行"标准、价格、接待、分配、结算"的"五统一"管理模式,旅客食宿接待由协会统筹安排,避免不良竞争损害游客利益。统一推出"六大盆"传统农家美食。在旅游产品设计上突出体验性、特色性、原产地等,打造具有地方特色菜品、住宿、娱乐等,促进乡村旅游健康发展。

(三)公司经营,变"单打独斗"为"抱团发展"

建立健全符合市场规律的利益共享和风险共担机制,注册成立黑龙江小南河农业旅游开发有限公司。

1. 创新入股机制,全民参股受益

村民可认购公司股份,每股股金2000元,自愿认购、营利分红,募集股金10万元;贫困群众以提供劳动力等形式入股。严格按照公司法和章程经营运行,通过手工艺制作、表演、服务、生产等形式加入到旅游服务业中,形成以点带面发展模式。

2. 树立品牌意识,实行品牌营销

注册"小南河村""南河冷菊"4大类37件商品商标、办理条形码,推出农家辣椒酱,恢复酒坊、油坊、豆腐坊、绿色种养殖及加工等与旅游相关产业,组织村民拍辣椒酱宣传片,组织村民把小豆腐、冻饺子做成礼品,把小菜园没上化肥杂粮打上包装销售。参加全省"第一书记年货大集",带领村民销售农副产品10余万元,使小产品和大市场成功对接,小南河品牌效应初步彰显。

3. 扩大合作经营,实现互利共赢

公司与省内外多家旅行社建立长期合作关系,在东极旅游线路中增加小南河旅游线路,三年前一个旅游为"零"的小村子,已通过旅行社接待团体游客2万余人次;通过扩大知名度和社会信誉,省市组织部门从扶持壮大村集体经济角度进行了扶持,与两家企业签订了合作协议,依靠社会资本的介入扩大公司规模,承建辣椒酱厂厂房及设备采购,主打"小南河村"牌辣椒酱,2019年预计生产100万瓶,带动其他农副产品销售600万元。

(四)文化牵动,变"风光吸引"为"民俗传承"

小南河村注重利用原汁原味关东文化发展乡村民俗休闲旅游,提升旅游产业文化底蕴,使文化成为塑造文明村风、早日实现小康生活的重要载体和手段。

1. 保护传统村落建筑文化

村内建设围绕打造原汁原味东北古村落建筑风格进行配套设计,把全村老木刻楞房、老屋等历史建筑作为重点对象进行保护和恢复,重点打造9处特色关东民俗屋,3家传统老作坊等传统工艺家庭作坊,在村内统一规划建设"东北古村落样板区",提升传统建筑文化价值。争取了小南河村乡村旅游富民工程、大顶子山森林公园综合开发项目资金1400万元,为旅游综合全面发展提供了资金支持。

2.开发体验乡村民俗文化

开发"二月二开耕节""乞巧节""端午情"等系列民俗文化项目,与游玩项目相结合,让游客在娱乐中体验乡村民俗。复古老关东婚礼场面,把婚礼和乡村旅游结合起来,体验老关东感觉。婚礼中使用的囍屋、马、花轿等,都成为旅游体验项目,让游客找回乡愁的味道。

3.融合现代文明文化

村内别具东北农村特色"福屋"成为浙江卫视《我们十七岁》明星真人秀节目"过大年"专辑主要拍摄地。招引了北京超姆影视公司在小南河村建设影视基地,拍摄赫哲族抗战题材电视剧《黑金部落》。吸引了《金灿秋色》剧组踩点筹拍电视剧。明星住过的"福屋"和影视基地成为小南河旅游的现代文化景点,使小南河村形成了传统文化与现代文化交织相融的氛围,在省发改委和相关部门支持下,小南河村被列为黑龙江省乡村民俗旅游示范村。

三、经验与启示

(一)好的引路人是乡村旅游成败的关键

小南河的实践证明,通过"外力能人"独特的视角发现自身的旅游资源,变废为宝,引导建立了"党支部+公司协会+协作营销"运营模式,真正起到用好外力、激发内力,用好能人、带动闲人,形成干事创业合力。只要有一个能实心实意关心群众冷暖、能踏踏实实扎根农村、以农民为主体,全心全意带领村民走致富路的引路人,村民们就会全力地支持他、拥护他、相信他,就会最大程度赢得民心,带动村两委和广大村民干事创业,引领群众转变思想观念,因地制宜建设新农村,带领村民脱贫致富。

（二）乡村旅游必须发挥地缘优势促进乡村融合发展

小南河村将生态底蕴和比较优势进行合理配置，实现乡村旅游带动全村致富的可持续发展，将初具规模的乡村旅游经济延伸到农副产品加工、影视文化带动，彰显其个性和特色，形成独特的地域符号，形成特有产品系列化、种养生态化、环境园艺化的高效乡村文旅发展格局，不仅拓展农业增值空间，开辟农民增收渠道，而且促进农村全面进步，更好地实现乡村产业振兴的经济效益、生态效益和社会效益，初步显现出小南河村全面振兴与高质量发展相得益彰效应。

（三）乡村旅游要有理念传承

只有在一个正确的理念和目标下，才能充分调动群众的积极性、主动性、创造性，才能做到少走弯路、不走弯路，才能带领村民克服一切困难，做好乡村旅游工作。从小南河由贫困乡村到旅游经济发展的历程来看，在锁定坚持特色乡村旅游发展的总体目标后，就要做到咬定绿水青山、金山银山不放松，一届接着一届干，最终干出效果、干出水平，这种传承成为坚持发展良性循环的核心，有力保障了美丽乡村建设和乡村振兴的持续深入推进。真正通过乡村旅游带领全村各项产业全面健康发展，使村民走上脱贫致富的新路。

四、专家评语

能人引领，变"要我致富"为"我要致富"，充分发挥能人效应；协会代管，变"粗放管理"为"自我管理"；公司经营，变"单打独斗"为"抱团发展"，建立健全符合市场规律的利益共享和风险共担机制，注册成立黑龙江小南河农业旅游开发有限公司；文化牵动，变"风光吸引"为"民俗传承"。

第四节　绿色理念与乡村旅游发展

乡村多位于城郊地带,依托优美的田园风光和乡村人居环境,将生产、生活、生态结合起来,满足游客回归自然、农事体验、休闲度假的需求;围绕乡土景观与农业生产形成多元化的旅游体验产品,旅游服务功能相对复合多元。海南省海口市冯塘绿园开辟了一条企业与农民共建共享的绿色发展之路,促进乡村旅游发展。

一、冯塘绿园基本情况

(一)地理区位优势

冯塘绿园位于海口市秀英区永兴镇冯塘村,距海口市区 26 公里,与海榆中线及中线高速相连,车程 20 分钟,交通便利,区位优势十分明显。园区附近东山高尔夫球场、东山野生动物园、观澜湖旅游区、冯小刚电影公社和雷琼世界火山地质公园等优质旅游资源丰富。

(二)自然资源优势

园区面积 2500 亩,区内山清水秀,环境宜人,森林覆盖率达到 88.8%,植被覆盖率达 95.20%,空气质量 I 级,地表水质 I 级。这里有 150 亩近 30 年树龄的橄榄树和众多古树,蜿蜒清澈的天然溪谷、白鹭穿翔的葱茸湿地、原始茂密的热带植被和怪石嶙峋的火山地貌,构成了古村周边特有的生态景观,成为古村可持续发展的重要资源支撑。

(三)文化资源优势

冯塘古村是海南省著名的国家级传统古村落,积淀着深厚的传统文化,八卦形的村庄布局、古朴沧桑的幽静巷道、火山岩砌成的斑驳古屋,散发着浓郁的火山文化;在革命战争年代,冯塘村曾是儒万山革命根据地的一个重要组成部分,曾设立中国共产党的基层政府组织雷东乡公所,分布着众多的战斗遗迹,流传着许多革命故事。目前,已经开辟出龙栖谷、橄榄园、樱花园、孔雀园、榕树王、景观大道、冯塘古村、荷花塘以及"瓦秀"周末自留地等9大乡村景观,丰富了旅游业态。游客数量不断增多、接待能力不断增强、游客停留时间不断增长。2017年接待游客20万人次,营业收入859.5万元;2018年接待游客35万人次,营业收入1300万元。2017年5月,海南省省委书记专程来园区考察,对冯塘绿园通过"共享模式"带动农民脱贫致富的做法,给予了很高的评价。2017年12月5日全省文明生态村现场会在冯塘绿园召开。冯塘绿园先后被评为海南省休闲农业示范点、海南省休闲观光果园、海南省首批试点共享农庄、海口市中小学校外示范性综合实践基地、2016年度海口市旅游标准化示范单位、2016年获幸福美丽海口·最美乡村"我最喜爱的旅游名村(点)"、罗经村党建促脱贫致富示范基地,并与中国热带农业科学院香科饮料研究所(兴隆热带植物园)联合建设热带珍稀植物园。2017年11月,冯塘绿园获得"全国第五届文明生态村镇"称号。

二、主要措施

(一)立足乡村丰富资源,打造六大主题景观

园区以冯塘村为根基、以橄榄园为核心,在2500多亩的范围里,围绕着茂密的热带火山雨林和郁郁葱葱的橄榄林,开辟出如下主要景点:

一是火山文化凸显的古村落。2016年10月,海口冯塘村被评为国家第四批传统村落。村内环境整洁,古村风格完整,火山特色鲜明,红色文化和民俗文化深厚。

二是和平主题突出的橄榄园。面积近150亩,具有20多年树龄的斯里兰卡橄榄树郁郁葱葱,以传递和平友好为内涵,以突出生态和休闲功能为亮点。橄榄园中建有休闲长廊、摇椅、星星屋、青石板路、茶吧、冷饮小吃、客服中心、环保生态旅游厕所和100间民宿客房。

三是热带雨林茂密的龙栖谷。本区域属琼北世界地质公园保护区,

有天然形成的火山溪谷,热带雨林植物生长茂密。谷中清泉溪流相伴,清水在火山石间蜿蜒流淌,辅以666米长的木栈道,供游客在火山热带雨林间休闲、探秘、体验、拓展。

四是火山湿地氤氲的白鹭家园。古村落周边分布着广阔的火山湿地资源景观。企业进驻后,大量租用当地荒废的农村闲置用地,通过蓄水还原湿地生态,引来白鹭栖息,成为游客喜爱的观赏景点之一。

五是四季花儿绽放的莲花池塘。在古村附近分布着几片池塘,旅游企业充分利用水体资源,通过养鱼、种莲等,构建池塘生态系统,创建垂钓游、赏花游等形式多样的休闲项目。此外,通过制作莲花茶、莲花汤,开展林下种养殖等,向游客提供独具特色的原生态乡村美食,不断延伸产品链、产业链,提升产品附加值。

六是种植采摘融合的共享农庄。企业以"我在海南有个农庄"等接地气的口号加强对外推荐力度,诚邀广大游客来共享农庄种植区,体验种植和采摘瓜果蔬菜的乐趣,增长农业知识,培养健康的生活理念。

(二)加强古村保护修复,不断拓展产业链条

2017年,在海口市政府的帮助下,对冯塘古村进行了保护性修复,加强古屋室内装修,在古屋中建设火山民俗展览区、乡村咖啡屋、乡村饭店等设施,为解决农民就业、增加农民收入创造条件。

(三)挖掘古村文化遗产,铸就村庄精神灵魂

企业积极倡导传统文化教育,除了创建"古村古屋艺术家创作联盟基地"供广大艺术家采风创作外,还开设国学课、开展民俗表演,使该村成为远近闻名的弘扬传统文化、树立新风尚的文明生态村。

(四)不断丰富旅游产品,促进产业结构优化

2018年,结合园区实际,开发研学课程,跟许多大中专院校、中小学校合作,开展学生研学活动。同时,积极开展各种休闲养生等户外活动,吸引国内外的游客前来园区游览;建设房车停靠设施,国内许多房车前往停靠休闲;接纳各种大型会务活动,如海南省共享联盟大会、《没有冬

天的村庄》开机仪式等均选点在冯塘绿园举办,扩大了园区的影响;按照时间长短,对外出租木屋别墅、客房,吸引国内外游客前来度假养生,充分发挥客房的利用效益。

(五)建立三方运营模式,引导农民积极参与

冯塘绿园项目运营开始时,就引入了"政府+企业+农户"的三方联动运营机制。政府、企业、村民小组三方共同规划,政府进行基础设施建设,优化发展环境;公司负责经营管理和商业运作、开拓市场,组织客源;村委会负责组织村民参与企业的运营管理和服务工作。企业积极构建"政府+企业+贫困户"的旅游帮扶模式,企业与冯塘村签订土地承包合同,租用农民荒地,企业联合农村信用社签约了周边贫困户61户入股冯塘绿园,为其解决农副产品的销量问题。开发共享田园采摘超市,对外向游客出租共享菜地,由农户代管,使农民主动参与企业的管理,关心企业的发展,最大限度地提高他们的积极性。

三、经验与启示

(一)以农为本,协调发展

坚持城乡统筹,一、二、三产业协调发展,农文旅融合发展。以莲花、橄榄与果树种植、飞禽养殖为第一产业;以农产品加工如莲花加工为第二产业;以旅游服务销售农产品,如莲花茶销售、休闲饮品等为第三产业。不但使游客能够充分领略现代特色生态农业的魅力,享受自然和谐的生态环境,还使本村农民能充分分享生态农业和休闲旅游所带来的经济和社会效益。

(二)生态优先,绿色循环

企业牢固树立生态文明理念,坚持共享农庄建设与保护环境相协调,坚守"三不准、三尊重、三提高"原则,即:不准砍树破坏生态、不准占有农民的土地权益、不准与农民发生争执;尊重农村的民风民俗、尊重人与自然和谐共生、尊重公共道德和友善;提高农民的思想观念、提高农民

的素质和技能、提高农民的经济收入。

（三）全民参与，共建共享

秉持"共建、共享、共赢"的理念，寻找出符合实际的产业运营模式，让各方主体参与建设，共享成果。每户农民除从企业的土地租金中获得收入外；园区还确保村里户户有人来企业上班，现有从业人员90人，带动农户70户，农民70人就业，其中贫困户10人。农民月平均工资2000元以上，对村里70岁以上老人，企业还给予每月200元的生活补助。冯塘绿园开发的共享田园采摘超市，对外向游客出租共享菜地，由农户代管，每月可以收到代管费300元。这使当地村民由原来的年收入4000多元，一下子提升到年收入2.5万多元，真正做到了企业扶贫，农民增收。

四、专家评语

牢固树立生态文明理念，坚持以农为本，协调发展，生态优先，绿色循环，全民参与，共建共享的发展思路，秉持"共建、共享、共赢"的理念，引入"政府＋企业＋农户"的三方联动运营机制和"政府＋企业＋贫困户"的旅游帮扶模式，让各方主体参与建设，共享成果。

第五节　美丽乡村与乡村旅游发展

乡村位于知名旅游景区附近，为景区提供多样化的配套服务或差异化的旅游产品。景区依托型乡村与景区在空间分布上呈现嵌入式、散点式、点轴式等多种形式，在旅游业态上更加具有乡土气息，形成以开发一个景区带活一方经济、致富一方百姓的效果。宁夏回族自治区固原市龙王坝村依托附近景区发展乡村旅游，打造永不打烊的美丽乡村。

一、龙王坝村基本情况

龙王坝村坐落于宁夏南部山区著名的红色旅游圣地六盘山脚下,位于西吉县火石寨国家地质公园和党家岔震湖两大景区之间,距离县城10公里,交通便利,旅游资源丰富。该村是全县238个贫困村之一,有8个村民小组。截至2019年该村共401户,建档立卡户208户1764人,其中80岁以上的老人有40多位,90多岁的老人有8位,是远离城市喧闹的原生态长寿村寨。目前,龙王坝村已形成了传统三合院、多种风格乡村民宿并存的美丽乡村风貌,建有塞上龙脊高山梯田、滑雪场、窑洞宾馆、民宿一条街。在全村人的共同努力下,2018年共接待游客41.38万人次,旅游收入达1442万元,为208户建档立卡贫困户实现就业。先后获得"中国最美休闲乡村""全国生态文化村""中国乡村旅游扶贫示范村""国家林下经济示范基地""中国乡村旅游创客示范基地"等荣誉称号。2017年被确定为央视农民春晚和乡村大世界走进西吉拍摄基地。

二、主要措施

近年来,龙王坝村以"生态休闲立村、乡村旅游活村"为发展思路,以"农民变导游、农房变客房、产品变礼品、民俗变旅游"为抓手,以带领乡亲们脱贫致富为目标,依托本村丰富的自然景观资源,大力发展乡村旅游,形成了自己的特色与亮点。

(一)农房变客房

依托休闲观光旅游资源优势,推进"乡村休闲观光旅游+餐饮+住宿"一条龙经营模式,采取"政府危房改造补贴+农户筹资"的方式改造客房,大力发展乡村旅游民宿,提升接待能力和水平。

(二)村民变导游

为了让村民参与乡村旅游、共享旅游红利,合作社请专业导游对村民进行培训,让村民在给游客介绍村庄的同时,讲述红军"三过"单家集、会师将台堡、毛泽东夜宿陕义堂清真寺等革命故事。使村民们转变了"等、靠、要"的思想观念,助力精准脱贫。

(三)产品变商品

充分利用龙王坝旅游区自身品牌优势,加大宣传力度,对马铃薯、芹菜汁、小秋杂粮、红军粉等本地农产品进行品牌包装,积极开展线上线下整合营销推广。既解决了农产品销售渠道不畅、对外知名度不高、品牌影响力不大等问题,又全方位帮助农户(特别是建档立卡户)学会线上线下"互联网+"的电商销售模式,提高了农产品的附加值,增加了农民收入。仅2017年一年村民靠销售旅游商品,收入就达230万元。

(四)民俗文化变旅游资源

龙王坝村通过保持黄土窑洞、农民耕地等原生态场景,培育特色文化和传承民俗文化,着力打造特色乡村旅游产品。通过举办文化大讲堂、广场舞比赛等丰富多彩的文化活动,营造文明向上的乡村文化氛围。通过拍摄全国农民春晚,极大地提升了龙王坝村的文化品位和知名度。

三、经验与启示

(一)坚持党建引领,促进乡村旅游快速发展

龙王坝村积极响应乡村振兴战略,积极探索"支部+合作社+农户"模式,抓好基层党建,坚持党的领导,不仅提高了支部的凝聚力,共同抵御市场风险。同时提高了社员和贫困户的积极性,带动贫困户积极经营乡村民宿,在家门口实现就业增收。走出了一条"南部山区落后村庄"变"宜居宜游的美丽乡村"的脱贫致富发展新路子,促进乡村旅游快速发展。

(二)立足于现有资源发展乡村民宿,实现农户致富

村民们依托得天独厚的自然资源,建成了窑洞宾馆、滑雪场。滑雪场的建设进一步增加了乡村旅游产品的吸引力,使龙王坝村的民宿外部面貌别具特色。村民们积极将本地农产品变成旅游商品进行出售,延伸了产业链,培育了新的农民增收点,实现脱贫致富。

（三）创新发展机制，推进乡村旅游发展

龙王坝村是全天候免费开放的景区，游客一年四季可以随时进出、自由停留，免门票，免停车费。龙王庙、乡村科技馆、节庆民俗表演等免费观光，只有在民宿、餐厅、窑洞宾馆、滑雪场等直接消费才收费，大大提升了游客的消费获得感，平均每天吸引上千名游客前来游玩。春节、"五一""十一"等重要节假日每天接待的游客过万人。龙王坝村不但对游客免费开放，对商家也免费招租。通过招商，目前已引进近10家各类业态商家，同时为10户建档立卡贫困经营户提供用电补贴，对商家实行免费入驻，规范经营，定期考查。通过开放与免费，龙王坝村快速吸引了大量的游客和商家，促进共同富裕的实现。

（四）搭建多渠道平台，助力乡村振兴

龙王坝村合作社以开放的心态鼓励和吸引大学生、返乡青年、复转军人、高校农业专家、文化企业家等到龙王坝创业。近几年新开的梯田精品民宿、创客咖啡馆、乡村酒吧、大学生创意密室逃脱、7D影院等，都是外来商户的典型代表。龙王坝村和西吉县科协合作打造的乡村科技馆成为政府与乡村共享资源的典范。正在加紧推出的龙王坝新村民计划会让更多的城里人来龙王坝村下乡安家，他们将不断丰富龙王坝村的旅游业态，进一步增强龙王坝村乡村旅游产品的内在生命力和对外吸引力。

四、专家评语

以"生态休闲立村、乡村旅游活村"为发展思路，以"农民变导游、农房变客房、产品变礼品、民俗变旅游"为抓手，通过抓基层党建，积极探索"支部＋合作社＋农户"模式，立足于现有资源发展乡村民宿，搭建乡村旅游平台，通过创新机制推进乡村旅游发展，鼓励和吸引大学生、返乡青年、复转军人、高校农业专家、文化企业家等到龙王坝创业，实现共同富裕。

参考文献

[1]于永福,刘锋.乡村旅游概论[M].中国旅游出版社,2017.

[2]张利民.乡村旅游开发刍议[J].商业研究,2003.

[3]王晶亮.发展现代乡村旅游的作用与意义[J].安徽农学通报,2009.

[4]昆明市旅游发展委员会.乡村旅游经营手册[M].中国旅游出版社,2016.

[5]彭顺生.中国乡村旅游现状与发展对策[J].扬州大学学报,2016.

[6]贾荣.乡村旅游经营与管理[M].北京理工大学出版社,2016.

[7]马俊哲,耿红莉.休闲农业和乡村旅游政策解读[M].中国农业出版社,2019.

[8]耿红莉.休闲农业与乡村旅游发展理论和实务[M].中国建筑工业出版社,2015.

[9]吴起矾,王祥宇.乡村旅游发展新方向——采摘园运营模式[J].农家参谋,2018.

[10]孙萍.关于乡村旅游可持续发展的思考[J].科学咨询,2020.

[11]陈柳云,陈燕.生态振兴背景下乡村旅游的可持续发展研究——基于新发展理念的分析[J].北京农业职业学院学报,2021.

[12]董丹丹.乡村旅游基础设施建设研究[J].农业经济,2020(04):43-45.

[13]陆素洁.如何开发乡村旅游[M].中国旅游出版社,2007.

[14]杨瑞霞.交通与旅游发展的关系分析[J].商业经济,2004(05):127-129.

[15]崔同林,马献良,缪永新.道路绿化树种选择的基本原理及其应用[J].林业建设,2005(1):38-39.

[16]孙慧敏.地域文化视角下乡村民宿景观设计研究[J].西部皮革,2021,43(02):143-144.

[17]李迎丹,宁书一.乡村休闲驿站设计[J].大众文艺,2019(08):114-115.

[18]付思丹,姚惠棋.浅析我国乡村旅游商品及其开发[J].湖北经济学院学报,2007(05):42-43+138.

[19]王靓楠,刘笑冰.乡村振兴背景下乡村旅游品牌化建设展望[J].科技和产业,2019,19(05):29-32.

[20]李静轩,李屹兰.乡村旅游开发与经营[M].中国农业科学技术出版社,2011.

[21]马丽涛,邓英.餐饮服务管理[M].电子工业出版社,2009.

[22]郑莹,何艳琳.乡村旅游开发与设计[M].化学工业出版社,2018.

[23]段青民.餐饮企业成本控制手册(图解版)[M].人民邮电出版社,2012.

[24]付小平.模拟导游实训教程[M].电子工业出版社,2013.

[25]叶秀霜.经济转型形势下乡村旅游人才培养途径探究[J].中小企业管理与科技(下旬刊),2019(11):144-145.

[26]陈彦章.旅游人力资源管理[M].电子工业出版社,2013.